거꾸로교실
프로젝트

거꾸로교실 프로젝트

초판 1쇄 발행 2015년 12월 28일
초판 4쇄 발행 2017년 12월 22일

지은이 | 미래교실네트워크

발행인 | 김병주
출판부문대표 | 최윤서
편집장 | 허병민, 편집 | 박현조
디자인 | 디자인붐
마케팅 | 장은화, 김수경
펴낸 곳 | (주)에듀니티(www.eduniety.net)
도서문의 | 070-4334-2196
일원화 구입처 | 031-407-6368 (주)태양서적
등록 | 2009년 1월 6일 제300-2011-51호
주소 | 서울특별시 서대문구 연희로2길 76 4층

ISBN 979-11-85992-14-3 (13370)
값 15,000원

이 책은 저작권법에 따라 한국 내에서 보호를 받는 저작물이므로 무단 전재 및 복제를 금합니다.
이 책의 국립중앙도서관 출판시도서목록(CIP)은 www.nl.go.kr/ecip에서 이용하실 수 있습니다.

거꾸로교실 프로젝트

미래교실네트워크 지음

에듀니티

| 들어가며 |

장혁_미래교실네트워크 대표

작년 봄, KBS 방송을 통해 거꾸로교실이 알려지면서 많은 분으로부터 질문을 받았다. 방송에 나온 거꾸로교실의 효과가 꾸밈없는 사실이냐, 스마트 기기 구입 예산도 없고 기기에 익숙하지 않은데 거꾸로교실이 가능하냐, 여느 교육 방법처럼 조금 유행하다 사라지는 것 아니냐 등등 부정적인 의견이 많았다. 하지만 의심과 불신의 목소리도 결국 거꾸로교실이 무너져가는 공교육의 실낱같은 희망이 되어주기를 바라는 간절한 마음에서 나왔으리라 생각한다. 학생과 교사, 학부모 모두 절박했던 상황에서 거꾸로교실은 간단한 생각의 전환을 통해 우리 사회가 안고 있었던 총체적이고 거대한 교육의 문제에 대한 해결의 실마리를 제공해주었다. 지금은 거꾸로교실에 대해 덮어놓고 비난하거나, 스마트교육과 동일시하는 분들이 계시지 않으니 감사한 일이다.

방송 직후, 미래교실네트워크라는 비영리민간단체의 설립을 서둘렀던 이유는 크게 두 가지였다. 무엇보다도 학교 현장의 교사들이 보내

온 대규모의, 그리고 다급한 구조 신호 때문이었다. 직접 방송에 참여하여 거꾸로교실이 어떻게 학생들을 단기간에 놀라울 정도로 변화시키는지 생생히 지켜본 나였지만, 주변의 반응이 그 정도로 뜨거우리라고는 예상하지 못했다. 책상에 엎드리거나 무기력하게 앉아있는 아이들을 보면서도 어떻게 할 도리가 없었던 선생님들로부터 연수 요청이 쇄도했고, 개인이 대응할 수 있는 수준을 넘어섰다. 이에 서둘러 자신의 거꾸로교실 경험을 동료 선생님과 공유하고 싶어 하는 16명의 선생님과 미래교실네트워크를 설립했고, 1년여 동안 거꾸로교실 홍보와 연수를 진행해오고 있다.

짧은 기간이지만 2015년 12월 현재 9,300여 명의 교사가 미래교실네트워크에 가입하여 디딤영상을 제작하여 올리고 활동 자료를 공유하고 있다. 공교육에서 교사와 교사가 이처럼 대규모의 협업으로 성과를 이룬 경험은 지금껏 그다지 많지 않다. 거꾸로교실이 지향하는 '연결과 확장'의 정신이 가져온 결과라 할 수 있다. 그 중심에는 미래교실네트워크에서 거꾸로교실 확산을 위해 핵심적인 역할을 하고 계시는 '주변 선생님'들이 있다. 거꾸로교실 하나가 더 생기고, 그 교실에서 또 한 명의 학생이 웃을 수 있다면 그 어떤 수고도 마다치 않겠다면서 주말을 반납하고 전국 각지에서 거꾸로교실 캠프를 이끌어가고 있다.

미래교실네트워크 설립의 또 다른 이유는 사교육 시장의 발 빠른 움직임 때문이었다. 언제나 학교에서 아이들과 수업에 대해 고민하는 우리 선생님들은 거꾸로교실이 돈벌이에 이용되리라고는 상상도 못하고 있었다. 사교육에 내몰려 힘들어하는 아이들과, 역시 사교육비를 부담하느라 힘들어하는 학부모들에게 거꾸로교실이 해결책이 될 수 있음을 보여주고자 했지만, '거꾸로교실의 마법'은 오히려 학원에 더 근사한 무기를 쥐어준 셈이었다. 학교 선생님들의 스토리를 가져다가 학원 홍보자료로 쓰거나, 일종의 공공재인 '거꾸로교실'이라는 명칭을 상표권 등록을 하는 등, 심각한 상황이 곳곳에서 발생했다. 나의 수업, 나의 교실만 걱정하다가는 그나마 가진 것마저 빼앗길지도 모른다는 걱정에 미래교실네트워크는 사교육 시장이 거꾸로교실을 도용하고 오도하는 사례에 대해 단호하게 대응해오고 있다. 그 때문에 이기적이고 폐쇄적인 단체라는 비난을 듣는 경우도 적지 않지만, 사교육 시장과의 타협점은 결코 찾을 수 없기에 어쩔 수 없다고 생각한다.

  이 책에는 공교육 현장에서 거꾸로교실을 실천하고 있는 교사들의 생생한 이야기가 고스란히 실려 있다. 그야말로 진정성이 담긴 이야기들이다. 각계각층의 많은 사람이 '거꾸로교실은 이것이다'라고 외치고 있지만, 몇 년에 걸쳐 실천해온 자신의 거꾸로교실 수업 이야기를 책으로 펴낸 것은 이번이 처음일 것이다. 책으로 담기에는 방대한 수업 이야기가 미래교실네트워크 플랫폼과 커뮤니티에 차곡차곡 쌓이고 있고, 여기에 극히 그 일부분만 싣는다. 미찻샘들의 오프라인 정기모임에서는 성공한 수업 사례뿐 아니라 책에서 미처 말하지 못한 실패한 수업 사례도 공유하고 있는데, 실패 사례가 더 유용하다고 교사들은 말한다. 이 책을 통해서든, 미찻샘 오프라인 모임을 통해서든 거꾸로교실을 접하고 그 짜릿함을 느껴보길 바란다. 그러면 다음의 말을 이해할 수 있을 것이다.

  "당신이 거꾸로교실을 한 번도 안 해봤을 수는 있지만, 한 번만 할 수는 없을 것이다."

| 서문 |

정찬필_KBS PD

거꾸로교실은 희망의 메시지다

    교실붕괴로 대변되는 현재 대한민국의 학교 교육은 끝없는 경쟁으로 아이들을 몰고 가면서도, 정작 교육의 많은 부분을 사교육에 넘겨주었고, 이 틈바구니에서 교사의 역할은 끝없이 축소되어 갔다.

    그러나 거꾸로교실이 보여준 기적 같은 수업의 모습은 교실붕괴가 결코 치유될 수 없는 질병이 아니라는 것을 확인시켜주었다. 교사의 작은 변화만으로 교실이 살아나고, 학생들이 교실에서 행복을 만끽하면서도 미래에 필요한 능력을 키워가는 학교 본래의 기능을 회복할 수 있음을 보여준 것이다.

    그래서 거꾸로교실은 그저 위기의 학교 교육을 구출하는 것에 비유되지 않는다. 마치 벼랑 끝으로 내달리다 극적으로 날아오르는 마법의 양탄자처럼, 무너진 교실 바로 그곳에서 그토록 갈구하던 미래 교육을 구현하는 묘약이 된 것이다.

거꾸로교실은 바이러스처럼 퍼져간다

아마 교육 현장에 직접 연관되어 있지 않은 분들이라면, 지금 불고 있는 열풍을 체감하지 못할 것이다. 거꾸로교실 선생님들은 종종 우스갯소리로 "저 오늘 옥장판 팔고 왔어요"라는 말을 한다. 다른 선생님들에게 거꾸로교실을 알려주고, 이끌었다는 뜻의 은어다. 이처럼 선생님들은 누구의 강요도 없이 스스로 거꾸로교실을 전파해가고 있다. 마치 자발적인 다단계 조직처럼 퍼져나가고 있는 것이다. 자신들이 시도해보고 느낀 감동을 다른 교사들에게도 알려주고 싶어 하기 때문이다. 대개의 경우 스스로가 무너진 교실의 무기력한 교사로 버텨왔기 때문에, 동병상련의 동료 교사에게 아낌없이 조언을 하고 수업을 나눈다.

이런 열풍은 명백히 2014년 3월 KBS에서 방영된 〈21세기 교육혁명-미래교실을 찾아서〉 시리즈에서 출발한다. 총 3부작 중 첫 편 제목인 〈거꾸로교실의 마법〉을 통해 '거꾸로교실'이란 표현이 처음 등장했고, 한 학기 동안 부산의 동평중학교와 서명초등학교에서 벌어진 실험의 결과를 보여주었다.

방영 직후 꽤 많은 교사가 충격에 빠졌고, 자기 교실을 바꾸려는 의지를 보여주었다. 하지만 여전히 극소수였다. 대부분의 교사는 방송을 보지 않았고, 보았다 하더라도 의심의 눈초리를 거두지 않았다. 방송이니 과장하거나, 왜곡했을 것이라는 소리가 곳곳에서 들려왔다.

이해할 만한 의심이었다. 하지만 그 의심과 논란을 그냥 내버려 두기는 너무 안타까웠다. 첫 번째 실험에서 가장 인상 깊게 관찰된 것은 학업태도나 성적이 아니라 아이들의 표정이었다. 무덤 같던 교실에 생기가 돌며 아이들의 얼굴에 웃음이 떠나질 않았다. 아이들의 표정 변화가 가장 큰 힘이자 책임감이었다. 두 번째 시리즈 〈거꾸로교실의 마법-1000개의 교실〉 4부작을 만든 것도 그 때문이다.

물론 무모한 시도였다. 한 학기 사이에 1000개의 교실이라니···. 하지만 몰랐으면 모를까, 구명 튜브를 던져주면 아이들이 살아날 수 있는 걸 뻔히 알면서도 내 일이 아니라고 그냥 가버릴 수는 없는 노릇 아닌가? 천만다행으로 그 생각에 많은 선생님이 동조하고 함께 해주었다.

1,000개의 교실은 거꾸로교실이 '실험에서 증명으로' 넘어가기 위한 상징적인 숫자였다. 한두 개 학교가 아닌, 전국의 모든 학교급에서, 학생들의 수준과 과목을 가리지 않고 성공적으로 작동하는 것을 확인한다면, 그쯤 되면 믿어주지 않을까 하는 생각이었다. 첫 실험의 무대가 초등, 중등 각 1개 학교뿐이었다면, 두 번째에는 백 개가 넘는 학교를 대상으로 데이터를 추적했다. 2015년 2월 말 기준으로 아주 보수적으로 확인한 전국의 거꾸로교실 숫자는 1,413개였다.

왜 거꾸로교실인가?

많은 이가 묻는다. 원래 교육과 관련된 전공 혹은 방송 제작 경험이 있었는지 궁금해하시는 거다. 하지만 전혀 없다. 대학의 학과는 신문방송학과였고, 교육방송 EBS에 근무하지도 않았다. 다양한 분야의 다큐멘터리를 제작하는 것이 주 업무였지만, 유감스럽게도 교육은 관심 소재에 들어있지 않았다.

이 여정의 시작은 2013년 2월 한 다국적 기업이 주최한 국제적인 교육혁신 관련 콘퍼런스였다. 우연히 참여한 워크숍에서 21세기 교육의 위기에 대해 듣게 된다. 교육의 위기가 한국뿐만 아니라 전 세계가 예외 없이 공유하고 있는 문제이며, 위기의 본질이 특정 지역, 학교, 교사의 문제가 아니라, 학교 교육 시스템 자체의 지체 현상에서 출발한다는 이야기였다. 산업혁명 시대에 맞춰 구축된 공교육이 당시에는 효율적이었을 수 있지만, 지식정보사회로 급속도로 이동한 현재는 이미 무용해졌다는 것이었다. 그것이 최초 기획의 출발지점이었다.

그러니까 애초의 목적은 거꾸로교실의 실험과 소개가 아니었던 것이다. 원래는 시대에 뒤처진 현재의 교육을 어떻게 21세기에 걸맞는 교육으로 바꿀 수 있을지 그 패러다임 전환의 이유와 방향을 찾아보는 데 기획의도가 있었다. 그래서 전체 프로그램의 제목도 〈거꾸로교실〉이 아니라, 〈21세기 교육혁명-미래교실을 찾아서〉였다. 어찌 보면 거꾸로교실은 그 취재 과정에서 운 좋게 건져올린 대어였다.

교육 패러다임 전환의 당위성과 그 가능성을 사전 취재하는 과정에서 미국의 '플립드 클래스룸(Flipped Classroom)'이란 생소한 교육 방법이 큰 화제를 불러일으키는 것을 발견했다. 이것을 기존에 접근하던 교육 패러다임 전환 개념과 연결시켜보고는 바로 흥분 상태에 빠졌다. '플립드 클래스룸'의 시작은 단순히 현재 강의 중심 교육의 무기력함을 극복하기 위한 것이었지만, 그 안에 미래를 대비하는 진짜 교육으로 전환할 수 있는 큰 잠재력이 담겨 있는 것을 발견했기 때문이었다. 취재과정에서 얻은 글로벌 교육혁신 전문가들의 교육철학과 아이디어가 '플립드 클래스룸'의 실행 방법에 녹아들게 되면, 큰 폭발력을 발휘할 것이라는 확신이 들었다. 그래서 곧바로 부산의 평범한 선생님들을 설득해 시작한 것이 바로 거꾸로교실이다.

흔히 거꾸로교실을 이해할 때 교실 수업 이전에 교사가 만드는 강의

영상에 주목한다. 그러나 이는 주객이 전도된 것이다. 수업의 본질은 여전히 수업 시간에 담겨 있다. 영상은 단지 수업 시간에 더 이상 '가르치지 않기 위한 보조장치'일 뿐이다. 교실에서 학생들이 중심이 되어 수업을 이끌어갈 수 있는 디딤돌 역할을 해주는 것뿐이다. 그래서 거꾸로교실의 선생님들은 이 영상을 '디딤영상'이라 부른다.

그러니까 거꾸로교실의 정의라고 한다면, 디딤영상의 도움을 받아 교실에서 교사의 강의를 제거하고, 대신 학생들 스스로 서로 소통하고, 가르치며 협력을 통해 문제를 해결해나가는 수업을 만드는 것을 의미한다. 그래서 '거꾸로'의 의미는 강의를 영상으로 먼저 보고, 수업 시간엔 숙제를 한다는 식의 형식적인 전환이 아니라, 교실에서의 주도권을 교사에게서 학생에게로 완전히 뒤바꿔 옮겨놓는 질적 전환을 의미한다.

너무도 단순하고 아무것도 요구하지 않는

그런데 이토록 혁신적인 실험을 과감하게 시도할 수 있었던 것은 무엇 때문이었을까? 그것은 거꾸로교실의 가장 큰 장점인 극도의 단순함과 어떤 조건도 사전에 요구하지 않는 데 있었다.

기존에 일제식, 강의식 수업의 문제점에 대한 지적이 없었던 것도 아니고, 대안이 등장하지 않은 것도 아니다. 다만, 대안으로 등장한 것이 종종 지나치게 복잡해 일선 교사가 따라잡기에 녹록지 않은 훈련과 노력을 필요로 하며, 학습효과 측면에서도 크게 우월하다고 보기 어려웠기 때문이다. 그러니 확산되는 데 한계가 있었다고 생각한다.

그러나 거꾸로교실은 우선 그런 어려움이 적다. 기존 강의 대신 학생들이 보도록 준비하는 디딤영상 만들기가 어려워 보일 수 있겠지만, 사실은 대단히 쉽다. 처음엔 간단한 강의 영상 제작 앱을 배워 사용하는 경우가 많았지만, 요즘 가장 추천되는 방식은 그냥 스마트폰으로 설명하는 내용을 촬영해 올리는 것이다. 거의 사전 훈련이 필요 없는 상황까지 간 것이다.

거기에 그냥 현재의 교실에서 그냥 바로 시작할 수 있다. 교실 시설, 평가와 입시제도, 교과 내용과 교육과정의 변화를 사전에 요구하지 않는 것이다. 무선인터넷망과 적절한 기기가 있다면 좋을 수도 있겠지만, 그렇지 않은 조건에서도 이미 많은 선생님이 훌륭한 변화를 이루어내고 있다. 그저 '선생님의 간단한 발상 전환과 노력'으로 학생들에게 학습의 주도권을 넘겨주는 것만으로 붕괴된 교실이 살아나고 학생들의 학업성취가 급격히 성장하는 놀라운 변화가 이루어지는 것이다.

그것이 바로 한 번이라도 거꾸로교실의 효과를 경험한 교사들이 열광하는 이유다. 물론 수업 아이디어를 내기 위한 피나는 노력이 필요하지만, 한번 시작한 교사는 멈추지 않는다. 학생의 변화를 짜릿하게 느끼며, 교감이 커져가는 너무도 행복한 경험이기 때문이다.

거꾸로교실은 공교육 현장에서 계속 확산될 것이다. 그 이유는 선생님들 스스로 이 변화를 급속도로 확산시키고 있기 때문이다. 흔히 교실붕괴를 이야기할 때 학생들의 문제를 이야기해왔지만, 무너진 교실에서 상처받는 건 학생만이 아니었다. 교사들의 자존감, 자기 효능감도 끝없이 추락하고 있었다. 또한, 무너진 학교에서 아이들이 받는 스트레스는 가정으로까지 이어져 학생과 부모와의 관계까지 악화시키는 끝없는 악순환의 고리에 있었다. 그런데 어떤 비용투자와 선행조건

없이 선생님들의 마음가짐과 수업 방법 변화만으로 이 악순환의 고리를 끊을 수 있다면 어떻게 될까? 선생님의 존재가 학생들을 교실에서 깨워내고, 학업성적이 오르고, 인격적으로 성장하는 걸 확인한다면, 당연히 선생님들 스스로의 자존감과 행복감도 급격히 향상될 것이다. 그동안 거꾸로교실 선생님들과 함께하며 관찰한 현상은 일찍이 볼 수 없었던 선생님들 사이의 자발적인 소통과 협력 그리고 이를 통해 좋은 교육 방법을 서로 경쟁하지 않고 공유하는 것이었다. 바로 이것이 확산될 수밖에 없는 이유이며, 동시에 확산되어야 하는 이유다.

미래교실 실현의 핵심조건은 무엇일까?

이런 경향은 국제적으로도 같은 맥락이다. 전 세계적인 교육혁신 방향을 예측하는 NMC Horizon의 보고서는 2014년, 2015년 연속으로 전 세계 교육계에 1년 안에 가져올 큰 변화의 하나로 거꾸로교실을 꼽고 있다.(http://www.nmc.org/publication/nmc-horizon-report-2015-higher-education-edition/, p38)

흥미로운 건 그 힘의 밑바탕에 교사들의 긴밀한 네트워크가 있다는 점이다. 미국의 '플립드러닝네트워크', 한국의 '미래교실네트워크'처럼 일본, 대만 등에도 이미 거꾸로교실 교사네트워크가 활발히 움직이며, 확산을 이뤄내고 있다. 중국에서도 관련된 논의가 지속되고 있고, 유럽의 경우도 특히 아이슬란드와 스웨덴 등에서 확산이 지속되고 있다. 지난 5월에는 네덜란드 교육부 파견단이 한국에 와서 천안 북일고의 거꾸로교실 수업을 참관하고 갈 정도로 국제적인 관심은 갈수록 증가하고 있다. 교육위기가 세계적 보편성을 갖는 것처럼 위기의 해법도 보편성을 얻고 있는 것이다.

물론 이 같은 흐름이 더 힘을 얻고 안정적으로 정착되기 위해서는 학교 내외부의 지지와 지원이 절실히 필요하다. 우선 일찍이 없던 교사의 자발적 교육혁신 움직임에 대한 객관적인 평가와 적절한 관심이 중요할 것이다. 간혹 관리자들과 교육 당국이 부정적인 선입견을 가지고 거꾸로교실을 실행하는 교사들을 대함으로써 심리적으로 대단히 힘들어하는 경우를 보고 있다.

학부모들도 어떤 경우는 교사들이 교실에서 가르치지 않고 아이들에게 다 떠넘긴다는 오해를 하고 거친 항의를 해 선생님들의 기운을 빼놓기도 한다. 다행이라면 시간이 갈수록 교원평가 등에서 이전과 확연히 달라진 긍정적인 피드백을 받아드는 거꾸로교실 교사 수가 급격하게 늘어나고 있다는 점이다. 그런 지지가 선생님들에게 무한한 힘을 준다. 그래서 이런 변화를 가속화하려면, 학부모들이 현재 교육시스템의 한계를 명확히 인식하고 왜 '거꾸로교실'과 같은 혁신적 교육 방법에 힘을 실어줘야 하는지 분명하게 이해해야 한다.

현재의 교육은 이미 한계점에 도달했다. 그건 전 세계적인 현상이다. 간단히 말하면, 학교에서 가르치고 배운 것이 졸업 후 진짜 세상을 사는 데 도움이 되지 않는다는 걸 알게 된 것이다. 현재 기준에서 성적이 아무리 좋다고 해도, 그것이 세상 사는 능력과 큰 상관 관계가 없다는 의미다. 그래서 공교육이 지식과 개인적 문제 해결 능력을 양성하는 쪽에서 협업을 통한 사회적 문제 해결과 창의성을 키우는 쪽으로 이동하는 것이 세계적 교육혁신 의제의 본질인 것이다.

아마도 각 대학은 이미 그 사실을 오래전부터 알고 있었을 것이다.

아무리 성적 좋은 아이들을 뽑아와도 정작 스스로 동료와 협업을 통해 무엇인가를 해결하고 창조해내는 능력이 부족했기 때문이다. 최근 고려대는 2018년 대입에서부터 정시모집을 최소화하는 취지의 입시 개선안을 내놓았다. 가장 큰 변화의 이유가 '21세기 미래형 인재 발굴과 양성'이다. 같은 고민, 같은 화두를 잡고 있는 것이다.

때문에 지금처럼 학부모들이 대입 성적 위주로 자녀 교육에 몰입한다면 진짜 세상을 살아가는 능력을 키우는 데 오히려 방해가 될 뿐 아니라, 이제 대학입시에서도 불리하게 작용할 가능성이 크다. 갈수록 더 많은 거꾸로교실의 학생들이 일상적으로 소통, 협업 능력 등 21세기 필요 능력을 키워가며, 동시에 대학입시에 유리하게 작용할 학습의 성과물들을 지속적으로 축적해나갈 것이기 때문이다.

대한민국의 교사는 변화하지 않는다?

한 가지, 거꾸로교실 프로젝트를 진행하면서 꼭 증명하고 싶었던 통념이 있었다. 다음의 경험 때문이었다.

2013년 10월 말쯤, 부산에서의 거꾸로교실 실험은 안정궤도에 들어가고 있었다. 8월 말까지도 교실에서 병든 닭처럼 무너져 있던 아이들은 언제 그랬냐는 듯 모두 즐겁게 소란스러워졌고, 참여한 교사들은 매일매일 변화무쌍한 수업을 만들어내며 난관을 헤쳐나가고 있었다. 초반엔 선생님들이 너무 힘들어해 언제 주저앉을지 모르겠다는 불안감이 많았지만, 어느새 밤잠 설치며 수업 고민을 하면서도 그 자체를 스스로 즐기고 행복해하는 선생님들의 모습을 보며 걱정은 한 달도 못 가서 모두 사라져버렸다.

그 무렵 몇 가지 협력 제안을 위해 복수의 교육학자들과 교육관료를 만나는 자리가 있었고, 그들에게 그간 벌인 실험에 대해 이야기했다. 간단한 발상의 전환으로 교사가 변하니 붕괴된 교실이 놀랍게 되살아나더라고, 거기서부터 한국 교육의 패러다임 전환이 가능해질 것이라고 말했다. 아마도 내가 너무 흥분했던 것일지 모른다. 차분하게 전달했다면 더 나았을까? 모두의 반응은 대단히 냉소적이었다. 그리고 각각 다른 자리에서 만난, 각각 다른 위치에 있는 이들은 모두 그 냉소적 반응의 이유를 놀랍게도 같은 문장으로 이야기하고 있었다.

"대한민국의 학교가 그럴 리가 없다. 대한민국의 교사는 변화하려 하지 않기 때문이다."

지독한 불신이었다. 어떤 좋은 대안이 있다 해도 그걸 따라 변화를 시도하는 교사는 극히 드물다는 이야기였다.

모든 협상은 깨졌다. 무엇보다 거꾸로교실이란 이름도 생소하거니와 그 성과라 말하는 것들이 전문가적 식견에서 보았을 때 참으로 허무맹랑해 보이는 이야기였으니 협조와 지원이 이루어질 리 없었다.

어쩌면 오기였을지도 모르겠다. 그 뒤에 고집스럽게 더욱 실험을 확대해가며 계속한 것은…. 대한민국 교사가 변하지 않는다고?

목격한 교실 풍경은, 그러니까 마치 돌무덤에 갇힌 것처럼 혹은 좀비처럼 무표정하고 무기력하던 학생들이 어느 순간 마법처럼 맑은 웃음과 수다로 교실을 채우며 스스로 학습해 나가는 그 기적적인 광경은 명백히 교사의 변화에서 출발한 것이었다. 사교육에 길든 아이들이 늘어나는 데 비례해 교사로서의 자존감이 무너져 학생을 위해 무엇을 할 수 있을지 스스로 답을 찾기를 포기했던 선생님들이 어떤 계기로 펄펄

넘치는 의욕으로 교실의 활력을 만들어나가는 경이로운 변화를 목도한 터였다.

깊은 의문이 들었다. 교사가 변하려 하지 않은 것이 아니라, 어떻게 변해야 할지 뚜렷하게 실현 가능한 방법을 제시하지 못했던 것이 "대한민국 교사가 변하려 하지 않은" 본질적 이유가 아니었을까?

그리 생각하고 나니 직접 보지 않은 이들의 무시와 냉소는 오히려 자극이 되었다. 동네 꼬마 아이들의 말싸움처럼 "해봤어?"란 말이 입 안에 계속 맴돌았다. 그냥 작은 실험으로 끝날 일은 결코 아니라고 생각했다. 지금 본 것이 진짜라면, 어느 교사, 어떤 학생에게나 재현 가능한 것이라면, 그것을 증명해낼 수만 있다면, 한국의 공교육은 위기 돌파가 문제가 아니라, 세계 최고 수준의 교육환경이 될 수 있겠다는 생각을 했다.

이 책에는 그런 생각을 함께한 돈키호테 같은 '미래교실네트워크'의 선생님들이 "직접 해본" 이야기가 오롯이 담겨 있다. 미래교실네트워크는 대한민국의 선생님들이 결코 변화를 두려워하지 않으며, 세계 어느 곳의 교사들보다 서로 왕성하게 소통하고 협력하며, 이를 통해 당면한 공교육의 위기를 무서운 속도로 21세기 교육으로 전환시키고 있음을 증명하는 모임이다.

견고한 감옥 같은 교실을 해체해 모든 구성원이 배움을 즐기는 공간으로 바꾸기. 이제는 믿어주셔도 좋다. 그 많은 선생님이 모두 입을 모아 말하고 있지 않은가?

"해보니 되더라."

차례

들어가며 • 004
서문 • 007

1부 • 초등학교 이야기

1장 거꾸로교실, 학습의 주도권 넘겨주기
_ 광주 한울초등학교 장지혁 • 023

우리 반 거꾸로교실 이야기 • 023 | 수업 활동 소개 • 036

2장 세상에서 가장 따뜻한 교실
_ 전남 영광 불갑초등학교 박영민 • 044

우리 반 거꾸로교실 이야기 • 044 | 거꾸로교실과의 만남 • 049 | 내 수업을 소개합니다 • 053

3장 모세의 기적을 멈추게 한 거꾸로교실의 마법
_ 강원 강릉 강동초등학교 김혜린 • 062

모세의 기적과 거꾸로교실 • 062 | 거꾸로교실을 시작하다 • 066 | 거꾸로교실로 변한 나와 아이들 • 068 | 사라진 모세의 기적 • 071

4장 행복한 배움으로 채워가는 거꾸로교실
_ 경북 구미 형곡초등학교 김인철 • 078

들어가며 • 078 | 수업, 왜 하지? • 080 | 꿈과 행복을 키워가는 수업 • 082 | 우리 반 거꾸로교실 이야기 • 084 | 내 수업을 소개합니다 • 089 | 우리 반 아이들에게 거꾸로교실은 • 099

2부 · 중학교 이야기

5장 수업하는 진짜 이유를 찾게 해준 거꾸로교실
_ 부산 동평중학교 김수애 • 105

좌충우돌, 나의 수업 성장기 • 105 | 거꾸로교실 수업 속으로 • 108 | 시작을 두려워하는 교사에게 • 123 | 거꾸로교실 국어 수업 학생 수다 • 126

6장 누구나 특별해지는 영어 시간을 만들자!
_ 부산 동평중학교 안영신 • 130

나만의 거꾸로교실을 만들다 • 130 | 영어과 거꾸로교실 사례 • 138 | 학생들이 생각하는 거꾸로교실 • 153

7장 잘 가르치면, 잘 배우는 걸까?
_ 경북 구미 오태중학교 김혜진 • 157

바라보기 : 나는 수업을 잘해왔나? • 157 | 이유 찾기 : 왜 그럴까?(더 열심히 가르치면 해결될까?) • 162 | 방법 찾기 : 그렇다면, 도대체 어떻게 해야 하나? • 166 | 자주 받는 질문 : 거꾸로교실 FAQ • 181 | 설문조사 결과 : 학생들의 반응 • 185 | 마치며 • 187

8장 '정년 다 된' 샘도 거꾸로교실 한다
_ 대구 월서중학교 최명숙 • 189

정년 다 된 선생님 • 189 | 내 수업을 소개합니다 • 196 | 교사와 학생들의 피드백 • 205

3부 · 고등학교 이야기

9장 거꾸로교실 수업, 고3도 했다!
_ 울산 화암고등학교 김은정 • 213

내 수업의 대 지각변동, 드디어 오다! • 213 | 내 수업 이야기 • 219 | 고3도 춤추게 하는 수업 • 228 | 거꾸로교실을 돌아보며(학생 소감문) • 231

10장 변화의 가능성을 믿게 해준 거꾸로교실
_ 전북 군산기계공업고등학교 이인선 • 232

나의 수업 이야기 • 232 | 나의 거꾸로교실 수학 수업 • 241 | 학생들 소감 • 246

11장 거꾸로교실과 나의 수업 이야기
_ 충남 천안 북일고등학교 김광호 • 249

거꾸로교실을 만나기 전 내 수업 이야기 • 249 | 거꾸로교실을 만나다 • 253 | 나의 거꾸로교실 수업 방법(생명과학Ⅰ,Ⅱ) • 263

12장 거꾸로교실로 떠나는 여행
_ 충북 진천고등학교 채광희 • 276

거꾸로교실에 대한 나의 생각 • 276 | 거꾸로교실의 핵심 – 수업 활동! 무엇을 하면 될까? • 280 | 화학 거꾸로교실 학생들의 인터뷰 • 292

1부

초등학교 이야기

1장
거꾸로교실, 학습의 주도권 넘겨주기

광주 한울초등학교 장지혁

우리 반 거꾸로교실 이야기

:: 내게는 너무 어려운 역사 수업

 2년 연속으로 5학년 담임을 맡고 있다. 초등학교 아이들은 5학년이 되면 역사를 배운다. 공식적으로 우리나라의 역사를 처음 배우기 시작하는 것이다. 그런데 고등학교를 '이과'로 졸업한 내게 역사는 두려운 과목이다. 학창시절에 외우는 것을 싫어해서 역사 점수는 항상 좋지 않았다. 외우는 것이 싫어 이과로 갈 정도였다. 그래서 친구들과 역사 이야기를 하면 항상 입을 열지 못한다. 무식이 탄로 나기 때문이다. 그만큼 역사는 나와 거리가 먼 과목이다. 내가 아는 역사는 드라마와 영화에서 본 것이 전부이고, 그것이 맞는지 틀리는지도 잘 몰랐다. 이런 과목을 교단에 서서 가르쳐야 하니 가슴이 답답했다.

　이대로는 안 될 것 같아 3월이 되기 전 방학 동안 역사 공부를 시작했다. 역사 다큐멘터리도 찾아보고 한국사자격증을 따기 위해 공부를 했다. 하지만 공부는 이내 포기했다. 구석기, 신석기를 지나 삼국시대로 가면 외워야 할 것이 폭발적으로 증가하기 때문이다. 이런 내게 역사를 배워야 할 아이들을 생각하니 까마득했다.

　어느덧 3월이 되었다. 방학 동안 한국사자격증을 따지는 못했지만, 역사책을 몇 권 읽었다. 아이들에게 들려줄 에피소드를 몇 가지 알게 되었고 재미있는 영상도 많이 준비했다. 자신감이 생기기 시작했다. 수업을 준비하며 이런 상상을 했다. '아이들은 어릴 적 할머니가 들려주시던 재미있는 동화를 듣듯이 나에게 재미있는 역사 속 에피소드를 듣는다. 흥미가 생긴 아이들의 질문이 꼬리에 꼬리를 문다. 재미있는 영상은 수업의 조미료가 되어 아이들을 한층 몰입하게 한다.'

　하지만 수업은 내 생각대로 흘러가지 않았다. 내 상상과 정반대였다. 아이들은 역사 속 에피소드에 전혀 흥미를 보이지 않았다. 질문도 거의 나오지 않았다. 오직 재미있는 영상만이 아이들의 시선을 붙들었을 뿐이었다. 아이들은 역사 시간만 되면 지루하다고 아우성이었다. 아이들이 역사를 싫어하는 것은 대한민국 초등학교 교실 공통이라는 옆 반 선생님의 위안도 큰 도움이 되지 못했다. 아이들은 역사를 싫어하는 나를 닮아가는 것 같았다.

　이대로는 안 되겠다 싶어 무엇이 문제인지 고민하기 시작했다. 우선 교과서를 살펴보았다. '이것이 초등 수준인가' 하는 의문이 들 정도로 정말 많은 내용이 담겨 있다. 알고 지내던 중학교 역사 선생님께서 초등학교 역사 교과서를 보고 매우 놀라워하셨다. 초등에서 이렇게 자세하게 배우는지 몰랐다는 것이다. 그만큼 아이들에게는 버거운 내용이 많다. 이렇게 많은 내용을 정선해서 설명을 해주어도 시간이 오래 걸린다. 설명하는 시간이 길어질수록 아이들은 수업에 집중하지 못했다.

:: 주도권은 여전히 나에게 있었다

아이들에게 많은 내용을 어떻게 효과적으로 전달할 수 있을까 고민하다 교수·학습 방법 책을 살펴보기 시작했다. 그런데 여러 책을 읽다 보니 공통점을 발견했다. 구성주의에 기반을 둔 다양한 수업 방법이 모두 학습의 주도권을 아이들에게 넘겨주고 아이들이 교실의 주인이 될 수 있도록 해야 한다고 제시하고 있었다. 그 당시에 교실의 주인은 교사인 나였다. 내가 수업에서 일어나는 모든 상황을 제어하고 있었다. 누가 발표할 것인지, 시간 배분은 어떻게 할 것인지 등 아이들은 교사의 입만 보고 쫓아오고 있었다.

그래서 '학습의 주도권'을 넘겨줄 다양한 수업 방법을 도입했다. 수업은 그전보다 나아졌다. 아이들이 역사 수업에서 입을 떼기 시작한 것이다. 자기 의견을 말하고 모둠 활동에 적극적으로 참여했다. 학습의 주도권은 이제 아이들에게 많이 넘어갔다. 그런데 어느 날 모둠 활동을 하던 중 한 학생이 이런 질문을 했다.

"선생님, 모둠 활동 다 했는데 이제 뭐 해요?"

그 순간 머리에 어떤 물음이 스쳐 지나갔다. '과연 학습의 주도권은 아이들에게 있는 것인가?' 사실 그 아이의 질문은 하루에도 몇 번씩 듣는 일상적이고 당연한 질문이다. 모둠 활동이 다 끝났으니 이제 쉴 시간을 달라는 일종의 부탁이다. 그런데 그 날, 그 질문은 다르게 다가왔다. 아이들끼리 모둠 활동이 아주 활발하게 이루어지고 있었다. 수업에서 아이들이 학습의 주도권을 쥐고 있는 것처럼 보였다. 하지만 한 학생의 질문이 정말로 학생들은 수업의 주인이 되어 모둠 활동에 참여하고 있는 것인지 다시 고민하게 만들었다.

'학습의 주도권'은 여전히 내가 쥐고 있는 것 같았다. 이전과 달라진 것은 아이들이 교사의 설명만 듣는 것이 아니라 교사가 시킨 활동을 한다는 것이다. 아이들은 학습의 주도권을 쥐고 무언가를 스스로 해내는 것이 아니라 교사가 시키는 것만 하고 있었다. 아이들이 활동을 하며 입을 떼기 시작했지만, 교실에서 교사의 위치는 절대적이었다.

'학습의 주도권'을 쥐고 있는 아이들은 교사가 뒤로 한 발 물러서도 스스로 학습할 힘을 가지고 있을 것이다. 그렇지만 우리 반 아이들은 그런 힘이 없었고 교사의 입과 눈만 바라보고 있었다. 과연 이것이 정말로 아이들에게 '학습의 주도권'을 넘겨준 것인지 그리고 '학습의 주도권'을 쥐고 있는 아이들이 스스로 공부할 수 있는 '자기 주도적 학습력'을 기르고 있는 것인지 궁금했다.

:: 또 다른 문제

그 당시 나의 수업은 다른 문제도 있었다. '역사적 사실'과 '역사적 사고력'의 불균형 문제가 심각했다. '역사적 사실'에 치중한 수업이었다. 수업 시간에 대부분을 역사적 사실을 알려주는 데 할애한다. 모둠 활동도 역사적 사실을 잘 암기할 수 있는 학습지 풀이, 골든벨과 같은 게임 활동 등으로 이루어져 있었다. '역사적 사실'을 아는 것은 중요하다. 하지만 그에 못지않게 중요한 것은 '역사적 사고력'과 '역사의식'을 기르는 것이라고 생각한다. 역사적 상상력, 역사적 탐구력, 연대기적 파악력, 역사적 판단력 등 역사적 사고력과 역사의식은 역사적 사실을 배우며 자연스럽게 길러질 수 있다. 하지만 교사가 단순하게 역사적 사실만을 설명해서는 길러지지 않는다. 역사적 사실을 이용하여 역사적 사고력을 기르는 다양한 활동을 해야 한다.

예를 들어, 위화도 회군 과정에 대해서 알려 주고 이성계라는 인물에 관해서 토론하는 수업에서 아이들은 위화도 회군 과정이라는 역사적 사실뿐만 아니라 토론을 하며 역사적 사고력과 역사의식을 기를 수 있다. 하지만 이 당시에 나의 수업은 위화도 회군 과정을 아이들에게 전달해주고 잘 암기할 수 있는 모둠 활동을 하는 정도로 그치고 있었다. 블룸의 교육목표분류, 즉 지식, 이해, 적용, 분석, 종합, 평가 중에서 지식과 이해에 머물러 있는 수업이었다.

:: 거꾸로교실을 알게 되다

이런저런 고민에 빠져있던 중에 우연히 거꾸로교실 다큐멘터리를 봤다. 거꾸로교실은 수업에서 일어나는 문제의 해결 방법을 굉장히 단순하게 제시했다. 교실에서 교사의 강의를 빼버리는 것이다. 아이들은 집에서 교사의 강의를 시청하고 온다. 단순하지만 강력한 이 방법으로 교실은 되살아났다. 교실에서 교사의 강의가 빠져있지만, 아이들은 살아 움직인다. 더 이상 아이들은 교사의 눈과 입만 쫓아가지 않는다. 필요할 때 교사를 찾는다. 학습의 주도권이 아이들에게 있는 것이다. '역사적 사실'과 '역사적 사고력'의 불균형 문제도 해결할 수 있다. 역사적 사실은 디딤영상으로 제공한다. 그리고 수업 시간에는 역사적 사실을 이용하여 역사적 사고력과 역사의식을 기를 활동을 하는 것이다.

 디딤영상을 바로 제작하고 학급 홈페이지에 올렸다. 아이들이 기대된다는 댓글을 달아주었다. 교실에서 했던 똑같은 강의인데 반응이 전혀 다르다. 어쨌든 아이들에게 알려주어야 할 내용은 디딤영상으로 해결했다. 오랜 시간이 소요되는 설명을 디딤영상으로 해결하니 무거운 짐을 내려놓은 느낌이었다. 조금 더 여유를 갖고 아이들의 역사적 사고력을 길러줄 수 있는 활동을 준비했다. 첫 번째 거꾸로교실 활동은 역할극으로 준비했다. 의자에 앉아만 있었던 아이들을 일으켜 세우고 싶었기 때문이다. 이전에는 역할극 수업은 2차시로 준비했다. 아이들에게 역사적 사실을 알려주고 남은 시간에 역할극을 하다 보니 시간이 모자랐기 때문이다. 하지만 이제 수업 시간이 여유롭다. 1차시 내에 충분히 할 수 있었다. 수업을 시작하자 의자에서 꼼짝을 않던 아이들이 살아 움직이기 시작했다.

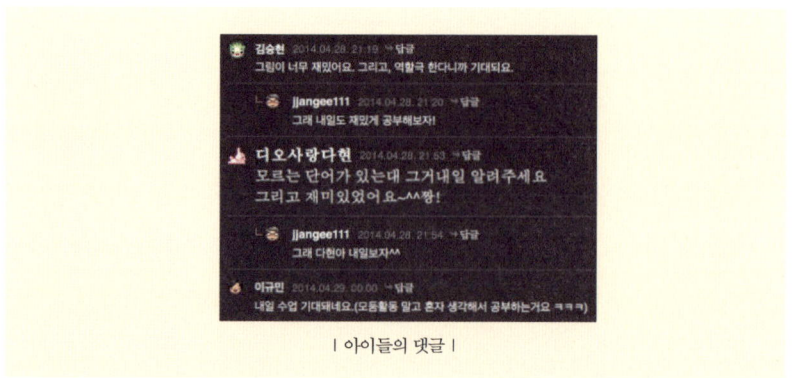

| 아이들의 댓글 |

수업이 끝난 후 아이들에게 소감을 물었더니 계속 거꾸로교실을 해 보고 싶다고 했다. 이후에도 거꾸로교실을 하며 다양한 활동을 했다. 다음은 수업 활동 중 일부분이다.

- 궁예, 왕건, 견훤 선거를 통해 후삼국의 통일 과정 알아보기
- '내가 왕이라면' 활동을 통해 고려의 기틀을 세우기 위한 노력 알아보기
- 신분제 놀이를 통해 고려 시대 신분에 따른 생활 모습의 차이 알아보기
- 통일신라와 고려 신라 불상 비교를 통해 고려 시기 불교가 사람들의 생활 모습에 미친 영향 이해하기
- 역할극을 통해 고려 신분 사회의 폐단 알아보기
- 서희와의 인터뷰를 통해 고려가 외적의 침략을 어떻게 극복했는지 알아보기
- 해설극을 통해 몽골의 침략과 고려의 항쟁 알아보기
- 이성계 모의재판 통해 조선의 건국 과정 알아보기
- 역사 신문 만들기로 고려의 과학과 문화 알아보기
- 가상 상황 제시(세종대왕이 없었다면)를 통해 조선의 문화와 과학기술의 발전 알아보기
- 책 만들기를 통해 경국대전의 의미와 그로 인해 달라진 백성의 생활 모습 알아보기
- '삼강오륜을 잘 지킨 위인에게 제사 지내기'를 통해 유교가 조선 사회에 미친 영향 알아보기
- 선조 모의재판을 통해 임진왜란 알아보기
- 정책토론회를 통해 영조, 정조 시기의 사회발전 알아보기
- 공명첩 놀이를 통해 신분제의 변화 알아보기

- 분청사기 만들기를 통해 조선 시대 조상의 슬기 알아보기
- 뉴스 만들기를 통해 서양 문물의 전래가 조선 사회에 미친 영향 알아보기

역할극, 해설극, 토론, 재판, 제사 지내기, 신분제 놀이, 정책 토론회 등 아이들의 흥미와 교육과정상의 필요를 충족해주는 활동을 했다. 아이들은 활동 속에서 재미와 의미를 찾아가기 시작했다. 조선 시대로 돌아가 자신에게 주어진 역할을 수행하며 그 시대를 분명하게 이해하기 시작했고, 신분제 놀이 등을 통해 신분의 격차와 더불어 자신의 신분 상승을 위한 끝없는 도전을 통해 그 당시 조선인이 되어 역사적 흥미와 재미도 느끼게 되었다. 자연스럽게 역사적 사실과 역사적 사고력의 불균형 문제도 해결되었다. 예전에는 역사적 사실을 알려주기 바빠 역사적 사고력은 뒷전이었지만, 이제는 역사적 사실을 디딤영상에 넣고 수업 활동으로 아이들의 역사적 사고력을 기를 수 있도록 했다.

수업의 정리 단계에서 아이들에게 무엇을 배웠는지 묻는다. 예전에는 아이들은 보통 이렇게 대답을 했다. "오늘은 세종대왕의 업적에 관해서 알 수 있었습니다." 하지만 거꾸로교실을 시작하고 수업을 뒤집었더니 아이들의 대답이 달라졌다. "오늘은 세종대왕이 왜 한글을 만들었는지 알 수 있었습니다." 아이들의 대답에서 수업의 지향점을 확인할 수 있었다. 예전에는 아이들이 앉아서 교사가 알려주는 지식을 알아가기에 급급했다. 하지만 수업 시간에 다양한 활동을 하며 아이들은 그 당시 인물들의 고민과 걱정을 몸소 느낄 수 있었다. 이런 과정에서 아이들의 역사적 사고력이 길러질 수 있었다고 생각한다.

하지만 모든 수업이 성공적이었던 것은 아니다. 어떤 활동은 아이들

의 흥미도 끌지 못하고 역사적 사고력을 기르기에도 부적합했다. 수업을 준비할 시간이 부족해서 생기는 문제였다. 매 차시 디딤영상과 활동을 준비하는 것이 부담스러울 때가 있었다. 부담이 되는 2가지 요인이 있다.

:: 첫 번째 요인

첫 번째는 디딤영상 제작이다. 디딤영상 제작이 익숙하지 않았던 시절에 이런 일이 있었다. 디딤영상 만들기가 어려워 내가 만들지 않은 영상 자료를 몇 번 사용한 적이 있다. 임진왜란에 대해서 배우는 시간이었다. 그즈음에 〈명량〉이라는 영화가 흥행하고 있었다. 배급사에서 만든 예고편도 덩달아 화제였는데, 인터넷 스타 강사가 임진왜란의 배경과 과정을 약 10분 동안 설명을 한다. 영상에 많은 공을 들였는지 컴퓨터 그래픽(CG)도 빵빵 터지고 강사의 설명도 귀에 쏙쏙 들어온다. 이거다 싶어 바로 학급 홈페이지에 디딤영상으로 올렸다. 아이들의 반응은 역시나 좋았고 수업도 성공적으로 끝났다. 하지만 그 후에 문제가 생겼다. 아이들이 더 이상 내 디딤영상을 보지 않는 것이었다. 아이들은 인터넷 스타 강사의 명쾌한 설명과 빵빵 터지는 CG를 원했다. 아이들의 끈질긴 요구 끝에 인터넷 스타 강사의 강의 영상을 찾았다. 길이도 10분을 넘지 않아 디딤영상에 알맞았다. 하지만 끝내 이 자료를 투입하지 못했다. 자존심 문제였다.

잘못된 디딤영상 투입이 아이들과 관계 형성에 좋지 않은 영향을 미쳐 한동안 고생했던 경험이다. 이제는 웬만하면 내가 직접 만든다. 그렇더라도 더 이상 디딤영상 제작이 부담되지 않는다. 말 그대로 뚝딱

| 아이들과 디딤영상 제작하기 |

만들기 때문이다. 나는 수업이 모두 끝난 후 바로 디딤영상을 제작한다. 수업이 모두 끝났는데도 집에 돌아가지 않고 교실에 남아 노는 아이들이 꼭 있다. 그 아이들과 모둠 책상에 둘러 앉아 디딤영상을 만든다. 그 아이들에게 설명하는 장면을 그대로 담는 것이다. 아이들은 이제 요령이 생겨 내 설명 사이사이에 입으로 효과음을 내기도 한다.

디딤영상은 가장 간단한 방법으로 만든다. 스마트폰으로 아이들에게 설명하는 장면을 바로 촬영하거나 스크린 캐스팅 프로그램을 이용해서 파워포인트 슬라이드 쇼를 디딤영상으로 만든다. 이런 방법을 활용하면 디딤영상 제작 시간은 15분이 채 걸리지 않는다.

::두 번째 요인

두 번째 요인은 차시마다 활동을 준비해야 한다는 점이다. 이 부분이 나에게 가장 큰 고민이었다. 혼자 거꾸로교실을 하다 보니 매 차시 활동을 준비하기가 힘들었다. 그러던 중 거꾸로교실을 하는 선생님들의 모임인 미래교실네트워크를 만났다. 이곳에서 어느 과목, 어느 차시에나 적용 가능한 다양한 활동을 배웠다. 더 이상 차시마다 활동을 준비할 필요가 없어졌다. 업무가 바빠 활동을 준비하지 못하면 미래교실네트워크 홈페이지에서 찾아보고 수업에 적용하곤 한다. 큰 부담 없이도 거꾸로교실을 운영할 수 있게 되었다.

거기에 활동을 만드는 부담감을 줄여줄 다른 해결 방법이 떠올랐다. 아이들과 수업을 같이 만드는 것이다. 아이들은 그동안 토의, 역할극, 재판, 정책 토론회, 신분제 놀이, 도시 건설하기 등 정말 다양한 활동을 했다. 활동의 전문가로서 손색이 없었다. 아이들과 수업을 만들기 위해 전지에 역사 학습 목표를 전부 적었다. 학습 목표를 보고 하고 싶

은 활동을 적어보게 할 셈이었다.

전지를 교실 한쪽 벽에 붙였다. 아이들은 그곳에서 수업을 만들어나갔다. 이미 했던 활동을 적기도 하고 새로운 활동을 만들어내기도 했다. 조선 시대 여성의 삶은 이미 많이 해봤던 역할극으로 표현하고 싶다고 적었다. 강화도조약을 배울 때는 '새로운 강화도조약'을 만들어보고 싶다고 했다. 신선한 아이디어였다. 혼자 수업을 준비했다면 이런 아이디어를 내지 못했을 것이다. 아이들은 이렇게 하고 싶은 활동을 스스로 만들어내기 시작했다. 나는 아이들의 아이디어를 보고 학습지를 만들어주었다. 부담을 많이 덜 수 있었다. 교사가 떠먹여주는 활동이 아니라 스스로 계획한 수업이라 아이들은 더욱 열심히 참여했다.

:: 이제 학습의 주도권은 아이들에게 있다

그러던 어느 날은 학습지를 제작하지 못했다. 전지에서 아이들의 활동은 확인했지만, 그것을 학습지로 만들지 못했다. 업무가 많은 탓이었다. 아이들에게 오늘은 거꾸로교실을 하지 못한다고 이야기했다. 아우성이었다. 아이들과 옥신각신한 끝에 빈 학습지를 주기로 했다. 즉석에서 활동을 만들기로 합의한 것이다.

사실 의도했던 상황이었다. 그때가 11월 즈음이었다. 아이들은 여러 활동도 충분히 해보았고 활동도 많이 만들어보았다. 이제 하고 싶은 활동을 전지에 적는 것을 넘어서 공부할 내용을 보고 즉석에서 알맞은 활동을 모둠별로 해나갈 수 있는 단계라 생각했다. 그 날의 학습 주제는 '서학과 동학의 전파 과정 알아보기'였다. 어떤 활동을 만들어낼지 기대하며 수업을 시작했다.

모둠마다 활동을 만들기 위한 토의를 했다. 토의는 금방 끝났다. 모둠원들의 재능을 살리는 방향으로 활동을 만들었기 때문이다. 그림을 잘 그리는 아이가 있는 모둠은 서학과 동학의 전파 과정을 만화로 나타냈다. 국어 시간에 토론을 잘했던 모둠은 서학과 동학을 받아들일 것인지 말 것인지 토론하기도 했다. 퀴즈대회를 하는 모둠도 있었다. 사실 거꾸로교실을 하기 전에는 이런 아이들 각각의 재능을 잘 알지 못했다. 수업 시간에 그림을 그리고 있으면 혼내기 바빴다. 하지만 아이들은 거꾸로교실을 통해 재능을 살려 수업을 만들어갈 수 있었다. 이제 아이들은 단순히 하고 싶은 활동을 전지에 적는 것을 넘어 즉석에서 각 모둠의 재능을 살리는 방향으로 수업을 이끌 수 있게 되었다. 드디어 아이들이 '학습의 주도권'을 쥐게 된 것이다.

아이들은 이전까지 교사가 만들어주는 활동을 받아먹기만 하는 교실의 소비자였다. 하지만 이제는 교실의 생산자가 되었다. 교사가 시킨 활동만 하는 것이 아니라 직접 수업 시간에 할 활동들을 만들어나간다. 거꾸로교실을 하며 아이들에게 학습의 주도권을 어떻게 줄 수

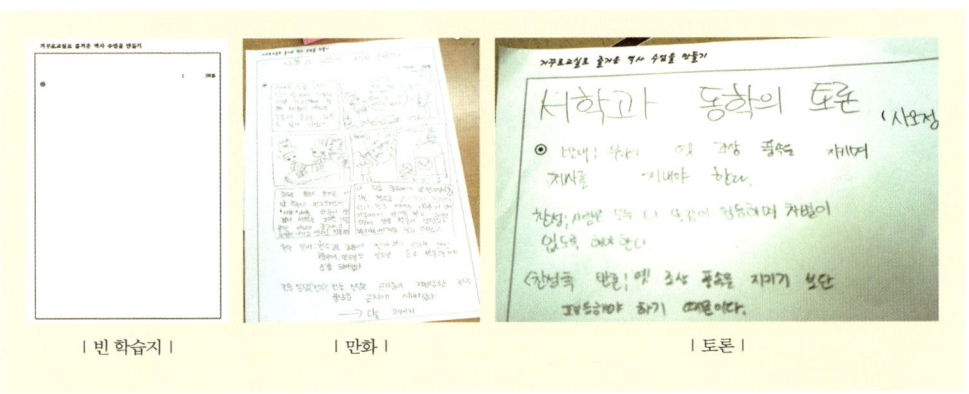

| 빈 학습지 | | 만화 | | 토론 |

있을지 계속 고민했다. 교실에서 강의를 비우고 활동을 채워 넣는다고 해서 학습의 주도권이 아이들에게 가는 것은 아니었다. 활동적으로 보일 수는 있겠지만, 가만히 살펴보면 아이들은 그저 선생님이 시키는 활동만 하는 경우가 많았다. 하지만 아이들을 수업의 계획단계부터 참여시키면서 아이들은 수업의 주인이 되어갔고 진정으로 학습의 주도권을 아이들에게 넘겨줄 수 있었다.

수업 활동 소개

:: 지식발전소

지식발전소는 디딤영상의 내용을 어떻게 하면 효과적으로 복습할 수 있을까 하는 고민에서부터 출발했다. 이전에는 모둠 내에서 빈칸

| 지식을 생산하는 아이들 |

학습지를 풀거나 디딤영상에서 배운 것을 모둠별로 칠판에 나와 적는 것으로 디딤영상을 복습했다. 칠판에 디딤영상에서 배운 내용을 적는 활동에 재미있는 요소를 추가하다 하나의 활동으로 정착했다. 이름에서 알 수 있듯이 지식발전소는 모둠별로 지식을 생산해내는 활동이다. 지식 생산은 총 3회전에 걸쳐 이루어진다. 지식발전소를 하려면 우선 칠판을 모둠 숫자대로 나누어야 한다. 6모둠인 경우, 칠판을 여섯 부분으로 나누는 것으로 수업을 시작한다.

1회전

모둠별로 한 명씩 디딤영상에서 배운 내용을 칠판에 나와 적는다. 지식을 적고 모두 자리로 돌아가면 지식마다 점수를 매긴다. 아이들과 협의하여 점수를 결정하는데 디딤영상에 나온 지식은 2점을 준다. 나오지 않은 지식은 0점이다. 디딤영상에 나왔으나 중요하지 않은 내용이면 1점을 준다. 점수를 모두 매기면 다시 모둠에서 1명씩 나와 두 번째 지식을 적는다. 마찬가지로 지식마다 점수를 부여한다. 모둠에서 2~3명 정도 나와서 지식을 칠판에 적고 나면, 아이들이 더 이상 디딤영상 내용이 기억나지 않는다고 한다. 이때 2회전으로 넘어간다.

2회전

2회전도 1회전과 같은 방식으로 진행한다. 단, 이제는 책을 봐도 좋다. 아이들은 책을 보며 아직 나오지 않은 지식을 찾는다. 모둠별로 아직 칠판에 쓰지 않은 학생이 나와서 지식을 적는다. 점수는 1회전과 마찬가지로 0~2점이다. 2회전에서도 모둠별로 2~3명이 나오면 아이들은 더 이상 쓸 지식이 없다고 이야기한다.

3회전

3회전은 아래 3가지 내용을 칠판에 쓴다. 1, 2회전과 마찬가지로 모둠별로 한 명씩 나와 칠판에 쓰고 아이들과 협의하여 각 지식에 점수를 매긴다.

1. **학습 목표와 관련된 질문.** 학습 목표와 관련된 질문을 제시한다. 예를 들면, 경제생활의 특징을 다루는 수업에서 학습 목표와 관련된 질문으로 "우리 경제의 자유와 경쟁이 없다면?", "만약 정부가 경제를 위해 아무 일도 하지 않는다면?"을 제시한다. 그 시간에 핵심이 되는 내용으로 질문을 만들어 제시하는 것이다.
2. **지식의 실제 적용.** 지식의 실제 적용은 간단하다. 위와 마찬가지로

| 지식을 모두 생산했다 |

경제생활의 특징을 다루는 수업에서 아이들은 "어제 부모님과 함께 전통 재래시장에 갔는데 대형 마트와 큰 차이를 느낄 수 있었다", "어제 문방구에서 연필을 사는 소비 활동을 했다" 등의 지식을 칠판에 적는다.

3. 다른 과목과의 연결. 다른 과목과의 연결도 간단하다. "전통 재래시장의 발전 방안(사회)을 제안하는 글쓰기(국어)로 적는다"와 같은 지식을 칠판에 쓰면 된다.

3회전 지식의 점수는 3~5점을 준다. 점수는 아이들과 협의하여 결정한다. 여기까지 진행하면 칠판은 아이들의 지식으로 꽉 찬다. 모둠별로 점수도 얻었다. 이제 지식을 내다 팔 준비가 된 것이다.

::지식시장

지식시장은 지식발전소에서 생산한 지식을 사고파는 활동이다. 우선 지식발전소에서 생산한 지식을 포스트잇에 옮겨 적는다. 포스트잇 하나에 지식 하나를 적고 지식발전소에서 매긴 점수도 같이 적는다. 따로 포스트잇에 옮겨 적는 시간을 주는 것보다 지식발전소를 하며 포스트잇에 옮겨 적는 것이 좋다.

이제 지식을 팔기 위한 공부를 모둠별로 시작한다. 비싼 값에 팔리려면 지식에 관해서 잘 알아야 하기 때문이다. 아이들은 모둠별로 지식을 서로 가르치며 공부한다.

공부를 다 하면 이제 지식을 본격적으로 사고판다. 모둠에서 반은 파는 역할을 하고 나머지 반은 사는 역할을 한다. 지식을 사는 학생들

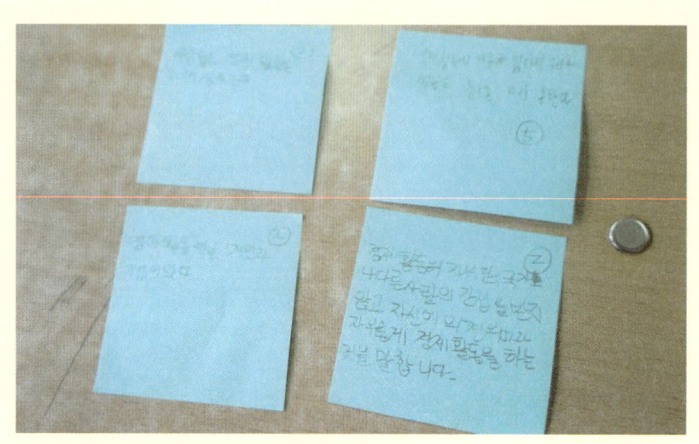

| 지식을 적은 포스트잇 |

은 돌아다니며 원하는 지식을 산다. 지식을 파는 학생들은 자리에 앉아 지식을 사는 학생들을 기다린다. 지식을 사고팔 때는 일정한 절차를 따라야 한다.

1) 지식을 파는 사람은 지식에 관해 설명한다.

2) 지식을 사는 사람은 지식에 관한 설명을 듣고 질문을 한다.

3) 지식을 파는 사람이 질문에 답한다.

4) 지식의 가격을 결정하고 흥정한다.

파는 사람은 지식에 관하여 설명을 잘하면 비싼 값을 받을 수 있다. 하지만 사는 사람이 좋은 질문을 해서 파는 사람이 답을 못하면 가격을 깎을 수 있다. 이런 과정을 거치면서 지식의 가격을 결정하고 사고판다. 비싼 값으로 팔거나 좋은 질문을 해서 가격을 깎으려면, 지식에 대해서 잘 알아야 한다. 그래서 지식시장 활동을 본격적으로 하기 전에 지식에 관해서 공부를 하는 것이 중요하다. 공부를 하지 않은 아이들은 포스트잇에 쓰여진 지식을 읽기만 한다. 당연히 매우 낮은 가격에 지식이 거래된다. 반면에 공부를 많이 한 아이들은 지식에 대한 배경이나 예시 등을 설명하며 비싸게 지식을 판다. 활동이 끝나면 사고파는 역할을 교대하여 한 번 더 진행한다. 사고파는 활동이 모두 끝나면 모둠별로 다음 3가지 점수를 더한다.

1) 지식발전소에서 얻은 모둠 점수

2) 지식시장에서 번 돈

3) 지식시장에서 산 지식의 점수

이 3가지 점수를 합하여 전체 점수를 계산한다. 우승하려면 지식발전소에서 최대한 많은 지식을 생산해야 한다. 특히 3회전에서 승부가 갈린다. 3회전 지식의 점수가 3~5점으로 높기 때문이다. 또 지식시장

| 지식을 사고파는 아이들 |

에서 많은 돈을 벌어야 한다. 많은 돈을 벌기 위해서는 지식에 대한 설명을 잘해야 한다. 마지막으로 지식시장에서 높은 점수의 지식을 사야 한다. 그래서 아이들은 주로 3회전의 지식을 사고판다. 3회전의 지식이 1, 2회전의 지식보다 점수가 높기 때문이다.

수업 시간에 도통 말을 하지 않는 아이가 있다. 발표는 해본 적이 없고 모둠 활동을 해도 거의 말을 하지 않는다. 이 아이의 입을 떼게 해준 활동이 바로 지식시장이다. 어떻게든 비싼 가격에 지식을 팔려고 설명하는 모습을 보고 깜짝 놀랐다. 옆에서 설명하는 것을 들어보니 오개념도 없었다. 그 아이에게 물어보니 모둠원들이 이 지식이 무엇인지, 어떻게 설명해야 하는지 알려줬다는 것이다.

지식발전소와 지식시장에 대한 아이들의 소감을 소개하며 글을 마칠까 한다.

디딤영상을 보면서 중요한 내용을 잘 정리한다. 정리한 내용으로 지식발전소에서 지식을 생산한다. 지식을 팔 때는 친구에게 설명을 하는데 그때 선생님 역할을 하며 나도 더 잘 알게 된다. 또 지식을 살 때는 질문을 하면 답을 해주니 궁금한 점을 알 수 있다. 지식발전소를 할 때 칠판에 내용을 적기 전에 모둠과 토의를 하는데 그때 새로운 내용을 알 수도 있다.

거꾸로교실을 하기 전에는 수업 시간에 시간이 없어서 활동을 다 못하거나 다음 시간에 이어서 했지만, 거꾸로교실을 하고 나서는 집에서 디딤영상을 보고 미리 이해를 하고 오니까 시간도 절약되고 이해하기가 쉽다. 그리고 평소에는 강의만 들으니까 지루했는데 더 재미있게 해서 머리에도 잘 들어온다.

2장
세상에서 가장 따뜻한 교실

전남 영광 불갑초등학교 박영민

우리 반 거꾸로교실 이야기

:: 관계가 중요하다

　매일 아침 반갑게 웃는 얼굴로 나를 맞아주는 우리 반 친구들, 수업 시간이 끝난 줄도 모르고 쉬는 시간까지 친구들과 즐겁게 공부하는 행복한 얼굴의 아이들, 자기 인생 처음으로 수업 시간에 모둠 활동에 열심히 참여하고 친구들과 의견을 나누고 노트 정리도 한다고 자랑하듯 말하는 강제 전학 온 아이의 말에 겉으로 드러내진 않았지만 큰 감격을 느낀다. 그래서 오늘도 내 교실에서 행복함을 느끼는 우리 아이들을 위해 열심히 수업을 디자인하고 있다. "Good education is all about relationship." 무엇보다 사람과의 관계가 중심인 교실, 세상에서 제일 따뜻한 교실을 만들기 위해 매일 매일 최선을 다하고 있다.

　농산어촌 학교에서 교사로 산다는 것은 정말 특별한 경험이다. 나를 포함해 대부분의 선생님이 대도시 주변에서 준비가 잘된 아이들과 함께 근무하고 싶어 한다. 또한, 모두가 아는 사실이지만, 큰 학교로 갈수록 교사 한 명이 담당해야 하는 업무의 양은 무한대로 줄어든다. 경력이 많은 어느 선생님은 연간 업무가 '학교행사 시 실내화 정리'인 경우도 있다고 한다. 반대로 작은 학교에 근무한다는 것은 엄청난 양의 업무량에 전혀 준비가 안 된 학생들을 상대해야 하는 고난의 연속이다. 그런데 다시 생각해보면 농산어촌의 작은 학교 아이들에게 한 분의 선생님은 정말 엄청난 영향을 준다는 것을 알 수 있다. 작은 학교 아이들에게는 바로 그 선생님 한 분으로부터 나오는 것이 교육의 전부이기 때문이다.

　"선생님 저는 1학기 동안 거꾸로교실을 하는 것이 제일 좋았어요. 거꾸로교실 디딤영상을 보면서 미리 공부해 와서 친구들과 함께 서로 가르쳐주면서 배우는 공부가 재미있었어요. 그리고 수업 시간에 여러 가지 다양한 활동을 해서 좋았어요. 그러면서 친구들과 사이가 좋아진 것 같아요. 한 가지 아쉬운 점은 선생님이 가르쳐주시는 수학과 사회뿐만 아니라 다른 선생님이 가르쳐주시는 과목도 거꾸로교실을 하면 좋겠어요…."

　학생들과 함께 1학기 수업을 되돌아보면서 한 학생이 적어낸 롤링페이퍼가 생각난다. 학기 초 가장 싫어하는 과목이 무엇인지 물어봤을 때 수학이라고 이야기했던 아이가 이제는 수학이 제일 재미있는 과목이 되었다고 하는 걸 보면서 교사의 역할이 얼마나 중요한가를 느낄 수 있었다.

　만약 누군가 나에게 '당신의 수업 철학은 무엇입니까?'라고 질문한다면, 나의 대답은 단연코 '관계'이다. 교사와 학생 그리고 학생과 학생이 어떻게 관계를 맺고 서로를 위로하는가 그리고 그것을 어떻게 세상과 연결하느냐에 따라 수업의 성패가 결정된다고 믿는다. 그렇다면 관계를 형성하기 위해 가장 중요한 것은 무엇일까? 학생 한 명 한 명의 말에 관심을 가져주는 것, 즉 경청이다. 수없이 들은 이야기이지만, 수업의 패러다임을 바꾼 지금에야 그 뜻을 이해할 수 있을 것 같다.

　이전까지 나는 '교사는 훌륭한 조련사'라고 생각했다. 토끼, 여우, 곰, 호랑이 그리고 하이에나 같은 아이들을 천천히 그리고 엄격하게 사회규범에 맞게 단련시키는 것에 초점을 맞추었다. 그렇게 하고 있다는 것이 잘못되었다는 생각도 못 한 채 아니 나 자신에게 질문조차도 던져보지 못하고 단지 웃는 아이들을 보면 '나 때문에 웃는구나!' 행복해하는 아이들을 보면 '나 때문에 행복해하는구나!'라고 오해하며 살았다. 그런데 수업 안에서 관계의 의미를 알고서야 진정한 배움의 의미를 깨닫게 되었다. 내가 조련사가 아니라 깜깜한 동굴에 홀로 남겨진 아이의 곁을 지켜주는 동반자라는 사실을 말이다. 가끔은 어둠 속에서 떨어지는 돌에 부딪히기도 하고 날아가는 박쥐들에게 습격을 당하기도 하지만, 옆에서 동반자로서 학생들의 아픔을 함께 나누고 스스로 빛을 찾아갈 힘을 길러주는 것이 교사인 내가 해야 하는 일이라는 것을 알았다. 그리고 아이가 아직 출구를 찾진 못했더라도 자기 스스로 동굴을 헤쳐나갈 준비가 되면 웃으며 한번 포옹하고 헤어지는 게 나의 일이라는 것도 알았다.

:: 수업을 바라보는 3가지 관점

어떤 눈으로 바라보는가에 따라 세상이 완전히 다르게 보인다고 한다. 마찬가지로 우리가 어떤 관점으로 수업을 바라보느냐에 따라 수업이 다르게 보이고, 좋은 수업의 기준이 달라질 거라고 생각한다. 그렇기 때문에 좋은 수업을 만들기 위해 가장 먼저 할 일은 내가 어떤 관점으로 수업을 볼 것인가를 정하는 일이다.

수업을 어떻게 바라보는가에 따라 수업은 다르게 이해되고 다르게 평가받기도 한다. 내가 바라보는 수업의 관점은 누구의 입장에서 어디에 초점을 맞추는가에 따라 크게 3가지로 분류할 수 있을 것 같다. '교사 중심의 수업', '학생 중심의 수업' 그리고 '관계 중심의 수업'으로 분류할 수 있다. 모든 수업이 장단점이 있고 그 장점은 말하지 않아도 모두가 알고 있기에 여기서는 각각의 문제점에 대한 이야기만 해보도록 하겠다.

우선 교사 중심의 수업을 생각해보자. 무엇보다 가장 큰 문제는 교실 속에서 교사와 학생, 학생과 학생 사이의 관계에 초점을 맞출 수 없다는 것이다. 그에 따라 교실 속에서 진정한 배움이 일어나기 매우 어렵다. 관계가 형성되지 않은 상태에서 교사가 요구한 질문에 대답하거나 교사가 지시한 활동을 수행하는 것은 학생 입장에서는 매우 어려운 일이고 수동적이기 때문이다. 또한, 교사 중심의 수업은 효율적인 내용 전달을 가장 큰 장점으로 들고 있지만, 실제로 학생 입장에서는 별로 배운 것이 없으며, 학생의 사고력과 행동에 변화가 없다면 효율성 있는 수업이 아니라 의미가 없는 수업이라고 말할 수 있다. 즉, 학생들이 배우는 과정이 무시되고 있다는 문제점이 있다.

이번에는 학생 중심의 수업을 생각해보자. 수업은 교사의 일방적인 가르침이 아니라 학생 스스로의 자기 주도적 학습으로 채워진다. 교실 속에서 교사는 수업의 안내자 또는 조력자 역할을 하면서 학생의 요구와 특성을 분석하고, 학생의 수준과 능력에 맞추어 수업을 설계한다. 하지만 여기에도 문제점이 있다. 첫 번째로 학생 중심의 수업이 학생의 배움을 강조하지만, 그저 즐거운 활동만 있을 뿐 학생 개개인의 배움이 일어나지 않는 경우도 종종 발생한다. 즉 학생들의 수준과 능력, 속도가 매우 다양한데 학생 개개인의 차이와 다양성이 반영되지 않고 동일한 수업 활동이나 과제를 부여하는 경우가 발생하기 때문이다. 또한 수업 시간에 과도하게 학생만의 자기 주도적 활동을 중시하다 보면, 교사의 의도와 목표가 무시되고 교실에서 매우 중요한 요소인 교사와 학생의 관계 및 상호작용이 무시될 수 있다. 교실 수업에서는 학생들의 관계뿐만 아니라 학생과 교사의 상호관계도 아주 중요한 부분을 차지하기 때문이다.

이러한 측면에서 거꾸로교실은 관계 중심의 수업이라고 이야기하고 싶다. 수업이 어느 한쪽에 치우치다 보면 수업의 본질에 도달하기 어렵다고 생각한다. 즉 교실 속에서 교사와 학생, 학생과 학생이 어떤 관계를 형성하느냐에 따라 수업의 성패는 결정된다. 그러므로 수업을 바라볼 때 어느 한쪽에 치우치는 것이 아니라 교사와 학생의 관점에서 바라보아야 한다. 즉 수업이란 교사와 학생, 학생과 학생이 교실 속에서 관계를 형성하고 서로 위로하고 같은 위치에서 상호작용하는 과정이다.

거꾸로교실과의 만남

매년 12월이 되면 교장 선생님이 나를 부르신다. 큰 키에 초등학교 교실엔 어울리지 않는 건장한 덩치, 누가 봐도 강인한 인상의 외모 탓에 학교에서 말썽부리는 아이들은 언제나 우리 반이 되었다. 올해도 교장 선생님께서는 어김없이 나를 부르셨다.

"자네가 맡아줘야겠네…."

학교 폭력 가해 학생으로 강제 전학을 온 아이와 극도의 산만함과 수학 시간만 되면 자폐증 증상을 보이는 아이, 남자아이들과 모둠 활동 자체를 버섯 먹기보다 더 싫어하는 아이 그리고 다문화 가정의 아이까지…. 누구 하나 평범한 아이가 없었다. 두려웠다.

인생은 우연의 연속이라는 말이 있다. 교사로서의 내 인생 전체를 바꾸어버린 거꾸로교실과의 만남은 정말 우연한 기회였다. 거꾸로교실을 만나기 전까지 나는 학교에서 맡은 일 잘하고, 관리자와 선후배 선생님들과 좋은 관계를 유지하며, 학생들에게는 정말 무서운 그런 교사였다. 그렇게 반복되는 생활에 적응하고 여유가 생기면서 교실 속 우리 아이들의 모습이 보이기 시작했다. 쉬는 시간, 점심시간에 그렇게 해맑고 행복해하던 아이들이 수업 시간만 되면 꿀 먹은 벙어리가 되고 너무 힘들어했다. 물론 나 자신도 '역시 시골학교 아이들은 안 되는구나'라며 학생들을 원망하며 지쳐가고 있었다. 교사로서의 삶에 대한 의문이 생겨갈 때쯤 학교를 옮기면서 마지막으로 도전해보고 싶었다. 책과 연수를 통해 다양한 수업 방법을 만났지만, 가슴 속에 울림을 주지는 않았다.

그때 우연히 살만 칸의 『나는 공짜로 공부한다』라는 책을 만나게 되었다. '아, 바로 이거다!' 학생들에게 강의 동영상을 제공한다는 것은 방과 후에 돌봐줄 사람이 없는 우리 아이들에겐 정말 큰 의미가 있을 것 같았다. 나와 함께 교실에서 생활하는 아이는 대부분 가정에서 전적으로 돌봄을 받기 어려운 조손 가정 아이, 편부 편모 아이 그리고 다문화 가정의 아이였기 때문이다. 또한, 경제적 이유와 시골의 교통 여건상 사교육의 혜택을 받기도 힘들었다. 그러한 이유로 아이들은 과제를 다 못해오는 경우가 많았다. 특히 수학이나 사회 과제를 내주면 공부에 관심이 없는 아이는 물론이고 수업 시간에 열심히 참여하는 성실한 아이조차도 과제를 못해오곤 했다. 그래서 우리 아이들에게 실질적인 도움이 되는 동영상을 만들어 재미있게 볼 수 있게 해주어야겠다고 다짐했다. 그리고 열심히 동영상을 만들었다. 아이들이 힘들어하는 과목의 동영상을 정성껏 만들어서 블로그에 올려주고 학생들이 공부하고 싶을 때 얼마든지 활용할 수 있게 했다.

하지만 결과는 완벽한 참패였다. 내가 그렇게 정성껏 만들어놓은 동영상을 아이들은 전혀 보고 오지 않았다. 도대체 무엇이 문제인지 알고 싶었다. 아이들과 상담을 하면서 이유를 물어보았다. 아이들의 대답은 한결같았다.

"어차피 안 보고 와도 수업 시간에 다시 다 해주시는데…. 그래서 안 보고 와요…."

그저 영상만 제공한다고 해서 수업이 그리고 아이들이 바뀌는 건 아니구나 하는 생각이 들었다. 함께 교실을 고민하는 친구들과 모여 어디서부터 시작해야 할지 다시 생각해보았다. 인간은 태어날 때부터 말하고 싶은 욕구를 가지고 살아간다고 한다. 그리고 누군가와 함께 어울려 사는 것에 대한 열망이 있다. 그런데 왜 학생들은 수업 시간에 이런 기본적 욕구를 차단하고 조용히 교사의 강의만 듣고 있어야 하는가? 과연 학생들의 본성을 억누르고 집어넣은 강의가 학생들에게 얼마나 좋은 영향을 줄까? 교실 수업의 본질은 무엇인가?

교실 수업에 대한 새로운 시도를 해보고 싶었다. 학생이 행복한, 사람이 중심인 수업을 해보자. 그것이 바로 거꾸로교실을 시작하게 된 이유였다. 기존의 강의식 수업에서 일방적으로 교사에게서 전달되던 지식이나 개념을 간단히 동영상으로 만들어 학생들이 자신의 속도에 맞게 미리 보고 오게 하고 실제 수업에서는 협업을 중심으로 학생 스스로 서로 의사소통하고 사고하고 창의적인 아이디어를 만들어가는 교실. 바로 내가 꿈꾸는 교실이었다.

아이들과 거꾸로교실에 대한 오리엔테이션을 진행하고 아이들이 싫어하는 과목이 무엇인지 조사해보았다. 역시 예상대로 수학과 사회가 선택되었다. 그렇게 수학과 사회를 거꾸로교실로 운영하기로 결정하고 며칠 동안 수업을 구상했다. 드디어 첫 거꾸로교실 수업 시간. 떨리는 마음으로 준비한 수업을 시작했다. 다행히도 모든 아이가 디딤영상을 보고 와 주었다. 간단히 디딤영상에서 본 내용을 짝과 함께 확인하는 묻고 답하기 시간을 가진 후 익히기 문제를 해결하고 모둠별로 익힘책을 풀어 미션을 해결하도록 했다.

사실 처음 시작에는 아직은 서로 공부하는 것이 어색한지 혼자서만 문제를 풀었다. 그러다 슬슬 모르는 것이 나오니 친구에게 말을 걸기 시작했다. 서로 모르는 것을 친구들과 함께 해결하면서 그렇게 미션을 해결해나갔다. 여기저기서 선생님을 부르는 소리에 열심히 돌아다니며 아이들을 도와주었다. 예전의 수업에서는 강의를 하느라고 한 명 한 명에게 관심을 기울여주지 못했는데 이제는 학생 한 명 한 명에게 관심을 줄 수 있었다. 특히 이전 학년에 배우지 못했던 개념이나 스스로 잘 못 알고 있던 오개념을 교사인 내가 정확히 파악할 수 있었다. 그 부분을 해결해주니 그다음 과정은 순탄하게 진행되었다. 그렇게 첫 수업이 끝나고 아이들에게 피드백을 받아 보았다.

"애들아 오늘 거꾸로교실을 처음 해보았는데 어때?"

"재미있어요!", "좋았어요!"

"왜 그렇게 생각했니?"

"동영상을 미리 보고 오니까 수업이 쉬웠어요."

"친구들과 함께 문제를 푸니까 마음이 편했어요."

"모르는 것을 친구들이 알려주니까 더 쉽게 이해가 되었어요."

디딤영상을 통해 자신의 속도에 맞게 익혀온 기본개념이나 배경지식을 가지고 수업 시간에 친구들과 함께 서로 도와가며 행복하게 공부하는 모습을 보니 그동안의 수업이 떠올랐다. 이렇게 행복해하고 즐겁게 공부할 수 있는데 내가 그동안 아이들에게 좌절감만 준 것은 아닌지…. 내 수업에서 행복해하는 아이들을 보니 너무 기분이 좋았다. 특히 수업 시간만 되면 10분 만에 자리를 박차고 나가버리던 아이들이 2시간 블록타임으로 운영되는 수업에도 시간이 어떻게 지나가는 줄도 모르고 친구들과 공부하면서 자기도 모르게 '같이의 가치'를 알아가는 모습이 너무 대견했다.

그렇게 한 학기가 지나고 기말고사가 우리를 기다리고 있었다. 디딤영상을 통해 자기의 속도에 맞게 배우고 수업 시간에 친구들과 함께 서로 가르치고 배우며 공부하긴 했지만, '성적이 좋지 않으면 어쩌지?' 하는 걱정이 들긴 했다. 하지만 그것은 기우에 불과했다. 학생들의 성취도도 만족할 만큼 아주 좋았다. 특히 수업 시간에 적응하지 못했던 아이의 성적이 놀랄 만큼 좋아졌다. 어찌 보면 당연한 결과였다. 수업에 전혀 참여하지 않던 아이가 블록타임제로 운영하는 시간에 단 한 순간도 놓치지 않고 푹 빠져서 배우는데 성적이 안 나올 리가 없었다. 한편으론 아이들을 아직도 믿지 못하고 있는 나 자신이 부끄럽기도 했다.

내 수업을 소개합니다

여기에 소개하는 수업은 수학 과목의 '분수와 소수의 관계'를 배우는 부분이다. 수업은 다음과 같은 순서로 진행되었다.

1. 디딤영상 짝 토론(짝과 묻고 답하기)
2. 익힘책 배움지도 그리기
3. 미션 1 - 릴레이 카드 만들기
4. 미션 2 - 분수 소수 원카드
5. 스토리스파인 정리하기

:: 수업의도와 계획

　소수의 곱셈은 소수의 덧셈과 뺄셈 및 분수의 곱셈을 바탕으로 배우게 된다. 이를 위해서는 반드시 분수를 소수로 또는 소수를 분수로 나타내는 방법을 알아야 한다. 그래서 디딤영상을 통해 분수와 소수의 관계를 안내하고 배움지도 그리기와 스토리스파인으로 학습 목표를 달성한 후 릴레이 카드 만들기와 분수 소수 원카드 활동을 통해 분수와 소수의 관계를 몸으로 체험해보고자 한다.

:: 디딤영상 짝 토론

　우리 반에는 모든 아이의 초등 3급 또래교사 자격증이 칠판에 붙어 있다. 수학 시간에 주로 진행하는 배움지도 그리기 활동에 활용되기 때문이다. 역시 수학 첫 시간도 배움지도 그리기로 시작했다. 우선 디딤영상을 통해 분수와 소수의 관계를 이해할 수 있는 2차시 분량의 영상을 제공했다. 수업이 시작되면 아이들은 자연스럽게 짝 토론을 한

| 초등 3급 또래교사 자격증 |

| 디딤영상 짝 토론 |

다. 디딤영상 내용을 묻고 답하기를 한다. 그러면 교사는 학생 사이를 돌아다니며 혹시 디딤영상에서 이해하지 못한 개념이 있는지 혹은 놓치고 있는 이전 개념이 무엇인지 파악하고 개인별로 도움을 준다.

:: 익힘책 배움지도 그리기

짝 토론이 끝나면 바로 교과서 익히기 문제와 익힘책을 활용해 배움지도 그리기를 진행한다. 짝과 함께 서로 이야기하며 문제를 해결하고 문제를 전부 해결한 학생은 교사에게 와서 하나하나 확인을 받는다. 확인이 완료된 학생은 칠판에 자신의 3급 또래교사 자격증을 가운데 붙이고 도와줄 친구를 찾아다닌다. 먼저 해결한 친구의 도움을 받아 익힘책을 해결한 친구들은 선생님의 확인을 받고 마찬가지로 칠판에 자신의 또래교사 자격증을 붙인다.

이때 자신에게 도움을 준 친구와 선으로 연결해 그 선 위에 자신이 도움을 받은 내용이 무엇인지를 자세하게 작성한다. 그 이유는 단위 차시에 학생들이 어려워하는 개념이나 과정은 반드시 나타나는데, 친

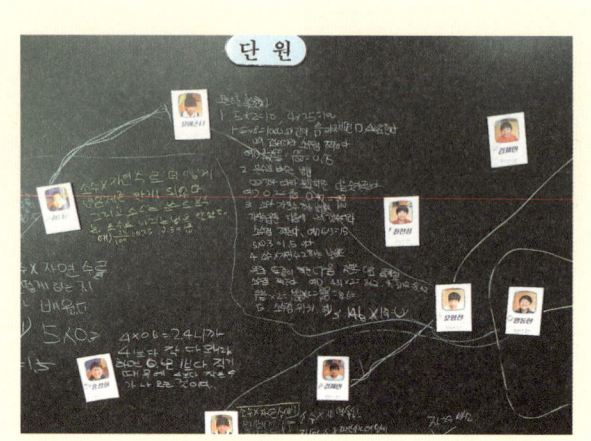

| 배움지도 그리기 |

  구의 도움을 받아 해결했다는 것은 자신이 모르고 있거나 아직 확신이 없는 부분이라는 것을 의미하기 때문이다. 즉 그것을 자신의 것으로 다시 한 번 재구조화하는 시간이 필요하다. 친구의 도움을 받아 해결한 내용을 칠판에 자세하게 정리하면서 자신만의 지식으로 재구성하는 것이다. 또한 그 수업 시간에 친구를 가장 많이 도와준 친구는 우리 반 최고의 도우미로 선정하고 아낌없는 칭찬샤워를 선물한다.

  이런 배움지도 그리기가 진행되는 과정에서 교사는 디딤영상이나 또래교사의 도움만으로는 분수와 소수의 어려움을 해결하지 못하는 친구들을 중점적으로 지도해준다. 모두 배움지도를 그리고 나면 교사가 다시 한 번 배움지도에 나온 내용을 정리해준다. 여기에 적혀 있는 내용이 바로 아이들이 가장 어려워하는 부분이기 때문이다.

::미션 1 - 릴레이 카드 만들기

그렇게 1차시가 끝나고 바로 모둠별 미션활동에 들어간다. 미션 1은 릴레이 카드 만들기이다. 교사가 칠판에 '분수1, 분수2, 소수, 그림'이라고 구역을 나누어주고 각 모둠이 담당할 영역을 정하게 한다. 그리고 5분간 모둠원들과 함께 칠판을 채울 수 있는 분수와 소수 그리고 개념을 설명할 수 있는 그림 등을 함께 생각해보게 한다. 그런 다음 모둠별로 돌아가며 분수와 소수 개념을 칠판에 채워나간다.

예를 들어 1모둠의 분수1을 맡은 친구가 '1/2'을 적으면 분수2를 맡은 친구가 '5/10'를 쓰고 소수를 맡은 친구가 '0.5'를 쓰고 그림을 맡은 친구가 해당하는 그림을 그린다. 다른 모둠은 친구들이 칠판에 쓰는 내용이 맞는지 확인하고 만약 틀린 내용이 나오면 교실 가운데 있는 종을 먼저 치고 종을 친 모둠이 기회를 넘겨받아 나머지를 채워나

| 릴레이 카드 만들기 |

간다. 그렇게 칠판에 분수와 소수가 채워지면 각자 모둠별로 칠판에 채워진 분수와 소수 그리고 그림을 각각 2개씩 카드로 만든다.

:: 미션 2 - 분수 소수 원카드

미션 2는 분수와 소수 원카드이다. 방법은 우리가 자주 하는 원카드와 동일하다.

1. 40장의 카드 중 각각 6장의 카드를 가져가고 나머지 카드는 모둠 가운데 모아 놓는다.
2. 한 번에 한 장씩 아래 깔려 있는 카드와 같은 형태의 카드를 이어내는 게 기본 규칙이다. 분수 카드가 깔려 있으면 분수카드, 소수카드는 소수카드, 그림카드는 그림카드를 낸다. 예를 들어 '1/10'카드가 깔려 있을 때 내가 카드를 낼 수 있는 방법은 두 가지이다. 첫 번째는 내가 가진 아무 분수카드를 내거나, '1/10'과 크기가 같은 소수, 그림 카드가 있으면 소수, 그림카드를 낼 수 있다.
3. 또한, 내가 낸 카드와 같은 크기의 분수, 소수, 그림 카드는 이어서 함께 낼 수 있다.
4. 만약 조건을 만족하지 못하는 카드를 냈다면 낸 카드도 다시 가져가야 하고, 가운데 모여 있는 카드 중에서 한 장을 더 가져가야 한다.
5. 조커는 아무 때나 낼 수 있다. 조커를 내면 내가 문제를 낼 수 있기 때문에 다음 사람들은 그 문제를 풀어야 하고, 못 풀면 카드 3장 가져가고, 풀면 이제 다음 순서가 아무 카드나 하나 내고 진행한다. 예를 들어 내가 조커를 내고 '1/8'이라고 말하면 나머지 사람들은 '1/8'과 같은 크기의 분수, 소수,

| 분수와 소수 원카드 |

| 스토리스파인 |

그림 등을 말해야 통과할 수 있다.

6. 제한 시간 동안 활동하게 한 후 1위 모둠, 2위 모둠, 3위 모둠, 4위 모둠으로 모이게 한 후 즐겁게 활동하고 마무리한다.

:: 스토리스파인 정리하기

미션 활동이 끝나면 모둠별로 스토리스파인으로 그날 배운 내용을 자기만의 용어로 정리한다. 스토리스파인이란 말 그대로 이야기의 뼈대를 제공해주는 것이다. 즉 학생들에게 오늘 배운 내용을 스스로 정리할 수 있는 틀을 주는 것이다. 그런데 일반적으로 교사가 "오늘 배운 내용을 노트에 정리해보세요!"라고 말하면 제일 많이 받는 질문이 "어떻게요?"이다. 즉 아직 어린 학생들에게 정리를 전적으로 맡기기에는 어려운 일이다. 그래서 스토리스파인 같은 정리의 뼈대를 제공한다. "오늘 우리가 배운 내용은… 그중에 가장 중요한 것은… 예를 들면… 주의할 점은…" 하는 식으로 뼈대를 제공해주어 누구나 쉽게 자신만의 용어로 정리할 기회를 주는 것이다.

:: 글을 마치며

마지막으로 나에게 뜨거운 눈물을 선물했던 한 학생의 학기 말 설문지를 소개하고 싶다. 이전 학교에서 적응하지 못하고 여러 가지 문제가 발생하여 강제로 전학 온 안타까운 사연이 있는 아이였다.

> 나에게 거꾸로교실은 평화다. 왜냐하면, 친구들과 싸우지 않으니 난 너무 좋다. 예전의 학교에서 나는 친구들과 매일 싸웠던 것 같다. 그런데 우리 반에서는 수업 시간마다 친구들과 이야기하고 함께 공부를 하다보니까 나에게 기분 나쁜 말투로 이야기하는 친구를 보아도 '이 친구의 말투가 원래 이렇구나…' 그리고 나를 화나게 하는 단어를 사용하는 친구를 보아도 '이 친구는 말

할 때 이런 단어를 사용하는구나' 하고 친구의 말투나 성격을 이해해 줄 수가 있었다. 그래서 친구들과 싸우지 않고 이야기로 문제를 해결할 수 있었던 것 같다. 그리고 마지막으로 내가 공부할 때 알려주기 정말 힘들었을 텐데 끝까지 엄청 도와준 친구들에게 진짜 고맙다.

세상에서 가장 따뜻한 교실은 지금도 계속되고 있다.

3장
모세의 기적을 멈추게 한 거꾸로교실의 마법

강원 강릉 강동초등학교 김혜린

모세의 기적과 거꾸로교실

:: 내 별명은 '모세의 기적'

지금으로부터 10여 년 전, 동학년 선생님께서 나에게 지어주신 별명이 '모세의 기적'이다. 내가 복도에 등장하는 순간, 와글와글 모여 있던 고학년 아이들이 순식간에 입을 닫고 내 눈치를 보며 양쪽 벽으로 몸을 붙이며 길을 터주었기 때문이다. 아이들은 혹여 나와 눈이라도 마주칠까 먼 곳을 바라보았고, 나의 끝없는 잔소리가 두려운 아이들은 차라리 교실로 들어가 버리곤 했다. 이처럼 복도에서 '모세의 기적'을 선보이던 나는, 아이들에게 늘 무섭고 엄격하고 두려운 존재였고, 교직 생활 10년이 훌쩍 지난 모습도 그다지 다르지 않았다.

2014학년도 담임을 맡게 된 6학년 아이들을 처음 만나는 날, 교실에 들어서고, 가방을 정리하고, 컴퓨터를 켜고, 자리에 앉는 그 5분 남짓의 시간 동안 교실에는 아이들의 쌕쌕거리는 숨소리만 들려왔다. 수업 시간도 마찬가지였는데, 딴짓을 하거나 떠드는 것은 당연히 용납되지 않았으며, 아이들은 의자를 당기고 책상에 바짝 붙어 앉아 늘 칠판을 바라보고 있었다. 수업은 정돈되어 있었고 언제나 아이들은 정숙하고 고요했으며 교실에는 수업 내용을 빠짐없이 전달하는 내 목소리만 울려 퍼졌다.

하지만 '기적을 선보이는 교실의 지배자'로 왕처럼 군림하던 나는 갑작스럽게 교실에서의 권위를 내려놓게 되었고, 이것은 잠이 오지 않는 밤, 생각 없이 TV 채널을 돌리다 만난 한 다큐멘터리 프로그램 때문이었다.

:: 거꾸로교실과의 첫 만남

2014년 3월 KBS 파노라마에서 〈21세기 교육혁명-미래교실을 찾아서〉라는 주제로 '거꾸로교실'을 소개하는 3부작을 방영했다. 동영상으로 미리 교사의 수업을 다 듣고 온다고? 그럼 수업 시간에 교사는 무엇을 하고? 그럼 애들이 동영상을 안 보고 오면? 내가 수업 시간에 안 떠들면 그럼 아이들은 40분 동안 뭘 해야 하는 거지? 교사의 가르침을 뺀 수업이 어찌 가능하단 말이지? 온갖 생각이 꼬리에 꼬리를 물고 새로운 의문점을 낳기 시작했다. 그리고 프로그램을 시청할수록 나의 호기심은 놀라움으로 바뀌었고, 그 놀라움은 다시 눈덩이처럼 몇 배로 불어나 내가 그동안 가르친 아이들에 대한 미안함이 되어 나의 가슴을

짓눌렀다.

한 분야에서 10년을 배우고 익히면 그 분야의 전문가가 된다고 하는데, 과연 나는 교직에서 10년이 넘는 시간을 보내면서 '수업의 전문가'가 되었는가?라는 고민을 하던 시기에 만난 거꾸로교실은 결국 내가 자신만만하게 아이들을 가르쳤던 지난 10년을 후회스럽게 만들어버렸다. 그리고 거꾸로교실을 이미 실천하고 있는, 거꾸로교실을 간절히 원하는 전국의 선생님들을 만나고 싶다는 열망에 휩싸이게 했다.

무더운 여름, 나와 마음이 같은 전국의 선생님들과 함께 거꾸로교실을 만났고, 아침 해가 떠오를 때까지 옹기종기 모여 앉아 원 없이 수업에 대한 이야기만 나누었던 1박 2일의 시간이 순식간에 지나갔다. 그리고 전에는 듣지도 보지도 못한 새로운 교실 수업의 모습을 배우며 꼭 나의 교실에서 거꾸로교실을 실천하기로 다짐했다.

::**거꾸로교실과 아이들의 첫 만남**

새 학기가 시작하는 첫날, 아이들에게 거꾸로교실을 소개하는 오리엔테이션 시간을 마련했다. 아이들에게 거꾸로교실이 무엇인 것 같냐고 물어보니 '수업 시간 모든 것을 다 거꾸로 행동하는 것, 늘 하던 것과 반대로 하는 것, 학생이 선생님이 되는 것, 선생님이 학생이 되고 학생이 선생님이 되는 것' 등 기상천외한 답이 쏟아졌다. 나는 아이들에게 거꾸로교실을 소개하는 영상을 보여주고, 우리 반에서도 해보는 것이 어떻겠냐고 야심 차게 물었다. 아이들이 눈을 동그랗게 뜨며, 나의 멋진 제안에 기뻐하고 환호하는 모습을 꿈꿨지만! 정말 실망스럽게도 아이들의 반응은 '우리 담임선생님이 여름방학에 심하게 더위 먹

었나?' 하는 표정으로 그 어떤 반응도 보이지 않은 채, 조금은 당황스러워하는 모습이었다. 그도 그럴 것이 사자(맹수가 아닌 저승사자의 줄임말. 현재 학교 아이들이 부르는 별명) 같은 담임선생님이 뜨거운 여름을 보내고 개학하자마자 첫날부터 거꾸로교실을 통해 수업의 주도권을 주겠다고 선심 쓰듯 이야기를 하니, 이상하게 생각할 법도 했다.

 아이들의 열렬한 반응을 기대했던 나는 실망하지 않을 수 없었다. 하지만 이왕 칼을 뽑았으면 무라도 썰어야 하지 않겠느냐는 심정으로, 그래도 거꾸로교실을 하게 된다면 어떤 과목의 수업을 원하느냐고 물었다. 역시나 아이들이 제일 싫어하는 '수학'을 거꾸로교실로 해보았으면 좋겠다는 의견이 가장 많았다. 우선 수학 교과를 거꾸로교실로 시작하되 여건이 되면 차차 과목을 확대해나가기로 약속하고, 담임교사인 나에게 막무가내로 떠밀려 아이들은 거꾸로교실 속으로 첫걸음을 내딛게 되었다.

거꾸로교실을 시작하다

:: 첫 수업

거꾸로교실을 시작하면서 아이들과 나는 서로 약속을 했다. 아이들이 나에게 한 약속은 '동영상 꼭 보기, 수업 시간에 열심히 참여하기'였고, 내가 아이들에게 한 약속은 '시끄럽다고 화내지 않기, 기다려주기'였다.

첫 수학 수업을 준비하며, 10분짜리 동영상을 제작하여 아이들이 미리 보고 올 수 있도록 탑재했고, 기존의 교과서 중심 활동을 과감하게 버리고 아이들이 협력하여 해결해야 하는 활동 중심의 과제를 마련했다. 거꾸로 수업을 준비하고 기다리는 내내 '동영상은 과연 다 보고 올까? 분명히 안 보고 오는 아이들도 있겠지? 내가 설명하지 않아도 아이들이 수업 내용을 다 이해할 수 있을까? 평상시와 다르게 모둠별로 과제를 주면 아이들이 잘 참여할까? 혹시 활동하다가 아이들끼리 싸움박질이나 하고 끝나진 않을까?' 온갖 의문과 걱정과 근심이 꼬리에 꼬리를 물고 나를 괴롭혔다. 하지만 거꾸로 수업 한 시간 만에 내 걱정은 참으로 쓸데없었다는 것을 깨달았다.

:: 질문과 소통, 협력이 있는 거꾸로교실 만들기

우리 반은 농어촌 소인수 학급으로 학생들은 자존감이 낮고 지나치게 조용하고 내성적이며, 수업에 수동적으로 참여하고 타인 의존적인 모습을 보였다. 또한, 남학생과 여학생의 사이가 좋지 않아 서로 대화를 하지 않고 적대시하는 모습을 보이는 때가 많았고, 자기 입장을 논리정연하게 표현하는 것을 어려워하며 자신과 다른 의견을 수용하고 귀 기울이는 능력이 부족하여 다툼이 잦았다. 이런 우리 아이들에게 거꾸로교실을 통해 기대한 것은 단 하나, 수업 시간에 능동적으로 참여하는 모습을 보여주길, 서로 사이좋게 떠들기도 하고 이런저런 질문도 하며 적극적으로 참여하는 모습을 만날 수 있기를 바랐다.

기존 교사 위주의 강의식 수업에는 해보지 못했던 학생 중심의 활동으로 40분을 꽉꽉 채워 넣으며 아이들이 서로 힘을 모아 해결하도록 했고, 교사인 나는 최대한 간섭하지 않으려 참고 또 참았다. 잘 모르겠다는 눈빛만 보여도 곧바로 달려와 문제를 해결해주던 선생님이 이제는 스스로 알아서 해보라고 하니, 아이들은 서로 힘을 모아 살길을 찾기 시작했다. 문제가 어려우면 자기보다 잘하는 친구들에게 도움을 요청했고, 머리만 좋고 이기적인 몇몇 아이도 다른 사람들에게 자신의 능력을 나누어주는 것이 행복한 것임을 깨닫게 되었다. 소통과 협업의 거꾸로교실 교수·학습 방법을 통해 아이들은 서로 소통하고 협력하는 다양한 과제를 수행하면서 힘을 모아 문제를 해결하는 것이 훨씬 더 좋은 결과를 가져온다는 것을 깨닫게 되었다.

또한, 단순하게 교과서의 문제를 해결하는 것에서 벗어나 다양한 과제를 해결하면서 아이들은 학습의 중심에 서게 되었고 배움의 과정에 능동적으로 참여하게 되었다. 학생들은 스스로 문제를 해결해나가는 과정을 거치며 자신감을 회복했으며 과제를 수행하는 과정 속에서 스스로 문제를 해결하는 성취감을 맛보게 되었다.

거꾸로교실로 변한 나와 아이들

나는 늘 수업 시간에 교실 앞 정중앙에서 아이들의 눈빛을 바라보며, 조금이라도 모르겠다는 표정을 지으면 바로 다시 한 번 설명을 해주곤 했다. 과제를 수행할 때도 "선생님 모르겠어요"라고 말하면 즉각 그 아이에게 가서 "이렇게 저렇게 해서 요렇게 되는 거잖아!"라고 하며 친절하게 설명을 해주곤 했고, 그제야 아이는 이해가 되었다는 듯 나에게 씨익 웃어준다. 하지만 다음 날 같은 문제를 물어보면 또 모르고, 나는 또 화가 나서 그 아이를 다그치며 "어제 내가 분명히 이렇게 저렇게 해서 요렇게 되는 거라고 가르쳐 줬잖아!"라며 또 한 번 가르친다.

미술 시간이나 실과 시간 등 아이들이 작품을 만들어내야 할 때도, 서툰 솜씨로 활동을 하는 아이들을 볼 때면 답답한 마음에 내가 늘 옆에 붙어 도와주곤 했다. 아이들에게 도움이 필요할 때는 늘 주저 없이 다가갔고, 지금에서야 곰곰이 생각해보니 도움이 필요하지 않은 때도 먼저 다가간 것 같다. 그래서 아이들은 늘 나에게 "선생님은 무섭지만 친절해서 좋아요"라고 말했나 보다.

하지만 이러한 친절이 결국 아이들에게 '독'이 될 수 있음을 나는 잊고 살았다. '아이들이 아직 어려서 내 도움이 꼭 필요할 것'이라는 생각도, 사실 나만의 걱정이었다는 것도 알게 되었다. 거꾸로 수업을 하며 수업의 주도권을 넘겨주니 그동안 부족하고 못마땅하게 생각한 아이들에게서 반짝반짝 빛나는 재능을 발견하게 되었고, 미처 알지 못했던 아이의 장점을 찾을 수 있게 되었다. 그동안 교사, 어른이라는 이유로 우리 아이들에게 준 지나친 관심과 친절이 결국 우리 아이들의 성장을 돕는 것이 아니라, 진정한 배움을 방해하고 있었음을 절실하게 느끼게 되었다.

거꾸로 수업으로 함께한 6학년 아이들을 졸업시키고, 새롭게 맡게 된 학년은 4학년이었다. 사실 거꾸로교실은 초등 고학년 이상 학생들의 수업에 적합한 방법이라고 생각하고 있던 터라 새로 함께하는 4학년 아이들에게 거꾸로교실 수업을 적용하는 것이 걱정스러웠다. 3학년을 갓 마치고 올라온, 10살짜리 아이들. 디딤영상은 보고 올 수 있을까? 이 어린아이들에게 수업의 주도권을 넘겨주면 과연 무엇을 할 수 있을까?

하지만 이번에도 아이들은 나의 이런 걱정이 쓸데없는 시간 낭비였음을 알려주듯이 수업을 이끌어가기 시작했다. 전국의 4학년 학생들에게 큰 수를 쉽게 배울 수 있는 노래를 보급하겠다는 야심 찬 계획을 세우고 '큰수송'을 제작하여 유튜브에 올리는 것부터 시작한 우리 아

이들과의 거꾸로교실은 1년이 마무리되어 가는 지금도 멈춤 없이 달리고 있다.

심지어 2학기가 시작된 첫 주에는 아이들 스스로 시간표를 새롭게 작성하기도 했는데, 목요일에 국어 3시간과 수학 3시간을 배치해놓는 획기적이고 기막힌 시간표를 만들었다. 6교시 동안 달랑 국어과 수학 두 과목만 배우고 싶은 이유가 무엇이냐고 물었더니 (사실 6교시 내내 쉬는 시간 한 시간도 없이 국어랑 수학만 가르치면 너무 지루할 것 같은 나의 소심한 반항이었으나) 거꾸로교실을 하면서 시간이 부족할 때가 많아 수업이 조금 더 여유로우면 좋겠다고 한다. 아이들의 이야기를 들으며, 어리고 부족하게만 보이던 이 아이들에게 더 많은 것을 기대해도 좋을 것 같다는 생각을 했다.

:: 거꾸로교실 속 아이들의 이야기

거꾸로교실 수업으로 한 학기를 마친 우리 반 학생은 "거꾸로교실 수업을 하다가 교과서나 문제집을 보면 '우리가 이 어려운 걸 쉽게 풀었네!'라며 놀랄 때가 있어요"라는 이야기를 남겨주었다. 거꾸로 수업에서 다양한 활동 중심의 학습을 하다 문제를 풀면, 이렇게 어려운 문제를 해결하는 힘을 수업 시간에 얻은 것 같아 놀랍다는 생각이 들었다는 것이다. 아이들은 수업 시간에 질문하고 서로 이야기하고 협력하며 배워나갔고, 그 과정에서 문제를 해결해나가는 힘을 길렀다. 그리고 이 모든 과정을 통해 단순한 문제풀이식 수업에서는 얻을 수 없는 진정한 배움이 일어난 것이다.

또한, 거꾸로교실 수업을 하며 자신이 어떻게 바뀐 것 같은가 하는

| 아이들의 거꾸로교실 소감 |

질문에 '친구들과 사이가 좋아진 것 같다'는 소감이 가장 많았다. 질문하고 소통하며 협력하는 40분의 거꾸로 수업 속에서 우리 아이들은 서로 알아가고, 이해하고, 배려하기 시작했으며, 경쟁 상대로 서로 견제하며 쉴 틈 없이 문제를 풀던 수업에서 벗어나 서로 힘을 합쳐 과제를 해결해나갔다. 하나의 목표를 위해 함께 도전하는 과정을 통해 우리 반 아이들은 '친구'의 의미를 다시 한 번 되짚어보게 된 것이다.

사라진 모세의 기적

우리 반 아이들의 이야기는 지난 4월 KBS 1TV 특별기획 4부작 '거꾸로교실의 마법-1000개의 교실'에 소개되었고, 방송에 출연했던 아

| KBS 1TV 특별기획 '거꾸로교실의 마법 - 1000개의 교실' - 4부 정글탈출에 출연한 아이들 |

이들은 학교를 졸업하고 이제 중학생이 되었다. 1학기 스승의 날 즈음, 졸업한 아이들이 학교로 찾아와 나에게 가장 처음 질문했던 것은 "지금 아이들도 거꾸로교실해요?"였다. 선생님이 어떻게 지내는지는 궁금하지도 않고, 지금도 거꾸로교실을 하는지 그게 더 궁금했나 보다. 지금 4학년 아이들과도 거꾸로교실을 하고 있다고 이야기하니 졸업한 녀석들이 우리 아이들에게 "야, 너희들 선생님이 올려주시는 영상 똑바로 보고 와! 그거 안 보면 수업 못 해!"라며 으름장을 놓는다. 사실 지금 4학년 아이들이 동영상도 훨씬 잘 보고 오고 수업도 훨씬 열심히 참여하는데 말이다.

'모세의 기적'을 보이던 무서운 사자샘의 모습은 이제 사라졌다. 점심시간 식당에서도 내 근처에서 밥 먹는 것을 무서워하던 아이들이 이젠 앉으려고 자기들끼리 자리를 지정했고, 나를 무서워하던 5학년 아이들도 유튜브에서 우연히 내 거꾸로 수업 영상을 찾은 후 내 영상을 구독하며 내 영상의 열혈 독자가 되더니, 나를 쉽게(?) 보기 시작했다. 나는 수업 시간 더욱 불친절해졌는데, 이상하게도 아이들은 선생님이 더 친절해졌다고 한다. 내가 달라져서인지 아이들이 달라져서인지는 몰라도, 가끔 내가 얼마나 카리스마 있는 사람인지 확인하고 싶어서 아이들을 매의 눈으로 노려보는 것 말고는 화낼 일도 별로 없다.

심각한 학습부진에 늘 말없이 자기 자리에 앉아 조용히 종이접기만 하는 보람이(가명)는 거꾸로 수업을 하며 아이들과 얼마나 친해졌는지, 요즘에는 쉬는 시간, 공부시간 할 것 없이 아이들과 떠드는 재미에 종이접기는 잊어버린 듯하다. '못 하겠어요', '안 하고 싶어요'를 입에 달고 살던 우리의 '트리플 A형' 소심쟁이 고운이(가명)도 이제는 목소리가 엄청나게 커졌고, 지금은 나와 시시콜콜한 이야기부터 비밀 이야기까지 모두 털어놓는 사이가 되었다. 수학 없는 세상에서 사는 것을 꿈꾸는, 거꾸로교실 수업을 해도 수학은 어렵고 싫다는 하니(가명)는 "그래도 거꾸로교실 수업을 해서 수학이 아주 조금씩은 좋아지는 것 같아요"라고 이야기하며 나에게 병도 주고 약도 준다.

거꾸로교실이 모든 아이를 그리고 모든 교사를 만족시킬 수는 없을 것이다. 하지만 이것 하나만큼은 자신 있게 이야기할 수 있을 것 같다. 거꾸로 수업은 단지 '수업'만 뒤집는 것이 아니라, 우리 '아이들'을 뒤집을 수도 있다고.

질문장터 열기

단원	3. 각도와 삼각형	학습방법	질문 만들기, 토의학습
학습목표	√ 삼각형을 분류하는 기준(각, 변의 길이 등)에 대해 질문 만들고 의견 나누기		
디딤영상	√ 거꾸로교실 디딤영상 사전 학습 후 질문 만들어오기		
활동내용	√ 사전 학습한 내용 중 궁금하거나 더 알고 싶은 내용을 수업 전 질문으로 만들어 포스트잇에 적어 제출하기 √ 예) 학생들의 질문 내용 – 우리 주변에 제일 많은 삼각형은 예각삼각형일까, 직각삼각형일까, 둔각삼각형일까? 삼각형의 내각의 합은 무조건 180도일까? 정삼각형은 이등변삼각형이 될까? 예각삼각형은 예각만 있는데, 둔각삼각형은 왜 모두 둔각이 아닐까? 둔각삼각형도 예각삼각형이라고 해도 되지 않을까? 등 √ 질문을 A4 용지에 부착하고 교실의 앞, 뒤, 옆 벽면에 부착하기(학생들의 질문으로 '장터'를 연다는 의미에서 '질문장터'라 부름) √ 교실을 돌아다니며 다른 친구의 질문을 읽고 자신이 생각하는 의견을 작성(답변)해주며 그 질문에 대해 또 다른 질문이 생겼다면 다시 질문해도 좋음 √ 자리를 옆으로 옮겨 또 다른 친구의 질문을 만나고, 질문을 읽고 답변해주기. 이렇게 여러 번 반복하여 모든 친구의 질문을 살펴보고 답변해주었다면 다시 자신의 질문으로 돌아와 친구들이 내 질문에 답해준 것 살펴보기 √ 자신의 질문에 가장 정확하고 이해가 잘되도록 답해준 친구(해결왕)를 찾아가 자신의 질문에 대한 답변을 다시 들어보며, 혹시 자신의 질문에 또 다시 질문을 한 친구가 있다면 그 친구와 만나 서로 질문을 주고받고 의견을 나누어보기 √ 해결이 되지 않은 질문이 있으면 학급 전체 토의를 위한 질문으로 선정하고 학급 전체 학생이 해당 질문에 대해 답변	질문장터를 연 모습 친구의 질문에 답변을 작성하는 모습	
단원	생각을 나누어요	학습방법	질문 만들기, 토의학습
학습목표	√ '가끔씩 비오는 날'을 읽고 인물의 행동이나 생각 알아보기		
디딤영상	√ 거꾸로교실 디딤영상 사전 학습 후 질문 만들어오기		
활동내용	√ '가끔씩 비오는 날'을 읽고 이야기의 주인공이나 주변 인물에게, 또는 작가에게 질문하고 싶은 것을 한 가지씩 적어보기 √ A4 용지에 질문이 적힌 포스트잇을 붙이고 A4지를 교실 벽과 칠판을 활용하여 붙이기(간격 넓게 붙이면서 질문장터 열기) √ 자신의 질문 앞에 서고 교사의 알람이 있으면 오른쪽으로 한 칸 옮겨 질문을 읽고 자신이 그 질문에 답하며 모든 친구의 질문을 만나 대답해주기 √ 자신의 질문에 대한 친구들의 답을 읽어보고 어떤 친구가 자신의 질문에 대한 답을 가장 잘해주었는지 찾아보기 √ 혹시 친구가 해준 답을 읽고 궁금증이 생기면 그 친구에게 찾아가 왜 이런 답을 했는지 다시 물어보기 √ 나의 질문에 대해 가장 좋은 의견을 준 친구에게 인사하기	이야기 속 주인공에게 '버린 물건을 왜 주워 왔나요?'라는 질문을 남긴 학생에게 답을 해준 모습 – 키우는 것은 인생의 즐거움(!)
활동결과 소감	❖ 디딤영상에서 학생이 배우고 익힌 내용을 활용하여 친구들의 질문에 답해주거나 자신과 다른 생각을 가지고 있는 친구들에게는 또 다시 질문을 하는 과정을 통해 배운 내용을 익히면서 자신의 생각을 상대방에게 논리적으로 이야기할 수 있음 ❖ 특히, 친구들의 질문을 해결해주기 위해 다양한 지식을 활용하게 되며, 자신의 질문에 대한 친구들의 다양한 답변을 살펴보며 자신의 생각과 비교해볼 수 있는 기회가 됨 ⦿ 질문장터에서 친구들 질문에 답을 써주다 보면 팔이 아프지만 친구랑 이야기를 많이 할 수 있어서 좋아요! 그리고 친구가 제 답변을 제일 좋은 답변으로 뽑아줬으면 좋겠어요! (신○○)		

	거꾸로마블로 즐거운 수학 시간		
단원	2. 곱셈과 나눗셈	학습방법	문제 만들고 해결, 놀이학습
학습목표	∨ (세 자리 수)×(두 자리 수)의 계산 방법을 익히고 문제 만들어 거꾸로마블하기		
디딤영상	∨ 거꾸로교실 디딤영상 사전 학습 후 (세 자리 수)×(두 자리 수) 문제 출제해오기		
활동내용	∨ 사전 학습을 통해 출제한 문제를 포스트잇에 적기 ∨ 거꾸로마블 말판에 학생들이 출제한 문제를 모두 부착하기 ∨ 1인당 1개의 말을 준비하고 주사위를 던져 해당 숫자만큼 이동하기, 이동 후에는 해당 자리에 있는 문제를 해결하기 ∨ 해당 문제를 출제한 학생은 자신이 출제한 문제의 정답이 맞는지 확인해주며, 틀렸을 경우에는 풀이 과정을 설명해주기 ∨ 찬스카드 칸으로 이동했다면, 찬스카드를 한 장 얻을 수 있으며, 찬스카드를 통해 친구찬스, 선생님찬스 등 다양하게 도움을 얻을 수 있는 기회가 있음(문제를 해결하기 어려울 경우에는 이 찬스카드를 사용하여 도움을 받을 수 있음) ∨ 가장 빨리 출발지점으로 돌아오면 승리하는 것이며, 출제한 문제를 변경하여 게임을 다시 진행할 수 있음 ∨ 게임의 규칙을 학생들이 직접 정하게 할 수도 있음(서로의 말을 잡기, 다른 친구가 이미 해결한 칸에 도착하면 예비 문제를 마련하여 새롭게 붙이기 등)		
활동결과 소감	❖ 사전 학습 내용을 바탕으로 직접 문제를 출제하고, 친구들에게 자신이 출제한 문제를 설명하는 과정을 통해서 의사소통의 경험이 많아지며, 단순한 계산 위주의 수업이 아닌 학생의 흥미와 학습 의욕을 높일 수 있는 놀이학습을 통해 수학에 대한 긍정적인 경험을 쌓을 수 있음 ◉ 저는 수학 시간에 거꾸로마블 할 때가 제일 재미있어요! 지난번 ㅇㅇ이가 문제를 못 풀어서 제가 뽑은 찬스카드를 선물해줬더니 정말 고맙다고 했을 때 참 좋았어요! (조ㅇㅇ)		

숫자카드, 연산기호카드 활용 계산하기

단원	5. 혼합계산	학습방법	모둠별 문제해결
학습목표	숫자카드와 연산카드를 활용하여 조건에 맞는 혼합계산 식 세우고 문제 해결하기		
디딤영상	∨ 덧셈, 뺄셈, 곱셈이 섞여 있는 식의 계산 디딤영상 사전 학습		

활동내용

- ∨ 덧셈, 뺄셈, 곱셈이 섞여 있는 식의 계산 방법 알아보기(사전 학습이 잘 이루어졌는지 간단한 문제로 확인해보기)
- ∨ 4명이 한 모둠이 되며 4명 모두 숫자카드를 하나씩 뽑기
- ∨ 숫자카드 4개를 활용하여 덧셈, 뺄셈, 곱셈이 모두 포함된 식을 세우고 (예) □+□-□×□=?) 계산하되, 교사가 제시하는 조건을 잘 생각하여 식을 세워보기
- 계산의 결과가 가장 크게 나오게 식을 세워보기, 결과가 가장 작게 식을 세워보기 등
- ∨ 숫자를 이리저리 조합하고 곱셈을 먼저 계산해야 하는 해결 방법을 떠올리며 여러 개의 식을 세워보고 교사가 제시한 조건을 충족시키도록 문제를 해결함
- ∨ 활동이 익숙해지면 숫자카드와 함께 연산카드(+, -, ×, ÷)도 학생들이 직접 뽑게 하고 모둠별 학생들이 뽑은 숫자카드와 연산카드를 함께 활용하여 다양한 식을 세우게 하며 계산 방법을 익히게 함

활동결과 소감

- ❖ 숫자카드는 다양한 수학 활동에 활용할 수 있는 교구로, 사전 학습을 통해 계산 방법을 익힌 학생들이 숫자카드를 활용하여 교사(학생)가 제시하는 조건에 맞는 다양한 식을 세워보는 활동을 통해, 여러 번 반복하여 계산을 하고 다시 식을 세우는 등의 활동으로 배운 학습 내용을 익힘
- ❖ 학생들은 조건에 맞는 식을 세우면서(예, 몫이 가장 크려면 나누는 숫자가 가장 작아야 함 등) 계산의 원리를 학습할 뿐만 아니라 수학적 감각(숫자를 어떻게 배치해야 주어진 조건을 충족시킬 수 있는지)을 익힐 수 있었으며, 모둠별로 하나의 식을 세우면서 숫자를 어떻게 배치해야 하는지에 대해 협업의 과정을 거치며 활발한 토의를 진행함
- ⦿ 하도 많이 숫자를 바꾸고 계산해서 처음 할 때는 머리가 터지는 줄(?) 알았는데, 몇 번 해보니까 이제 선생님이 내는 문제(조건)에 맞게 금방 계산할 수 있게 되었어요.(전○○)

수학송(큰수송) 만들기

단원	1. 큰 수	학습방법	전체학습, 토의학습
학습목표	∨ 우리 생활에서 큰 수가 사용되는 다양한 경우를 생각해보고 큰 수를 쓰고 읽기		
디딤영상	∨ 1단원 큰 수 전체 내용 복습 - 자신이 부족하다고 생각한 차시의 디딤영상을 각자 시청하기		
활동내용	∨ LG사이언스랜드의 다양한 과학송을 살펴보며 학습과 관련된 노래에서 전달하고자 하는 것이 무엇인지 알아보기 - 주제(큰 수를 쉽게 익히는 방법)에 대한 개념, 사례 등을 노래 가사에 전달해야 함 ∨ 큰 수의 개념을 잘 전달하기 위한 방법 토의하기 - 오른쪽 자리부터 읽음, 만→억→조로 단위가 변경되며, 네 자리씩 끊어서 읽으면 편함 ∨ 어떤 노래에 맞춰 큰수송을 제작할지 토의로 결정함 - 학생들이 직접 기타를 반주하는 것이 좋다고 결정되었으며, 방과후학교에서 기타를 배우고 있는 여학생들의 반주가 가능한 '여행을 떠나요'에 맞춰서 노래 제작하기 ∨ 노래에 맞게 가사를 정리하고 반주 및 노래 연습하기 ∨ 촬영하여 자막을 입히고 유튜브에 탑재하기		
활동결과 소감	❖ 평소 LG사이언스랜드에서 제공하는 과학송을 즐겨 듣던 학생들이 단원의 마무리 활동으로 '큰수송'을 제작해보고 싶다는 의견을 제시해주어 진행하게 된 활동임 ❖ 방과후학교 기타반을 수강하고 있는 여학생들이 직접 기타 반주를 하기로 하여 수업이 끝난 후에도 서로 모여 꾸준히 연습을 하였으며 남학생들 역시 노래 연습에 적극적으로 참여함 ❖ 학생들은 '큰수송'을 제작해보고 싶다는 수업 활동 아이디어를 제시했을 뿐만 아니라 큰 수의 개념을 보다 쉽게 익히고 단위를 빨리 외우는 방법에 대해 토의하며 직접 가사를 쓰는 등 학습 활동에 적극 참여하며 창의성 신장뿐만 아니라 성취감도 맛볼 수 있었음 ◉ 전국에 있는 4학년 아이들이 우리의 큰수송을 보면서 큰 수를 배울 때 어렵지 않게 배웠으면 좋겠어요! 그런데 선생님 유튜브 조회 수를 올리게 하려면 어떻게 해야 해요?(조○○)		

행복한 배움으로 채워가는 거꾸로교실

경북 구미 형곡초등학교 김인철

들어가며

　아침 일찍 따뜻한 햇살을 맞으며 출근하는 길에 만난 우리 반 학생들과 손뼉을 부딪치면서 아침 인사로 하루를 시작한다. 교실에서 학생들은 각자 무언가 자신이 할 일을 생각하며 행동으로 옮기는 중이다. 아침 운동을 하러 삼삼오오 모여서 1층으로 내려가는 학생들과 읽고 싶은 책을 꺼내 읽는 학생들. 조금은 분주하고 시끄러워 누군가에겐 불편할 수도 있는 이 아침 풍경은 이제 나에게 낯설지 않다.
　거꾸로교실을 하기 전 나의 아침으로 돌아가 본다. 교문을 들어섬과 동시에 내 눈에는 거슬리는 장면부터 들어온다. 실내화를 신고 등교하는 학생, 운동화를 신은 채로 계단을 올라가는 학생, 실내화를 신고 인사도 없이 마주치며 교문 밖을 나가 군것질 하는 학생….

1년 전 '나'는 학교에서 가장 다루기 어렵다는 6학년 학생들이 규정에서 벗어나는 행동을 하지 못하도록 감시하며, 누가 시키지 않았음에도 불구하고 그런 학생들을 붙잡아서 혼을 내는 사람이었다. 학교에는 학생들을 관리하는 존재가 반드시 필요하다 생각했고, 그런 생각을 가진 내가 어느새 그 역할을 자연스럽게 맡고 있었다. 그러한 내 행동과 생각 때문이었는지 나는 6학년 부장교사를 4년째 담당하고 있다.

해마다 새 학기가 시작되어 담임발표를 할 때면, 내 학급에 배정되는 학생들의 표정은 매우 불안하고 슬퍼 보였다. 아마 내가 무섭고 까칠한 교사이기에 그랬다고 생각한다. 사실 나는 우리 반 학생들과는 생각보다 잘 지내는 편인데 말이다. 아마도 내가 그렇게 믿고 싶은 것일 수도 있겠다.

돌이켜 보면, 교사로 근무한 만 8년 동안 자존감이나 교사로서의 자기 효능감을 느끼지는 못했던 것이 사실이다. 그 근본적인 원인은 학생과 편안한 관계로 소통하지 못했기 때문이었다. 매일 같은 공간에서 6시간을 함께 지내며 누군가와 소통하지 못한다는 것은 사람을 무력감에 빠뜨린다. 나는 이제까지 교사라는 직업이 주어진 1년 동안 학생들을 받아서 잘 맡았다가 무사히(?) 진급시키거나 졸업시키는 그런 역할을 하는 것이라 생각했었다.

교실에서 교사가 바로 서려면, 무엇보다도 수업을 잘해야 한다는 선배들의 조언을 자주 들었다. 나는 내 교실만큼은 학습에 뒤처지는 학생들이 생기지 않기를 바랐고, 내가 경험한 방식 그대로 매우 열심히 가르쳤다. 정말 잘 가르치고 싶었다. 하지만 잘되지 않았다. 나에게 던진 "어떻게 하면 잘 가르칠 수 있을까?"라는 질문은 그렇게 시작되었다.

수업, 왜 하지?

　나는 교실에서 무슨 목적을 가지고 학생들과 수업을 하고 있을까? 국가에서 공시하는 교육과정과 교과별 성취기준에 맞추어 교과 내용을 전달하고, 잘 알고 있는지 점검하고, 그다음 차시의 내용을 전달하는 모습이 내 수업의 전부였다. 지금까지 나는 왜 수업을 해왔을까?
　우선, 내가 가졌던 고정관념에 대해 말해보려고 한다. 교사가 일정한 선을 넘지 않는 범위에서 무섭고 엄격하게 해서라도 결과적으로 학생들이 좋은 성적을 낸다면, 학생과 학부모가 만족할 거라 생각했다. 여기서 성적이란 기말고사, 학원시험, 문제집 등에서 출제되는 문제를 잘 풀어내어 점수를 잘 받는 것을 의미했다. 교사가 중요한 내용을 쏙쏙 뽑아서 가장 짧은 시간 안에 학생들이 쉽게 기억하는 수업이 가장 좋은 수업이라고 여겼다.
　학생들의 성적이 잘 나오게 해주면 좋은 교사라고 생각했고, 언젠가부터 내가 생각하는 관점에서 나 스스로가 좋은 교사가 되지 못하고 있다는 불안감이 들기 시작했다. 그러한 불안감 때문에 학생들의 성적을 올리려 노력하면 노력할수록, 나는 학생들에게 더 많은 것(숙제, 필기, 침묵, 대답 등)을 요구하고 내가 생각한 기준대로 학생들이 따라와 주길 바랐다. 그 결과 나는 내용을 이해하지 못하는 학생들에게 화가 났고, 그 화는 표정과 행동으로 학생들에게 전달되었다. 내 교실은 그렇게 꽁꽁 얼어갔다.

지금까지의 내 이야기 속에서 주어는 항상 '교사'였다. 교사의 교실이었고, 교사의 수업이었고, 교사의 수업내용과 생각이었다. 그리고 교사는 학생들의 성적에 집착했다. 학교의 기말고사 성적, 학원에서 매달 치르는 시험의 성적까지도 좋지 못하면 학부모는 학교에서 학생을 가르치는 담임교사가 능력이 없다고 생각할 것이라 여겼기 때문이다. 이런 여러 가지 종류의 시험 성적이 좋으면, 이상하게도 결국은 '학원을 다녀서'라는 신기한 이유가 생기기는 하지만 말이다.

좋은 수업을 수업 자체에서 생각하거나 수업의 과정에 두지 못하고, 이후의 결과만으로 '좋은 수업이었다'라고 판단하는 나와 우리의 수업에 대한 관점을 다시 생각해볼 필요가 있다. 그러한 관점에서 성적이 좋지 못한 학생들은 아무리 가르쳐도 최종적인 결과에서는 변화가 없을 가능성이 크기 때문에 수업에서 고려해야 할 대상에서 점점 더 멀어져 간다.

정말 학생들의 '성적'을 올리는 것이 내가 수업을 하는 이유이고 목적이어야만 하는 것일까? 대학입학에 필요한 좋은 성적을 유지하고, 어렵게 졸업한 '대학'에서 인증해주는 졸업장이 앞으로 다가올 시대에서도 우리 학생들의 미래를 보장해줄 것인가? 모두가 가지고 있는 졸업장이라는 '종이 한 장'은 졸업 후 벌어질 일들에 대해 아무것도 보장해주지 않는다. 기업이나 사회에서는 '성적만' 좋은 학생을 선호하지 않는다. 하지만 교사인 나는 내가 경험했던 방식대로 여전히 교사가 주인이 되어 학생을 가르치는 수업을 하고 있었고, 성적에 대한 고정관념에서 벗어나지 못하고 있었다.

꿈과 행복을 키워가는 수업

나는 '잘 가르치는 교사'이고 싶었다. '왜 교실에 내가 있어야 하는가'에 대한 물음을 통해 존재감을 얻고 싶었다. 내가 교실이라는 곳에서 학생들을 가르쳐야 하는 이유를 찾지 못한다면, 앞으로 남은 30년의 교직 생활 동안 깨어있는 시간 중 8시간을 무력하게 보내고 남은 몇 시간에서 수업이 아닌 취미생활로 나의 존재감을 찾으려 노력하며 살아갈지도 몰랐다.

누구나 자신이 하는 일에서 존재감을 찾고, 그 일에 효능감을 느끼는 삶을 살고 싶어 한다. 교사에게 자기 효능감을 만들어주는 것이 바로 '수업'이다. 수업을 통해 학생들에게 효과적인 영향을 끼칠 수 있다면, 교실에서 교사의 존재감은 극대화될 수 있을 것이라 생각했다. 수업을 잘해야 한다.

수업을 잘한다는 의미가 잘 가르친다는 것일까? 수업을 통해 학생이 배울 수 있다는 것일까? 결국 학생이 배움을 얻고 이전의 모습보다 성장해가는 것이 목적이라면, 수업을 잘하기 위해서 지금까지 내가 가졌던 "어떻게하면 잘 가르칠 수 있을까?"라는 질문을 바꿔야 했다.

"학생들은 어떻게 배우는가?"

교사가 중심에 있는 과거의 내 수업은 기대하던 좋은 결과를 가져오지 못했다. 교사의 가르침이 곧 학생의 배움이 되지는 않는다. 다만,

교사가 '가르침이 곧 배움이다'라고 믿고 싶었던 것뿐이다. 배움은 결국 스스로 해야 하는 것이다.

　무엇인가를 배울 때의 경험을 떠올려보자. 배우기 위해서는 시간이 필요하고 그러한 행위를 할 수 있는 공간도 필요하다. 궁금한 것을 찾기 위한 책이나 인터넷 자료도 필요하다. 이보다 더 좋은 것은 이미 배움을 이루어가는 누군가가 옆에서 도움을 주는 것이다.

　교실에서도 위와 같은 상황을 만들어낼 수 있다면 어떨까? 교사가 교실에서 통제하는 것들을 내려놓으면 어떨까? 학생들에게 허락된 시간과 공간을 통해서 이전보다 더욱더 스스로 배울 수 있게 되지 않을까? 한 단계 더 나아가서 공부할 수 있는 환경을 허락한다면, 학생들은 배움을 통해 무엇을 길러야 하는가? 성적을 올리기 위해서라면 결국 최종 결과는 그 이전과 다르지 않다.

　앞으로 10~20년 후 사회로 나가는 학생들은 현재의 교실에서 무엇을 배워야 할지 고민해야 한다. 학습 내용을 이해하고 기억하는 단순한 지식의 축적으로는 겪어보지 못한 정답이 없는 다양한 상황에 대처하기 어렵다. 단지 답을 아는 것과 그 답대로 실천해본 것은 엄청난 차이가 있다. 중요한 것은 자신에게 다가올 문제를 얼마나 현명하게 대처하고 해결해나갈 수 있는가이다. 하고 싶은 것을 찾고, 자신만의 행복을 찾기 위해 다양하게 탐색할 기회를 가지는 것이 학교와 교실에서 학생들의 삶을 준비하는 데 필요한 것이 아닐까.

　나와 수업을 함께한 학생들이 사회 구성원이 되면 각자의 삶을 스스로 계획하고 실천해나가며 행복하게 살아가기를 희망한다. 나와 함께 하는 1년이라는 시간 안에 그러한 변화를 확인할 수는 없다. 그렇기에 현재 내가 바라는 수업이 좋은 수업이라는 것을 증명할 수 없다. 하지만 행복한 삶을 살아가는 데 필요한 능력을 키울 수 있는 수업이라면, 분명히 학생들이 성인이 되어 살아가는 삶에 영향을 끼칠 것이다.

앞으로 다가올 세상에서는 여러 사람과 함께할 수 있는 능력, 의사소통할 수 있는 능력, 생각을 주고받으며 비판적으로 사고할 수 있는 능력 그리고 창의력을 가진 사람이 필요하다. 나와 함께하는 학생들이 수업을 통해 이러한 능력을 키울 수 있도록 노력했다.

우리 반 거꾸로교실 이야기

거꾸로교실을 만나고 나서, 교실에서 내가 가진 통제권을 모두 내려놓기로 했다. 그리고 교사의 간섭과 통제 없이도 우리 학생들은 충분히 스스로 배울 수 있음을 믿기로 했다. 지금까지 한 번도 학생들이 스스로 무엇인가를 할 수 있는 존재라고 믿어보려 하지 않았다. 거꾸로교실을 시작할 때는 학생이 스스로 배울 수 있다는 사실을 믿고 싶은 마음이었지만, 1년이 지난 지금은 학생들의 배움에 대한 가능성을 믿는다.

내가 가진 고정관념을 내려놓기 위해 학생들과의 만남에서 바로 교과 내용을 수업하려고 하지 않았다. 그냥 학생들과 어울렸다. 아침에 학생들이 등교하면 밖으로 나가자고 부추겨서는 운동장을 그냥 걸었다. 말 그대로 그냥 걸었다. 한 바퀴에 한 명씩 손을 잡고 걸었다. 3월 초 아직 겨울이 끝나지 않은 듯 매서운 바람이 불어오는 운동장을 걸어보면 정말 춥다. 하지만 학생과 잡은 손은 체온으로 따뜻했고 내 마음도 따뜻해졌다.

두 해 전에 교실수업연구대회를 준비하며 '활동수학'이라는 방식에 초점을 맞추어서, 학생들이 교실에서 즐겁게 놀 수 있는 보드게임을 준비하여 수업에 적용해보려 했었다. 연구대회 보고서 제출 후에는 교실 구석에 두고 사용하지 않았던 보드게임을 꺼내어 학생들과 함께 게임에 몰두했다. 역시 학생들은 나보다 더 보드게임을 잘 이해하고 즐겼다. 나는 교실에서 그렇게 조금씩 조금씩 학생들과 어울리려 노력했다. '수업, 미래사회, 배움'에 대한 짧은 동영상들을 학생들과 함께 보며 학생들의 생각을 듣기 위해 대화를 시도했다. 여전히 학생들은 우리 반 선생님이 왜 이러는지 잘 모르겠다는 표정이었다.

이렇게 2주를 지내면, "선생님 우리 수업은 언제 하나요? 다른 반은 벌써 수학 3단원 한다고 하는데요"라고 말하는 학생들이 하나둘씩 생겨난다. 학생들은 이렇게 공부하지 않고 놀면 다른 학생들에게 뒤처진다는 불안감을 가지고 있었다. 이전 수업에서 교사가 가졌던 그 불안감은 사실 학생들에게도 있었다. 뒤처지면 안 된다는 불안감. 우리는 무엇에 뒤처지면 안 되는 걸까.

이제 거꾸로교실로 수업을 시작하며 학생들의 불안감을 더 키울 차례가 되었다. 교실에서 교사는 가르치지 않는다. 교과 내용을 직접 설명하며 수업하지 않는다. 단지 이렇게만 한다면 맡은 책임을 다하지 않는 문제 있는 교사로 보일 것이다. 거꾸로교실 수업 방식은 교사가 가르칠 내용을 동영상으로 만들어 학생은 집에서 보고 온다. 숙제는 단지 디딤영상을 보고 오는 것뿐이다. 처음 경험하는 거꾸로교실을 소개하는 짧은 동영상을 본 후, 학생들은 정말 이렇게 수업해도 되는 건가 하는 불안한 눈빛이다. 하지만 거꾸로교실이 시작되고 얼마 지나지 않아 학생들은 떠들어도 되고 여기저기 돌아다녀도 되는 이 이상한 수업을 정말 마음에 들어 하기 시작한다.

학생들이 학교에서 가장 좋아하는 시간은 '쉬는 시간, 점심시간, 체육 시간' 딱 이 3가지이다. 왜 이 시간을 좋아할까? 학생들은 친구들과 '함께'할 수 있기 때문이라고 답한다. 학교에 와야만 친구들을 만날 수 있다. 학교가 아닌 곳에서는 친구들과 함께하기 어렵다. 학생들은 함께 시간과 공간을 공유하는 존재를 원한다. 거꾸로교실을 시작하면서 학교에서 보내는 시간 중 가장 많이 차지하는 수업 시간에도 친구들과 함께할 수 있게 되었다.

학생과 소통하기 시작한 교사, 친구들과 함께 많은 시간을 누릴 수 있는 학생들. '이제 거꾸로교실은 성공할 수밖에 없다.' 정말 그렇게 생각하는가? 우리의 거꾸로교실은 두 달 동안 침몰했다. 정말 처참하게 침몰했다. 나는 스스로 위로했다. '괜찮아. 이전 수업으로 돌아간다 해도 지금의 거꾸로교실보다 더 나았다고 생각하지 않잖아.' 과연 나는 과거의 수업 속에서 학생들에게 무엇을 생각하고 느끼게 해주었던가.

'왜 그 좋다는 거꾸로교실이 잘 안 되지?'라고 스스로 되물었다. 학생들은 초등학교에 입학한 후 온전히 40분 동안 교사의 통제 없이 친구들과 생각을 주고받으며 공부해본 적이 과연 있었던가. 학생으로 되돌아가 내가 준비한 활동 속에 들어간다면, 나는 내가 바라는 그런 학생의 모습으로 참여할 수 있을까? 초, 중, 고, 대학까지 가만히 앉아서 듣기에 바빴던 내가 이 거꾸로교실 수업에 바로 참여할 수 있었을까?

 학생들이 스스로 배울 수 있음을 믿기로 했으니, 이제 교사가 해야 할 일은 기다려주는 것이다. 다시 이전으로 돌아간다 해도 어차피 관점이 바뀐 나에겐 의미 없는 수업이었기에 두 달 동안 성과가 없었지만, 남은 두 달을 더 시도하기로 했다.

 변화는 서서히, 아주 서서히 나타났다. 수업에 직접적으로 참여하지 않는 교사가 크게 느끼지 못할 만큼 조금씩이었지만, 수업과 활동에서 직접 배워가는 학생들은 스스로 변화를 느끼고 있었다. 학업성취도가 향상되는 그런 단편적인 변화가 아니었다. 모둠 안에서 학생들끼리 서로 부딪히고 대화하는 시간이 많아지면서, 서로 몰랐던 부분을 조금씩 조금씩 알아가고 있었다. 서로 잘 몰라 다투었던 학생들이 이제 서로 도와주고 믿어주고 공감해주기 시작했다.

 예전 한 개그 프로그램의 '대화가 필요해'라는 코너에서는 가정에서의 소통의 부재를 웃음 소재로 사용하면서도 현시대의 문제점을 보여주어 시청자들의 공감을 얻었다. 우리 교실에서도 마찬가지다. 같은 교실에서 같은 시간과 공간을 공유하는 친구들 사이에서도 소통이 사라지고 있다. 어른들이 짜 놓은 세상에서 서로 경쟁 상대가 되었고, 이겨야 하는 대상으로 여기고 있다.

 반면에 거꾸로교실에서 우리 반 학생들은 한 해 동안 같은 배를 타고 협력해서 '항해'하는 동료가 된다. 학생들이 살아가기 위해 지금 옆에 있는 친구들은 꼭 필요하다. 학습 효율성 피라미드에서 가장 효과가 높은 학습 방법은 '서로 설명하기'이다. 벽보고 설명할 수도 있지만, 벽은 나에게 다시 질문하거나 물어오지 않는다. 옆에 있는 친구는 내 말을 듣고 질문해오고 공감해준다. 우리는 거꾸로교실에서 서로가 서로를 필요한 존재로 받아들이게 되었다.

모둠을 구성하면 학업성취도가 높은 학생과 그렇지 못한 학생들이 구분되기 마련이다. 거꾸로교실을 시작할 당시 학생들의 감정을 고려하지 못하고 내 생각대로 모았다. 공부를 하면서 모르는 것은 부끄러운 것이 아니다. '모르는데 알기 위해 노력하지 않는 것이 부끄러운 것이다'라고 학생들의 생각을 변화시키려 노력했지만, 학생 입장에서는 그렇지 않을 수 있다고 생각한다.

하지만 결과적으로 학생들은 거꾸로교실에 꾸준하게 참여하면서 학업성취도의 높고 낮음에 상관없이 서로 묻고 대답하고, 가르치고 배워가게 되었다. 시간이 지날수록 더 당황하는 쪽은 학업성취도가 낮은 학생이 아니라 학업성취도가 높았던 학생들이었다. 학생들은 친구의 설명이 잘 이해되지 않으면, 이내 더 잘 설명해줄 다른 친구들을 찾아 나섰다.

우리의 거꾸로교실에서 일어난 '마법' 같은 일은 학생이 수업에 더 잘 참여하게 된 것도 학생의 높은 성적도 아니다(물론, 학년을 마무리하며 두 가지 다 긍정적인 결과를 얻은 것은 사실이다). 중요한 것은 바로 교사와 학생들이 교실에서 자기가 해야 할 일을 즐기게 되었다는 것이다. 거꾸로교실로 수업의 방식이 바뀌자 교사와 학생 모두가 가르치고 배우는 것이 즐거워졌고, 교실이 행복해졌다. 이것이 우리에게 일어난 '마법' 같은 일이었다.

내 수업을 소개합니다

 초등학교 교사 중에는 거꾸로교실로 수업을 바꾸는 것을 망설이시는 분들이 있으리라 생각한다. 담임교사로 근무하는 상황에서 수학 과목은 거꾸로교실 방식으로 수업하면서, 다른 교과목들(국어, 사회, 과학 등)은 이전의 방식으로 진행한다는 것이 이상할 수 있기 때문이다. 수업 방식을 바꾸려면 모든 과목을 거꾸로교실로 진행해야 하지 않을까 하는 마음이 이미 부담감으로 작용할 것이다. 그러면 시작도 하지 못하고 지쳐버리게 된다. 모든 수업을 거꾸로교실로 바꾸는 것이 중요한 게 아니라 작은 부분이라도 수업의 방식을 변화시켜보려는 시도가 중요하다. 갑자기 큰 변화를 감당할 수 있는 사람이 얼마나 될까. 할 수 있는 부분부터 하나씩 쪼개어가며 실천해보는 것이 중요하다 생각한다.

 나는 제일 자신 있었지만 학생들의 성적과 수업 반응이 가장 좋지 않았던 '수학' 과목만 먼저 거꾸로교실로 시작해보았다. 몇 과목의 전담 수업을 제외한 대부분의 과목을 수업해야 하는 초등 교사로서 새로운 활동을 고민하여 매시간 적용하는 것은 불가능하다(나는 이런 부분에서는 포기가 빠르다). 쉽게 시작하려면, 기본적인 '틀'이 필요하다고 생각

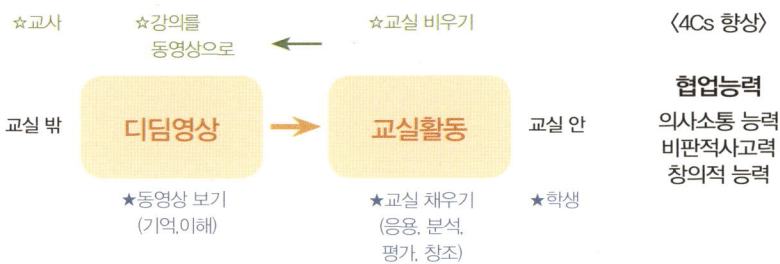

했다. 기본적인 나만의 거꾸로교실 형태를 만들어두고, 그 흐름대로 진행하면 수업 준비에 대한 부담감을 확실하게 떨쳐낼 수 있었다.

또한, 교실 활동을 준비할 때 중점을 두는 부분이 있다. 아마도 거꾸로교실을 실천하는 선생님 모두 이 부분에 집중하리라 생각한다. 수업 활동에서 협업하는 활동을 제공하는 것이다. 함께 어떠한 활동을 진행하려면 의사소통 과정이 반드시 필요하다. 의사소통은 서로의 생각을 듣고 비판적으로 생각해보는 기회를 가져온다. 이러한 협업 활동을 진행하면서 최종적으로는 학생들의 생각이나 느낌을 창의적으로 표현할 수 있는 과제를 제공하는 것이다.

아래 그림은 거꾸로교실 수업을 준비하는 과정을 나타낸 것이다.

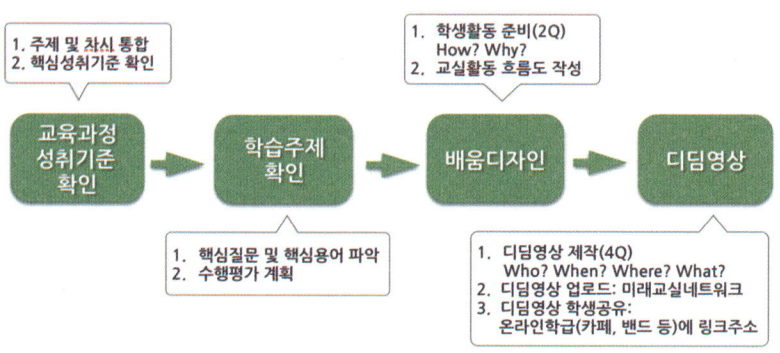

| 거꾸로교실 준비과정 |

다음 그림은 거꾸로교실의 수학 수업이 어떻게 흘러가는지 나타낸 것이다.

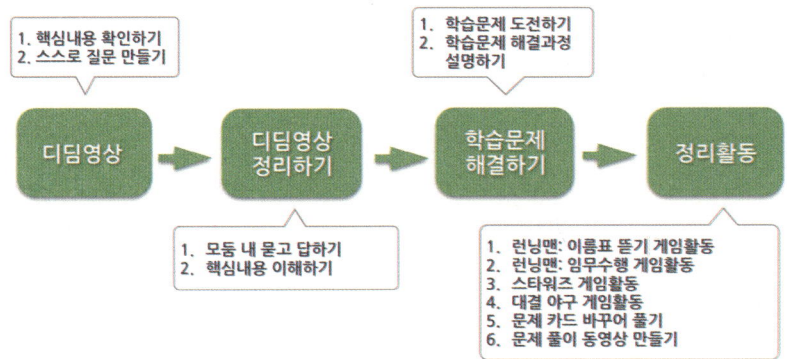

| 거꾸로교실 수학 수업 흐름 |

:: 거꾸로교실 활동 레시피

1. 수학 수업 기본활동

1) 학급 밴드에 올려진 디딤수업을 보고 궁금한 점이나 중요한 것을 질문으로 만들어 댓글을 올린다.

2) 전날 디딤수업을 보지 않은 학생은 아침 자습시간에 자신의 스마트폰이나 교실의 태블릿PC로 디딤수업에 참여한다.

3) 수업이 시작되면 모둠(4인) 안에서 1:1로 디딤수업에서 본 내용을 서로 질문한다. 핵심 내용에 대한 질문은 3분 후 교사가 TV에 올려 서로 확인하게 한다(5분).

4) 5분 동안 수학익힘책을 혼자서 해결한 후, 앉은 자리에서 4-3-2-1 순서대로 1명이 3명의 모둠 친구들에게 설명한다(15분).

5) 학습 주제에 따라 다양한 활동을 접목하여 추가 활동을 진행한다 (20분).

2. 러닝맨 : 이름표 뜯기

상대방의 등에 붙은 이름표(내용)를 뜯어와서, 제시된 문제를 해결하는 데 사용하여 임무를 완료하는 활동이다.

1) 학급 인원을 총 3개의 팀 구성한다(달리기와 학습 능력을 고려).

2) 각 팀당 운영요원 1명을 선발한다(매회 운영요원을 돌아가면서 맡는다).

3) 팀별로 제공되는 학습지 문제를 이해하고 해결해야 한다.

4) 활동 영역을 미리 설정하여 안내한다.

※ 준비물 : 하얀 시트지(이름표), 문제풀이용 받침대, 필기구

※ 교사는 팀별 문제지와 채점지를 준비한다. 학생들이 활동에 익숙해지면, 권한을 넘겨준다.

Tip 각 게임에 따라 변경 가능한 점 : 학습지 문제를 해결하는 학생의 지정, 탈락자가 다시 이름표를 달고 뛰거나 퇴장하는 것, 안전지대 설정, 팀별 문제의

동일성, 임무와 상관없는 대상의 이름표 뜯는 것, 득점 및 감점.(학생들의 의견을 수렴하여 2차 게임에 변형하여 적용)

[교과 활용 예시] 과학 : 생태계 먹이그물 만들기 활동, 수학 : 연산문제의 답 찾기 등.

3. 런닝맨 : 임무수행

1) 진행요원(총 4명)은 미리 구역별로 학습지를 붙여둔다.

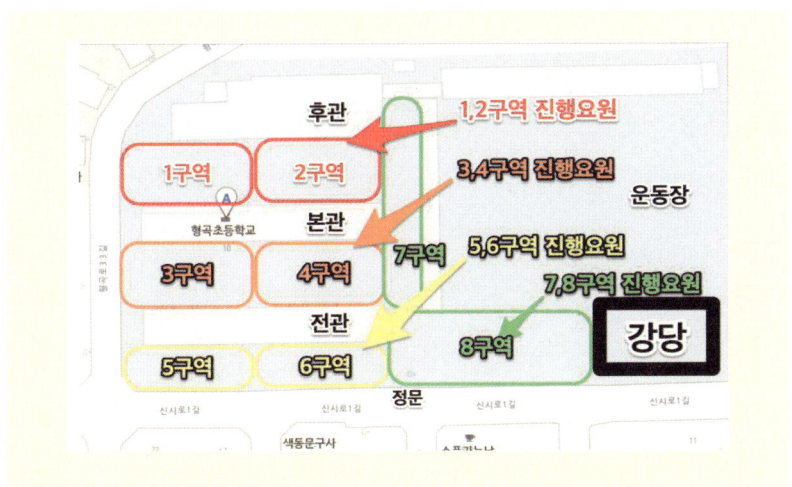

2) 모둠별로 시작 문제가 있는 구역으로 이동하여 문제를 찾는다.

3) 문제를 찾으면 함께 문제를 해결하여, 진행요원에게 이동한다.

4) 진행요원은 모둠원에게 각자의 번호를 알려주고, 종이컵 안에 든 주사위를 흔들어 그 숫자에 해당하는 사람이 문제를 풀게 한다.

5) 진행요원에게 정답을 확인받은 모둠은 다음 구역을 지정받아 이동하여 같은 방법으로 계속 진행한다.

6) 진행요원의 확인을 받지 못한 모둠은 다시 공부하여 도전한다.

7) 종료시각이 되면 선생님 앞으로 이동하여 게임활동을 완료한다 (늦을 경우 감점처리).

※ 진행요원은 담당 구역 문제의 정답과 풀이과정 알고 있다.

※ 게임을 진행 후 학생들의 의견을 수렴하여 2차 게임에 반영한다.

좁은 교실 밖으로 나가 더 확장된 공간에서 몸을 움직이며 수학문제를 풀어가는 활동이다. 교실의 네 벽면에 문제들을 붙이고 모둠별로 이동하며 문제를 풀어보는 활동과 유사하다.

시작하는 구역으로 이동하여 숨겨진 문제를 찾고, 잘하는 1명만 문제를 해결하는 것이 아니라 모둠원 모두 함께 해결하며 진행요원에게 설명할 수 있도록 준비한다.

진행요원은 정해진 장소에서 문제를 해결하고 오는 모둠에서 주사위로 1명을 선택하여 설명을 듣는다. 문제풀이가 맞으면 학습지에 확인해주고, 다음 이동할 구역을 알려준다.

런닝맨 활동에서는 구역별로 문제를 준비하는 시간이 조금 필요하고, 학생들에게 이 활동의 흐름을 이해시키는 것도 필요하다. 교사가 직접 설명하는 것보다 거꾸로교실 방식을 이용하여 런닝맨 게임활동을 설명하는 동영상을 만들어 보여주는 것도 좋은 방법이다.

교사의 역할이 어느 정도 큰 비중을 차지하지만, 다음번 활동에서는 교사의 역할 대부분을 학생들에게 넘겨 문제를 만드는 것부터 전체적인 진행까지 학생들이 스스로 하게 하는 것도 좋은 방법이다.

4. 스타워즈

스타워즈 모둠 대형

1번 자리 : 학업성취도 상

2번 자리 : 중상

3, 4번 자리 : 중, 하

1) 학습 주제에 따라 핵심 내용을 확인하는 문제를 2~3개 준비하여

학습지를 '가'형과 '나'형으로 숫자만 바꾸어 준비한다.

2) 스타워즈 대형에서 2번 자리의 학생과 4번 자리의 학생이 서로 자리를 바꾼다.

3) 1, 4자리 학생은 2, 3번 자리 학생을 바라보고 앉는다. 2, 3번 자리 학생은 서로 등을 돌리고 앉는다.

4) 1, 4자리 학생은 말로만 설명해주고, 2, 3자리에 앉은 학생은 설명을 들으며 직접 문제를 풀어간다.

5) 1분 동안 '가, 나' 유형의 학습지를 문제 번호 순서대로(1번을 풀지 않고 2번으로 넘어갈 수 없음) 풀어간다.

6) 1분 경과 후 종이 울리면, 서로 학습지를 맞교환하여 앞사람이 풀던 곳에서 이어서 풀어간다. 6분간 진행한다.

7) 학습지는 2, 3자리의 학생이 가지고 있고, 1, 4자리의 학생은 자신의 뒷모둠으로 이동한다.

8) 뒷모둠으로 이동한 1, 4자리의 학생은 그 모둠의 2, 3자리에 앉아 이동하지 않은 학생에게 문제풀이를 듣고, 확인한다.

5. 대결야구 : 빠르게 연산문제를 설명하며 풀어보는 활동 1

1) 학습지를 모둠의 친구들과 함께 도와가면서 풀어본다(10분).

2) 모둠원 중에서 2명은 남고, 2명은 뒷모둠으로 이동한다.

3) 각 팀(2인)은 포스트잇에 암호를 적어두고 숨긴다.

4) 학습지에서 상대팀이 선택한 문제를 설명한다.

5) 문제풀이가 맞으면 상대팀에게 공격한다(암호를 물어봄).

6) 공격받은 팀은 적어둔 암호와 비교하여 결과를 알려준다. 예를 들어, 우리 팀 암호가 '123'일 때, 상대방이 '324'라고 공격하면 '2'는 자리와 숫자가 정확하니 '원 스트라이크', '3'은 자리는 틀리고 숫자만 정확하니 '원 볼'이 된다. "원 스트라이크, 원 볼"이라고 알려준다.

※ 상대방에게 결과를 잘못 알려주는 것은 절대 금지!

6. 문제카드 바꿔 풀기 : 빠르게 연산문제를 설명하며 풀어보는 활동 2

1) 교사는 학습 주제에 맞는 연습문제를 학생 수만큼 준비하여 각 쪽지에 1문제씩 있도록 잘라낸다.

2) 각 학생의 성취수준에 맞도록 문제를 나누어준다.

3) 학생들은 빈 A4용지를 세 번 접어 8칸 학습지를 만든다.

4) 가장 왼쪽 위에 자신이 받은 문제의 풀이과정을 적는다.

5) 모든 학생이 일어나서 교실을 다니며 친구들을 만나 서로 문제를 바꾸어 학습지에 문제를 풀고, 그 친구에게 설명한다.

6) 서로 번갈아가며 문제와 답을 확인하면 다시 서로 문제를 돌려받고 다른 친구를 만나서 반복한다.

7. 문제풀이 동영상 만들기 : 간단하고 확실한 마무리 활동

1) 기본활동을 마치고, 학습 주제에 대한 이해도를 확인할 수 있는 문제 하나를 제시한다.

2) 모둠원들은 함께 문제를 풀어본다.

3) 주사위 등을 이용하여 모둠원 4명 중 무작위로 동영상을 촬영할 사람을 선정한다.

4) 교실 밖으로 나가 스마트폰을 이용하여 교사의 디딤수업처럼 문제풀이 동영상을 촬영한다.

5) 촬영한 동영상은 학급 밴드에 올리고 가장 잘 설명한 모둠을 댓글을 통해 선정한다.

※ 기본활동이 끝나는 시간이 모둠마다 다르므로, 각 모둠의 속도에 맞추어 이 활동을 진행할 수 있다.

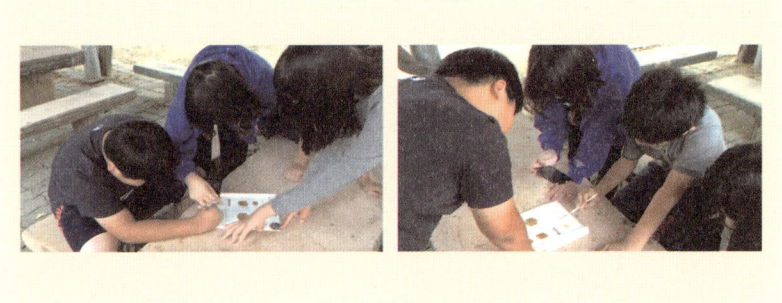

우리 반 학생들에게 거꾸로교실은

다음은 2014년 내 생일에 받은 편지 내용 중 일부이다.

* 거꾸로교실을 시작하면서 선생님도 즐거워 보이시고, 아이들도 즐거워 보이고 정말 좋은 것 같아요._이○○
* 공부란, 어쩔 수 없이 해야 하는 것이었지만, 이제는 즐겁고, 하고 싶은 것이 되었습니다._김○○
* 거꾸로교실을 하면서 학습에 대한 자신감도 팍팍 생기고, 우리 교실에 행복이 피어오르는 것 같아 이 반을 떠나지 않고 싶어요._박○○
* 2학기를 시작하고 선생님이 바뀌셨어요. 질문하고 간간히 손들어 발표하는 아이들과 선생님 혼자 공부하는 듯한 설명하는 수업

방법에서 아이들과 서로 설명하고 지루하지 않은 거꾸로교실 수업으로 바꾸어주신 선생님이 대단하다고 생각해요._배○○

* 거꾸로교실로 바꾸니까 교실이 화목해지고 수업 시간이 재미있어요. 중학교 가서도 거꾸로교실 하고 싶어요._김○○
* 1학기 수업은 뭔가 지루했고 다른 아이들 모두 그런 것 같았는데, 2학기가 되자 뭐랄까 아이들이 살아난 눈빛이랄까 그랬습니다._서○○
* 1학기 때는 선생님이 좀 두려웠는데, 2학기가 되어 파마하시고는 다른 선생님 같고 안 무서웠어요. 거꾸로교실을 하면서 친구하고 서로 설명하고 가르치니까 정말 재미있는 것 같아요. 계속하면 좋겠어요._전○○
* 거꾸로교실로 바뀐 후로는 잠도 잘 안 오고 이해가 더 잘되어서 정말 좋았어요. 쪽지시험을 봤을 때 제가 점수가 좋았던 건 친구들과 저의 노력이기도 하지만, 선생님께서 가장 많이 준비하셨기 때문에 선생님 덕분이라 믿고 있어요._박○○

다음은 올해 우리 반 아이들의 소감이다.

* 거꾸로교실이 있어서 현재의 나도 있는 것이다. 거꾸로교실이 없었다면 난 지금쯤 전교에서 공부를 제일 못했을 것이다._박○○
* 친구들과 함께 공부해서 좋고, 주입식이 아니라서 좋다. 그리고 친구들과 만들기, 그리기, 여러 가지 미션을 수행하니까 수업 시간이 노는 시간 같다._옥○○

* 원래 나는 수학을 정말 못해서 혼자 풀 때마다 지루하고 떨렸는데, 거꾸로교실에서는 방법을 설명해보고 풀 수 있게 되었고, 재미있고 좋다._박○○
* 거꾸로교실은 행복이다. 왜냐하면, 친구들과 웃고 떠드는 것이 행복하기 때문이다._정○○
* 거꾸로교실은 나 혼자 단독으로 하지 않고 친구들과 함께 협력하여 공부를 하고 친구들과의 사이도 더 좋게 만들 수 있는 수업을 하는 것이다._이○○
* 거꾸로교실을 하니 학교 올 때마다 설렌다. 교실에 와서 선생님의 설명만 듣고 자다가, 이번에 처음으로 설명하는 활동을 했다. 예전에는 모둠 안에서 이야기하는 게 매우 부끄러웠는데, 이제는 일상처럼 항상 말하는 게 자연스러워졌다. 이런 내가 신기하다._손○○
* 스스로 공부하는 것을 연습하게 해주고, 더욱 보람 있게 수업을 할 수 있는 좋은 수업인 것 같다._김○○
* 거꾸로교실은 '즐거움'이다. 수업을 할 때마다 재미있고 기분이 좋아지기 때문이다._박○○
* 거꾸로교실은 '혁명'인 것 같다. 수업 시간에 눈치 보던 어린이들이 자신감이 생기니 좋은 것 같다._김○○
* 거꾸로교실은 다 함께 이야기하고 공부하는 것이어서 머릿속에 내가 말한 내용이 잘 들어오는 것 같다. 또, 거꾸로교실을 통해 별로 친하지 않던 친구도 친해진 것 같아서 좋다._김○○

2부

중학교 이야기

5장 수업하는 진짜 이유를 찾게 해준 거꾸로교실

부산 동평중학교 김수애

좌충우돌, 나의 수업 성장기

:: 내 탓이 아니야

거꾸로교실을 만나기 전의 나는 아주 지극히 평범한 교사였다. 하지만 열정만은 그리고 내 수업에 대한 자신감은 늘 꽉 차 있었다. 수업시간에 옷이 땀에 젖을 만큼 열심히 설명하고, 자는 아이들 부지런히 깨워가며 엎드려 있는 아이들이 한 명도 없어야 한다는 책임감 그리고 농담도 거의 하지 않고 착실하게 45분 수업을 해왔다. 그래서 최선을 다해 학생들에게 수업 내용을 강의하고 있었다고 자부했다. 하지만 아이들은 그것을 받아들이지 않았다. 내가 최선을 다한 것은 '일방적인 지식 전달'이지 학생들에게 '배움'은 일어나지 않은 것이다. 학생들에게 배움은 스스로의 경험으로부터 일어난다. 이러한 배움이 있는 교실은 학생들을 자발적으로 이끌고 적극적인 학생으로 만든다. 배움이 일어나지 않는 교실의 학생들은 수동적인 자세로 재미없음을 얼굴에 표현하고 지루함을 호소한다.

수업 시간에 집중하지 못하고 졸려 하는 아이들을 보면서 '열심히 하지 않은 학생의 탓이려니', '진도 나가기도 바쁜데 어떻게 활동 수업을 해', '국어를 원래 싫어하는 남학생이잖아.' 이렇게만 생각하고 있었다. 이런 생각 속에 국어 교사로서 자존감은 낮아지고 있었다.

:: 변화의 시작

그러던 2013년 7월, 나의 교사 경력에 큰 획을 긋는 역사적인 순간을 맞이했다. 새로운 수업 방법에 대한 도전을 제안받은 것이다. 그때 당시 솔직한 심정은 '여기에서 더 이상 나빠질 게 무엇이 있겠는가'였다. 그런 생각에 용기 있게 제안을 수락했다. 그런데 새로운 수업에서는 수업 시간에 강의를 하지 말라는 것이었다. 이건 또 무슨 소리인가? 강의를 더 잘하는 방법을 알려주는 것이 아니라 강의를 하지 말라니…. 그럼 난 교실에서 무엇을 해야 하는 것일까? 거꾸로교실은 이렇게 시작되었다.

교실에서 강의를 하지 말라고 하니 이제 그 시간을 어떻게 학생들의 활동으로 채워 갈까 하는 것으로 고민의 방향은 자연스럽게 정해졌다. 하지만 십 년 넘게 강의식 위주의 수업을 해왔는데 모든 수업을 활동 수업으로 바꾸는 것이 쉬운 일은 결코 아니었다. 여러 가지 활동 수업을 하면서 실패의 경험도 있었다. 그러면서 소중한 것들을 스스로 깨닫고, 해결의 실마리를 찾을 수 있었다.

:: 실패에서 배우다

출발은 교과서 단원 활동을 학생들이 흥미를 느낄 수 있도록 재구성하는 것이었다. 이렇게만 제시해도 평소 강의식 수업보다는 학생들의 반응이 달라서 기뻤다. 하지만 이것도 잠깐이었다. 인정하고 싶지 않지만, 사실은 실패한 수업이 생기기 시작했다. 그런 수업을 자세히 들여다보면서 새롭게 발견한 사실은 모든 학생이 함께할 수 있는 수업을 구상해야 한다는 것이었다. 일부 학생의 참여로 이루어지는 조별 활동 수업이 되어서는 안 된다는 것이다. 또한, 반드시 학생들의 수준을 고려하여 수준별로 활동을 세분화하여 제시해야 한다는 것이었다. 특히 학습 능력이 떨어지는 학생들도 참여하여 활동을 할 수 있도록 조별 활동 과제를 세분화하여 제시해야 했다.

이 간단한 활동 과제의 제시로 학생들의 참여는 아주 높아졌다. 학습된 무기력감에서 벗어나는 경험을 하게 되었기 때문이다. 수업에서 늘 빠져있던 학생들이 수업 활동에 참여하는 모습을 보는 순간 느낀 감정은 단순히 내 수업의 만족감이나 기쁨 정도가 아니라 아주 놀람의 수준이다. 이렇게 활동 수업이 시간이 점점 많아지고 활동 내용이 다양해지면서 거꾸로교실 수업은 안정기에 접어들었다.

안정기로 접어들면서 활동 수업 방법에 대한 매뉴얼을 만들 수 있게 되었다. 한 학기 동안 국어 수업의 시, 소설, 비문학 등의 제재에 맞은 활동 아이디어의 매뉴얼을 정리하니 다음 학기에는 훨씬 수월하게 수업을 준비할 수 있었다. 이러한 단계가 지나고 나니 평소에는 잘 몰랐던 교육과정에 대한 관심이 자연스럽게 생기기 시작했다.

이런 나를 보면서 나 스스로도 '참 많이 발전했네' 하는 기특함을 느낀다. 이제는 내가 국어 수업을 하는 이유를 당당히 말할 수 있다. 국어 수업의 다양한 활동을 통해 학생들은 자신의 생각을 잘 말할 수 있게 되었고, 남의 이야기를 잘 들을 수 있게 되었고, 다양한 글을 잘 읽을 수 있게 되었으며, 자신의 의견을 잘 표현하여 쓸 수 있게 되었다. 국어라는 과목이 학생들의 삶에 어떤 영향을 미칠 수 있는지, 이런 것들에 대한 답을 찾을 수 있는 수업이 바로 거꾸로교실 수업이다. 거꾸로교실을 통해 진정한 국어 교사로 거듭난 것이다.

거꾸로교실 수업 속으로

강의가 빠진 수업 채우기 활동 구성에 있어 나의 첫 번째 원칙은 학생들의 다양한 수준이나 능력을 인정해주면서 수준별로 활동을 구성하는 것이다. 작은 활동이라도 학생들이 선택하여 할 수 있도록 펼쳐주는 것이다. 모든 학생이 똑같은 활동을 하는 것이 아니라 스스로 선택한 활동을 한다면 태도가 분명히 다르다. 이렇게 하나의 작은 학습 성취감이 다음 활동에서의 학습 의욕으로 바뀔 수 있을 것이다. 실제로 학습 능력이나 의지가 부족했던 학생들의 태도 변화가 이 부분에서 가장 크게 느껴진다. 스스로 활동을 선택하고자 하는 태도를 보이는데 그 자체가 매우 고무적인 모습이었다. 이 순간 거꾸로교실 수업을 하길 정말 잘했다는 생각이 든다.

다음에 소개하는 활동은 2013년부터 지금까지 한 것을 영역별로 나름대로 나누어보았다. 국어 교사라면 누구나 쉽게 적용해볼 수 있는 활동으로 거꾸로교실 수업을 처음 시작하는 교사들에게 많은 도움이 되면 좋겠다.

:: 조 구성하기(4인 1조)

활동에 앞서 조를 구성해야 하는데 여러 가지 방법이 있겠지만, 다음과 같은 방법으로 구성했더니 학생들의 수준과 선호도를 만족시킬 수 있었다. 먼저 조장이 되고 싶은 사람을 손들게 하여 조장으로 임명한다. 자발적으로 조장이 되면 능력이 다소 부족하더라도 책임감이 커져 능력도 향상되는 모습을 볼 수 있다.

다음은 조장이 자신을 도와줄 조원을 한 명씩 선택하게 한다. 이때 의욕은 앞서는 데 학습 능력이 떨어지는 조장에게 다른 조장보다 먼저 선택권을 주어 자신을 도와줄 똑똑한 아이들을 뽑아가게 배려한다.

세 번째 조원은 학습 의욕이나 학습 능력이 떨어지는 학생들인데, 만약 이 학생들을 조장이 선택하게 하면 자신이 선택되지 않은 것에 감정이 상할 수 있으므로 조심스럽다. 그래서 교사가 완곡하게 표현하여 혼자 하기는 힘들지만 자기에게 도움을 줄 수 있는 조장이나 조원이 있는 조로 찾아가게 한다. 자신이 활동하고 싶은 조를 직접 선택하게 하는 것이다. 이때 조장이 원하지 않는 학생이 올 수 있지만, 조장을 믿고 오는 것이니 잘 이끌어주라고 말하면 책임감을 갖고 잘해주는 모습을 많이 보았다.

그리고 나머지 학생들은 사실 어느 조에 속하더라도 상관이 없다.

첫 번째 학생 자발적으로 조장이 되고 싶은 학생 선발	두 번째 학생 선발된 조장이 자신을 도와줄 학생을 선택
세 번째 학생 누구의 도움없이 스스로 하기 힘든 학생이 조장을 선택	네 번째 학생 이미 정해진 세 명의 조원이 원하는 학생을 선택

그래서 3명의 조원이 의견을 모아 선호도를 고려하여 선택하든지 아니면 남아 있는 학생들에게 본인이 원하는 조를 선택하게 한다.

이렇게 만들어진 4인 1조 모둠의 교체 규칙도 있어야 한다. 첫째, 대단원 활동이 끝날 때 바꾸거나 한 달 정도 기간을 주며 바꾸어준다. 둘째, 직전의 조원과는 만날 수 없음을 정한다. 이렇게 1년 동안 조를 구성하면 반 학생들과 대부분 한 번씩은 조원으로 만나게 되며 많이 친해지는 모습도 발견하게 될 것이다.

::시 수업

시 낭송대회

아주 단순한 활동이지만 거꾸로교실의 가장 기본적인 활동이다. 교사가 활동을 수준별로 나누어 제시하고 모든 학생이 동시 다발적으로 활동한다. 즉 조원들이 아래의 4가지 역할을 각자 하나씩 나누어 활동

시 전문 쓰기	시 전문 후 시 강의 설명 쓰기
시화 그리기	낭송(암송)하기

을 한다. 4명이 동시에 자신의 역할에 맞게 활동한다는 것이 중요하다. 물론 그 역할도 조원들이 알아서 선택하도록 해야 한다. 비록 '시 전문 쓰기'가 가장 쉬워 보이는 활동이라 하더라도 그것을 강요하는 것이 아니라 이 또한 선택하게 하는 것이다. 활동이 쉬워 보이더라도 글씨를 예쁘게 쓰지 못하는 학생일 경우 전문 쓰기가 부담스러울 수 있다.

커다란 전지에 시 전문을 쓰는 동안 시화를 그리는 학생에게는 A4 종이를 나누어주어 구상을 하게끔 한다. 모두 완성하면 배경음악을 준비하여 시 낭송 대회를 한다. 시 전문을 쓰면서 시를 접하고, 강의 설명을 적으면서 시를 접하고, 시화를 그리면서 시를 다시 읽고 되새기고, 낭송을 하면서 시를 접하는 것이다. 결국 모든 학생이 시와 함께 3차시를 하게 된다.

함께 만드는 시 감상문

4명의 모둠원이 자연스럽게 자신의 의견을 주고 나눌 수 있는 활동이다. 먼저 커다란 종이를 주며 학생들에게 될 수 있는 한 큰 원이 되도록 자르게 한 후 4분할이 되도록 접게 한다. 그러면 부채꼴 모양의 한 면을 모둠원이 각자 가지게 된다. 큰 원을 그리게 한 이유는 네모 모양의 종이 그대로 활동하면 일정한 방향으로 인식하기 때문에 4명의 학생이 동시에 활동하지 않고 순서를 기다리는 모습을 종종 보았기 때문이다.

이렇게 하여 교사가 주제를 주면 된다. 예를 들어 '나에게 이 시는 ○○○이다'라는 문장을 완성하게 한다. 가장 작은 원에 한 문장 쓰기

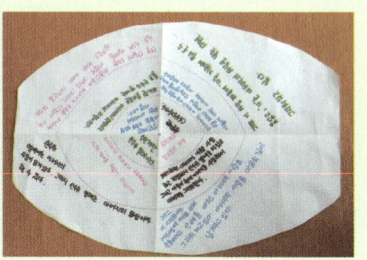

로 시작하는 것이다. 그런 후 다음 사람에게 자신의 문장이 가도록 종이를 돌린다. 앞 사람의 생각을 지지하여 문장을 확장해나가는 것이다. 원이 커질수록 생각도 커질 수 있도록 두 문장, 세 문장을 쓸 수 있도록 한다.

　이렇게 자기와 다른 생각에 공감해주고 이것을 지지해주기 위하여 친구들의 의견을 묻는 등 자연스러운 토론의 분위기로 나아갈 수 있다. 한 번씩 다 쓰고 난 후 제일 마지막 테두리(가장 큰 원)를 잘라서 그 내용을 정리하면 한 편의 시 감상문이 완성된다. 처음부터 시 감상을 쓰라고 하면 거부감을 가지지만, 이렇게 한 단계씩 밟아가면서 해보니 아주 쉽게 감상문을 완성할 수 있었다.

::소설 수업

조별 학습 아이템 모으기

　소설 수업에서 가장 기본은 읽기 활동이지만, 학생들은 많은 분량의 소설을 읽는 것 자체를 부담스러워한다. 읽기 시간을 따로 주어도 그 자체를 힘겨워한다. 그래서 읽을 수밖에 없는 상황을 만들면 어떨까

하는 생각에서 출발했다. 즉 아이템을 모으기 위해서 소설을 찾아 읽는 것이다.

조별로 모아야 하는 아이템은 4개로 모두 수준별로 이루어져 있다. '아이템 하나'가 가장 쉬운 활동이다. 아이템마다 자신의 이름을 적게 하고 조별 활동이면서 개인 점수도 부여하여 활동의 책임감을 가지게 한다. 활동마다 수준은 다르지만, 결국 모든 학생이 책을 읽어야만 가능하도록 구성되어 있다. 그래서 자연스럽게 소설의 내용을 알게 된다. 활동 후 학생들의 결과물을 직접 설명하게 하여서 그것을 그대로 강의에 활용해도 좋다.

여기에서는 소설에서 가장 기본적으로 필요로 하는 활동을 4가지 아이템으로 제시했지만, 아이템 내용은 단원의 목표나 소설의 내용에 따라 제시하면 된다. 예를 들면, 소설 〈수난이대〉의 경우 '주인공이 처한 시대·사회적 상황 파악하기'를 아이템으로 제시했다.

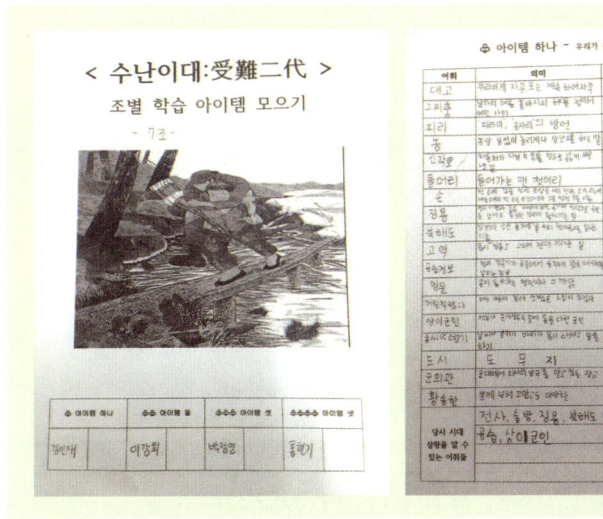

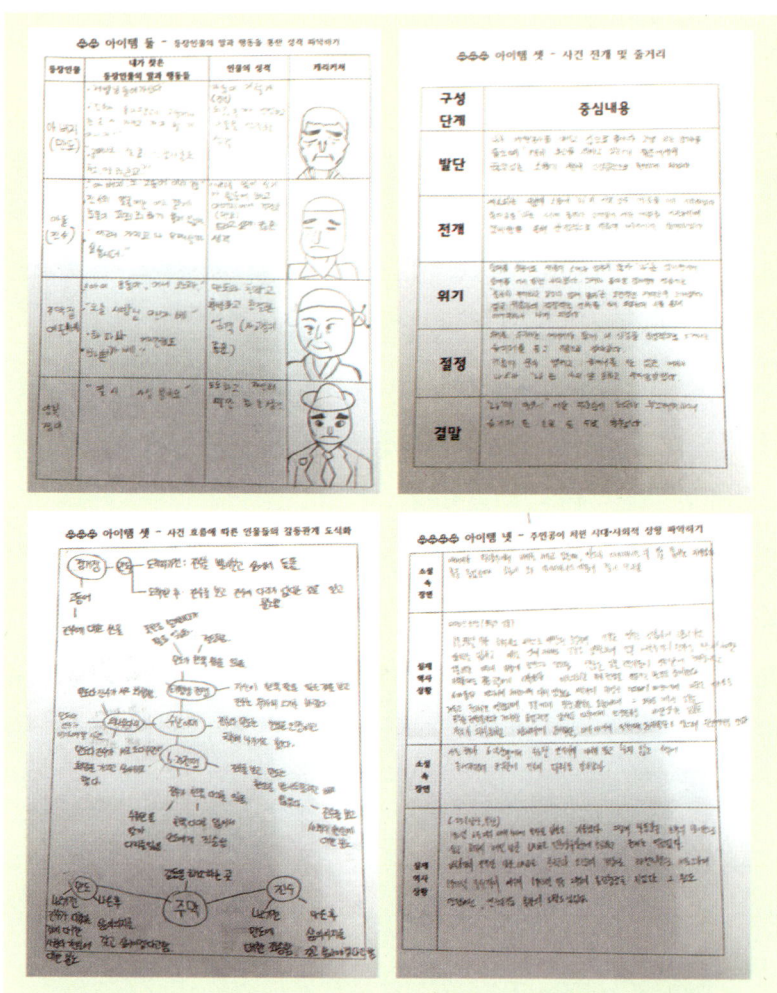

한눈에 펼쳐보는 전지 활동

전지를 나누어주고 지난 시간의 활동 결과물을 바탕으로 좀 더 심화된 활동으로 이어간다. 아무것도 제시하지 않으면, 학생들이 커다란 종이 앞에서 당황스러워하니 다음과 같이 단원에서 기본적으로 알아야 할 요소들을 포함시켜야 할 내용으로 제시해주면 된다.

포함해야 할 내용의 예시

생국 p.64를 참고하여 협상의 정의, 협상의 필요성, 협상의 의의, 협상의 절차 등

- 〈원미동 사람들〉에 나타난 갈등 상황과 갈등 원인
- 국어 p.118과 생국 p.68을 참고하여 등장인물들의 입장에서 각각의 협상안 만들기
- 소설의 시대적 배경과 그것을 나타내는 소재
- 감상 후기(조원 각자의 느낀 점)
- 퀴즈 만들기
- 소설의 뒷이야기 이어쓰기 등 다양한 내용으로 알차게 만들기!

위의 활동지를 나누어주면 조원들은 자연스럽게 의견을 모아 각자 역할을 나누어 모두 함께 동시에 활동을 한다. 이때 전지 한 장에 4명이 한꺼번에 작업을 할 수 없기 때문에 여분의 A4 종이를 나누어주어 각자 활동을 한 후 붙이게 하면 시간 안에 완성할 수 있다.

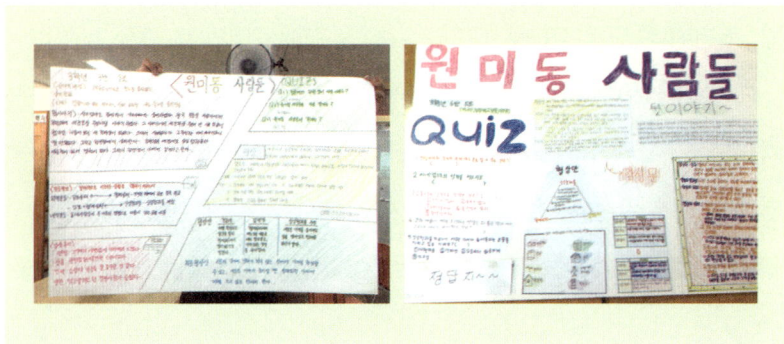

깜짝 고사

〈박씨전〉이라는 고전소설 수업에 적용한 활동이다. 학생들은 현대소설도 안 읽으려고 하는데 고전소설은 더 읽기 어려워한다. 그래서 읽기를 유도하는 활동을 생각해보았다.

먼저 조에서 개인별로 객관식과 주관식 문제를 하나씩 내게 한다. 학생들은 문제를 내기 위해서는 책을 읽는데, 어려운 문제를 내려고 하는 경향이 있어서 꼼꼼히 읽는다. 이렇게 1차시를 활용하고, 학생들이 제출한 문제를 모아 시험지 형식으로 만들어 다음 차시에 같이 풀게 한다. 처음에는 그냥 풀라고 하는데, 대부분의 학생이 문제를 제출하기 위해 읽은 것 말고는 제대로 읽지 않아서 잘 풀지 못한다. 이때 시간을 주면서 오픈 테스트라고 하면 엄청난 집중력으로 책을 본다. 그리고 다음 차시의 문제풀이도 출제한 사람이 하면 3차시 정도에 〈박씨전〉 읽기와 줄거리 파악은 거의 다 할 수 있다.

문제풀이를 할 때 출제 근거를 교과서 안에서 설명하라고 하면서 다 같이 교과서 내용을 보도록 유도할 수 있다. 교사가 꼭 설명해야 할 본문이 있다면, 자연스럽게 이 시간을 활용하면 된다. 학생들은 강의를 듣는다는 느낌이 아니라 다르게 받아들인다. 채점은 개인별로 하지만, 조별 평균으로 점수를 준다.

이 활동을 소설 시작에서도 활용할 수 있지만, 반대로 대단원 형성평가 활동으로도 가능하다. 문제를 출제해보는 것만으로도 매력적인 오답을 만들기 위한 쓰기 활동이 이루어지므로 국어 시간에 유용하다.

중학교 이야기

그림 카드를 이용한 소설 줄거리 만들기

〈박씨전〉 깜짝 고사에 이어 진행한 활동으로, 그림 카드를 이용하여 소설 내용을 완성하는 것이다. 소설 내용을 제대로 이해하고 있는지 알아볼 수 있는데, 이때 제시하는 그림 카드는 교과서에 없는 삽화만을 제공한다. 교과서 삽화를 제시하면 그 순서가 같을 수 있지만, 교과서에  없는 삽화를 제시하면 그림 카드 제시 순서가 조별로 다르다. 그림 카드의 의미를 조별로 다르게 해석하여 줄거리를 완성하기 때문이다. 줄거리 채점은 전체 발표를 통해 할 수도 있고, 다음 조에 넘겨서 줄거리를 점검하게 할 수도 있다.

키워드를 활용한 소설 줄거리 완성하기

먼저 조별로 4명이 역할을 나누어 소설의 단계에 따라 일정 개수의 핵심어를 찾아내도록 한다. 그런 다음 핵심어를 다음 조에게 넘겨준다. 핵심어를 넘겨받은 조에서는 그것을 가지고 줄거리를 완성해간

다. 자기 조에서 찾은 것과는 다른 핵심어를 받게 되므로 조원들끼리 의논하여 줄거리를 완성해나가게 된다. 줄거리를 완성한 후에는 핵심어를 모두 사용했는지, 어색한 내용은 없는지 조별 발표를 통해 다시 확인할 수 있다.

::문법 수업

기본 및 심화 활동지 제작

문법 수업의 시작은 동영상 강의를 세부적으로 만드는 것이다. 문법은 국어 과목에서 설명이 가장 많이 필요한 부분이다. 이때 길게 30~40분 정도의 강의를 한꺼번에 만들어 올린다면 학생들의 부담이 크다. 그래서 '음운의 변동-1', '음운의 변동-2' 이런 식으로 만들어놓으면 학생들도 부담이 적고, 학생들이 질문하는 부분에서도 모르는 부분만 다시 보면 되니 좋다. 그리고 나면 문법 기본 학습지를 만든다. 기본 학습지는 이 문법 단원이 끝나고 나면 반드시 알아야 할 내용으로 구성한다.

본 수업에서는 조별 활동이 아니라 개인 수준별 활동으로 이루어진다. 먼저 기본 학습지를 책이나 동영상 강의 없이 스스로 풀 수 있는 학생과 책을 보거나 동영상 강의를 다시 들어야 하는 학생 등 다양한 상황이 생긴다. 그렇지만 일단 기본 학습지를 다 푼 학생들만 단계별로 3단계 정도의 심화 활동지를 차례대로 풀게 한다. 이런 식으로 2차시 정도를 하고 나면 한 교실이지만, 개인 수준별 활동을 할 수 있다. 기본 학습지를 끝까지 풀기 어려워하는 학생의 경우는 가장 먼저 3단계 심화 활동지를 푼 학생들과 짝을 이루게 하여 가르쳐주도록 한다.

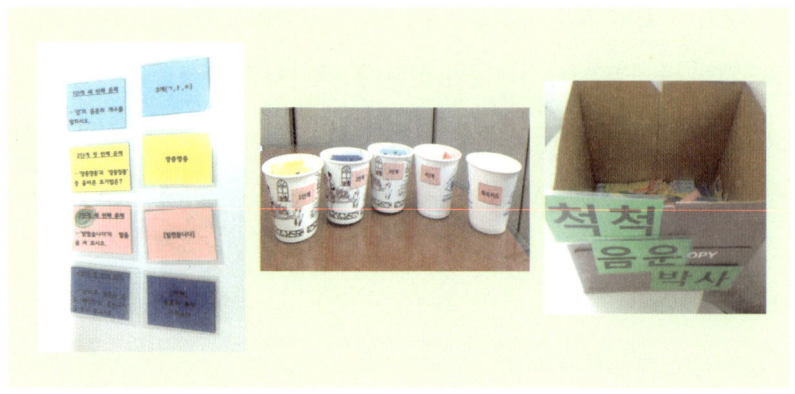

음운 카드 획득하기

 이렇게 기본적으로 학습이 된 다음 카드 게임을 생각해봤다. 활동 주제는 '음운 카드를 획득하라'였다. 일단 4단계의 문제를 만든다. 카드 앞면에는 문제를, 뒷면에는 정답을 적어 둔다. 문제를 내는 학생도 뒷면의 정답을 보면서 한 번 더 상기하게 하기 위해서이다.

 기본적인 문법 학습이 끝나면 단계별로 자신이 고른 단계의 문제를 조별로 이동하면서 푸는데, 문제를 맞힌 사람은 카드를 획득한다. 이렇게 하여 개인별, 조별로 획득한 카드 장수를 합쳐 조별 점수를 부여하면 된다. 그리고 이 카드를 활용하여 '블라인드 테스트'도 해보았는데 개인이 무작위로 뽑아서 테스트에 응하고 제대로 이해하지 못하고 있는 경우 1:1 설명을 해줄 수도 있다. 이 활동은 다른 활동이 진행되는 동안 틈틈이 학생들을 불러내어 할 수 있어 좋았다. 비록 문법 카드였지만, 학생들은 진짜 카드처럼 재미있어하며 가지고 놀았다. 이 카드 활동은 학생들이 문제를 직접 내야 하는 것에는 모두 활용해도 좋을 것이다.

음운 퍼즐 맞추기

이 활동은 기본 학습지와 심화 활동이 끝난 다음 그 내용 확인을 퍼즐의 형태로 제시하는 것이다. 퍼즐의 앞면에는 문법 내용을 문장의 형태로 제시하고, 뒷면에는 그 문법 내용의 핵심어를 만든 후 두 장을 양면으로 붙여 퍼즐의 형태로 제작한다. 퍼즐의 앞면을 보면서 완성해야 하지만 활동을 힘들어하는 경우 뒷면을 보면서 완성할 수도 있다. 이 경우 투명 홀더를 제공하면 퍼즐을 완성할 때 앞면과 뒷면을 동시에 보면서 하기도 한다.

:: 비문학 수업

조별 릴레이 테스트

단원이 끝난 후 본문 중에서 중요한 핵심 내용에 대해서 각자 2개의 질문을 만든다. 그렇게 해서 자신이 만든 문제를 가지고 다른 조에 가서 각자 한 문제씩 2명에게 질문하여 그 결과를 테스트 결과지에 ○, ×로 표시한다. ×표를 많이 얻으면 자기 조에게 유리하기 때문에 자신의 질문에 답을 잘하지 못할 것 같은 친구에게 질문 공세를 하게 되고, 질문을 받은 친구는 자신에게 자꾸 질문이 쏟아지니 어쩔 수 없이 공부할 수밖에 없다. 조에서 질문을 받지 않은 친구는 대부분 학습 내용을 잘 알고 있다. 그래서 잘하지 못하는 친구들에게 그 내용을 가르쳐줄 수 있다. 그러면서 학습 내용을 정리하게 된다. 결국 질문을 던지면서 교과서 내용을 이해하게 되고, 질문을 받으면서 교과서 내용을 공부하게 된다. ○는 플러스 10점, ×는 마이너스 10점을 주어 전체 점수를 계산하면 된다. 0점부터 시작하면 마이너스 점수가 나올 수 있어 기본 점수를 100점으로 주었다.

4분할 읽기 활동

글 전체를 4부분으로 나누어 조별로 읽기 자료를 나누어준다. 학생들은 각자 한 부분씩만 읽게 되는데 이렇게 하면 부담 없이 잘 읽는다. 그런 다음 순서대로(처음→본론1→본론2→결론) 자기가 읽은 내용을 조

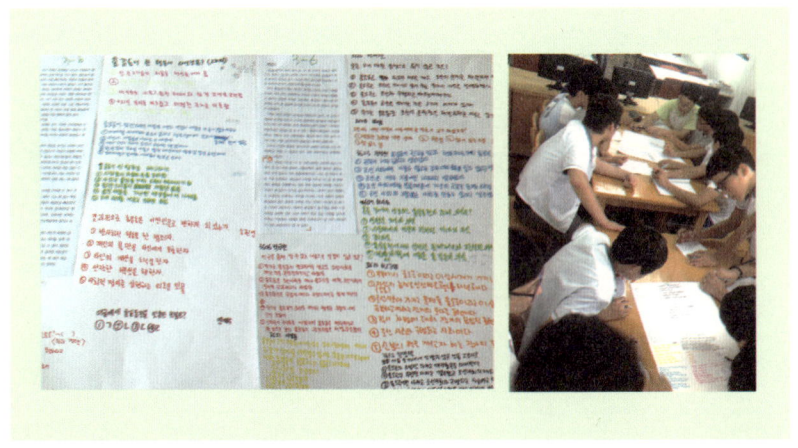

원들에게 설명하게 한다. 그렇게 글 전체 내용을 공유한 후, 자기가 읽은 부분에 관한 문제를 하나씩 만들게 한다. 각자 만든 문제를 '처음, 본론1, 본론2, 결론' 각 부분별로 모은다. 자기가 읽고 낸 문제의 파트로 가서 다른 조에서 모인 친구들과 함께 같은 부분의 문제를 풀고 답에 대한 의견을 나누어보도록 한다. 자기 부분에 대한 이해는 완벽해진다.

:: 듣기 수업

듣기의 일반 원리에 관한 간단한 수업을 진행한 후, 각 원리에 따른 듣기 음성 파일을 직접 만들어보는 활동이다. 먼저, 듣기 원리에 적합한 주제를 조원들이 선택하게 한 후 자료 수집을 한다. 듣기 대본을 작성하고, 그 대본을 들었을 때 풀 수 있는 듣기 문제도 출제하게 한다. 듣기 대본을 음성 파일로 만든 후 실제로 듣기 평가를 해보았다. 자기 조의 활동을 하느라 다른 조 듣기 내용을 모르기 때문에 듣기 활동을 해보면 긴장감을 느낀다. 듣기 내용에 따른 문제를 출제하면서 효율적인 듣기 요령을 익히게 되었다.

시작을 두려워하는 교사에게

거꾸로교실 수업은 대단한 선생님들이 하는 것이 아니라 교사라면 누구나 할 수 있는 수업이라고 자신 있게 말하고 싶다. 왜냐하면 내가 진정한 '누구나'에 해당하는 교사였기 때문이다. 동영상 강의 제작이

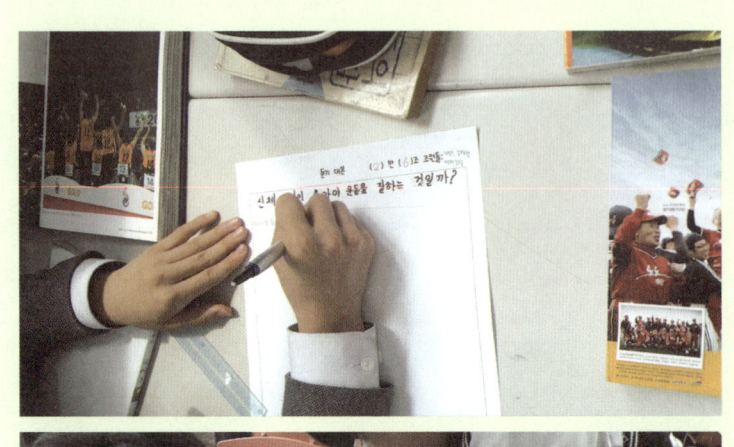

어려워서, 동영상 강의를 학생들이 보고 오지 않을까 봐 등의 핑계를 찾지 않으면 거꾸로교실은 모든 교사가 할 수 있을 것이다.

교실에서 학생들을 가르치지 않는다고 하여 교사의 역할이 줄어들거나 설 자리가 좁아지는 것은 절대 아니다. 학생에게 주도권을 넘겨주는 것에 대한 걱정과 우려도 있을 수 있겠지만, 그것을 학생들에게 넘겨주는 순간 교사에게 돌아오는 것이 훨씬 더 많다.

교사의 입장에서 가장 큰 혜택은 더 이상 똑같은 수업을 여러 반에서 반복하지 않아도 된다는 것이다. 주어진 한 시간에 핵심 내용(강의)의 전달이라는 압박감에서 스트레스를 받지 않아도 된다. 만약 교실에서 학생들이 한 명도 떠들지 않고 모두 잘 들어준다면, 핵심 내용의 전달 시간은 제작한 동영상 강의 시간과 비슷할지도 모른다. 하지만 교실 수업 상황에서 변수는 너무도 다양하기에 핵심 내용의 전달이라는 의무감에 학생들과 승강이를 벌이게 되는 것이다. 어쩌다 학생들을 지도하다 보면 한 시간이 그냥 지나가기도 한다.

그리고 수업 내용을 이해하지 못하는 학생이 질문하면 한두 번 정도는 다시 설명할 수 있겠지만, 그 학생이 완전히 이해할 수 있을 정도로 되풀이해줄 수는 없다. 그렇게 한다면 교실은 야단이 날 것이다. 하지만 동영상 강의가 있기 때문에 핵심 내용을 잘 이해하지 못하고 온 학생이 있다면, 동영상 강의를 여러 번 듣게 하여 이해의 수준으로 끌어올려줄 수 있다. 나머지 학생들은 활동을 하게 함으로써 한 교실에서 수준별 수업이 이루어지는 것이다. 교사가 여러 명으로 늘어나는 셈이다.

거꾸로교실의 시도에 앞서 '학생들이 과연 수업 전에 동영상 강의를 보고 올까?' 하는 우려가 생길 것이다. 물론 처음부터 모든 학생이 다 보고 올 것으로 기대한다면 힘들어질 수 있다. 하지만 일반 수업에서도 모든 학생이 집중하여 듣지는 않는다는 것을 생각하면, 조금은 마음 편하게 다가갈 수 있을 것이다.

더 강조하고 싶은 것은 기존 강의식 수업에서는 수업에 흥미를 느끼지 못하고 참여하지 않던 학생들이 거꾸로교실 수업에서는 활동에 참여하면서 배움의 경험을 하게 된다는 것이다. 일단 시작해보면 생각지도 못한 답이 보일 수도 있다.

거꾸로교실 국어 수업 학생 수다

그동안 얼마나 듣고 싶어 한 이야기인지, 교사라면 누구나 듣고 싶어 하는 이야기를 학생들이 나에게 들려주기 시작한 것이다.

* 처음에는 거꾸로교실 수업이 평범한 수업보다 좋지 않을 거라고 생각했다. 왜냐하면, 평범한 수업만 항상 해왔는데 갑자기 수업 방식이 바뀌니까 적응하기가 어려울 것 같았기 때문이다. 하지만 지금은 다음 수업에 무슨 활동을 할지 궁금해진다. 드라마나 애니메이션에 나오는 '다음 편에 계속', '다음 시간에 계속'처럼 다음 국어 시간이 기대가 되고 궁금해진다. _동평중 2학년, 김영균
* 거꾸로 수업을 하면서 자신감도 생기고 발표도 많이 하게 되었다. 친구들과 친해지는 계기도 되었다. 거꾸로교실 수업은 나에

게 수업을 재미있게 만들어주었고, 재미있게 공부하는 법을 가르쳐주었다._동평중 2학년, 이승수

* 나에게 거꾸로교실 수업은 인생을 바꾸는 전환점인 것 같다. 평소 수업 시간에는 잠도 자고 많이 놀았는데 거꾸로교실 수업은 공부도 게임처럼 매우 재미있었다. 수업 시간에 모범생이 되게 해준 이 수업에 감사하다._동평중 2학년, 김지민

* 거꾸로교실 수업으로 성적이 오르고 예습을 하게 되었다. 나에게 거꾸로 수업은 계단이다. 올라가면 갈수록 새로운 것이 있다._동평중 2학년, 전성준

* 거꾸로교실 수업을 통해 나 혼자서 내 공부만 하는 것에서 나의 장점은 살리면서 조원과 함께 서로 협동하는 것을 배웠다. 공부의 재미를 처음으로 배우게 된 내 인생의 또 다른 출발점이다._동평중 2학년, 박기범

* 처음에는 다른 수업과 차이 때문에 불안했지만, 수업 내용을 알고 수업을 하니 수업 시간에는 복습이 되어 공부 효과가 더 좋아졌다. 팀원과의 조화를 생각하며 활동에 임하게 되어 더 열심히 하게 되었다. 공부를 위한 최고의 수업이다._동평중 2학년, 옥 건

* 거꾸로교실은 게임 같다. 처음 접하는 사람도 잘 참여하고 거부감 없이 쉽다. 또 한 번 참여하면 중독성이 있다._동평중 2학년, 김민성

* 선생님의 비중이 줄어들고 우리가 주된 활동을 하면서 스스로 지식을 찾아가게 되었다. 주변 친구들을 경쟁자가 아닌 조력자로 서로 지식을 공유하고 스스럼없이 도움을 주게 되었다. 열의가 없었던 수업에 흥미가 생기고 열정이 생겼다. 거꾸로교실은 반전

드라마이다. _동평중 2학년, 손경민

* 처음에는 평소 수업과 달라서 새롭게 재밌을 것 같았지만, 선생님이 강의를 안 한다고 해서 성적이 떨어질까 봐 걱정이 되었다. 하지만 피곤하면 졸았던 평소 수업이 우리가 주도하여 수업을 함으로써 집중이 잘되고 성적도 올랐다. _동평중 2학년, 김익서

* 조원끼리 협동심을 기를 수 있었고 별로 친하지 않았던 친구하고도 친해지기도 했다. 거꾸로교실 수업은 공부의 일종이지만 재미있는 공부 그리고 내일이 기대되는 수업! 수업이지만 수업 같지 않은 거꾸로교실 수업! _동평중 2학년, 정성민

* 처음에는 동영상으로 수업을 듣는 것이 생소했다. 그리고 수업 시간에 이 정도로 시끄러워도 되나 싶을 만큼 활동이 활발했다. 수업 시간에는 무조건 조용해야 한다는 고정관점이 깨졌다. _동평중 2학년, 박민규

* 처음에는 이런 방식으로 수업이 될까 생각했다. 그러나 수업이 지루하지도 않고 활동에 더욱 열정적으로 참여할 수 있게 해주었다. 이제는 거꾸로 수업이 일상 수업이 된 것처럼 느껴진다. 지루하기만 했던 수업 시간을 알차게 재미있게 공부할 수 있게 된 계기가 된 것 같다. _동평중 2학년, 감경부

* 일반 수업에서 역발상 한 거꾸로교실이 있다는 것이 신기했고 과연 이 수업이 제대로 진행될 수 있을지도 걱정이 되었다. 그러나 막상 해보니 오히려 더 효율적인 수업 진행이 되자 놀라웠다. 수업이 재미있어지는 혁신이다. _동평중 2학년, 노호건

* 내가 배운 것에 대해 동영상을 보면서 다시 한 번 정리할 수 있어

서 기억에 더 오래 남을 수 있게 되었고, 규칙적으로 강의를 들어 더 부지런해질 수 있었다. 나에게 거꾸로교실은 색다른 도전이다. 왜냐하면, 이때까지 해왔던 방식을 깨고 새로운 방식으로 수업을 했고, 긴장감과 설렘을 느낄 수 있었기 때문이다._동평중 2학년, 황재형

* 평소엔 가끔 수업 시간에 졸기도 했는데 거꾸로 수업을 하니 잠도 오지 않고 재미있다. 국어 시간은 지루하고 재미없는 시간이라는 인식을 바꿔주었다. 항상 모둠 활동 위주로 수업을 하다 보니 열심히 해서 모둠 친구들을 도와주는 자세로 수업에 임하고 있다. 나에게 거꾸로교실은 산소이다. 왜냐하면, 평소에는 우리 곁에 있어 필요성을 못 느끼지만, 없으면 안 되기 때문이다._동평중 2학년, 박건우

6장
누구나 특별해지는 영어 시간을 만들자!

부산 동평중학교 안영신

나만의 거꾸로교실을 만들다

:: 거꾸로교실의 시작

아이들과 씨름하랴 더위와 고전하랴 유난히도 더웠던 2013년 여름방학, 학교번호가 찍힌 한 통의 전화를 받았다. 교장 선생님의 호출이었다. 급히 교장실로 찾아갔더니 낯선 분들이 소파에 앉아 있었다. KBS 방송국의 PD와 카메라 감독이었다. 갑작스레 내민 손에 조금은 멋쩍어 하며 같이 악수를 나누었다. 교장 선생님은 곧바로 다음 학기부터 학교에서 6개월간 주요 과목 교사들이 새로운 기법으로 수업을 하고 방송국 관계자들은 촬영을 할 것이니 촬영에 동참해주기를 바란다고 하셨다.

하지만 대부분의 교사는 이 제안을 흔쾌히 받아들일 수만은 없었다. 내 수업을 6개월간 촬영을 한다니, 그것도 새로운 수업 모형으로…. 공개수업을 준비해야 하는 것도 신경이 많이 쓰이는데 6개월간이나 수업을 아무런 여과 없이 촬영한다는 것 자체가 너무나 부담스러워 받아들이기 힘들었다. 나를 포함한 영어과 교사는 모두 그 제안에 반대했다. '굳이 지금도 잘하고 있는 수업을 왜 바꿔야 하나' 하는 생각과 더불어 '촬영에까지 응해서 더 힘들어질 필요가 있을까' 하는 생각에서였다.

그러나 교장 선생님께서 이미 촬영을 허락한 상태였고 영어과에서 적어도 한 명은 협조해야만 하는 상황이었다. 나는 교장 선생님의 지속적인 권유로 우여곡절 끝에 촬영을 하게 되었다. 촬영에 임하면서 단순한 지식 전달자로서의 교사가 아니라 학생들과 진정으로 소통하는 교실 개혁에 동참할 수 있을까 스스로 반문하며 나의 거꾸로교실은 시작되었다.

개학 2주 전 촬영 팀과의 미팅이 잡혔다. PD는 '거꾸로교실'이라는 수업 모형에 관해 설명했다. 거꾸로교실은 교사가 강의를 하지 않고 수업 시간 전부를 학생들이 꾸려간다는 것이었다. 대신 교사는 10분 내외의 동영상 강의를 만들어서 학생들이 수업 전에 미리 보고 올 수 있게 준비해주어야 하며, 수업 시간은 교사의 강의가 빠진 채로 채워진다는 것이 설명의 전부였다. 그럼 동영상은 어떻게 제작해야 하나? 학생들이 과연 동영상을 보고 올까? 수업 시간은 또 어떻게 어떤 방법으로 만들어야 하나? 정말로 많은 의문과 걱정으로 막막할 따름이었다.

개학 후 학생들에게 '거꾸로교실'을 하겠다고 선언하고 기기를 잘 다루는 선생님들의 도움을 받아 동영상을 제작했다. 학생들에게 이 동영상을 보고 오게 한 후 첫 수업이 시작되었다. 그 당시 수준별 수업으로 중간 반을 맡고 있었는데 우려했던 일이 그대로 나타났다. 남자 중학교라서 그런지 3분의 1도 채 되지 않는 학생들만이 동영상을 보고 온 것이다. 그래서 먼저 보고 온 학생들은 모둠으로 학습지를 풀고, 안 보고 온 학생들은 태블릿PC로 보고 난 다음에 모둠에 참여하게 했다. 그 당시 동평중학교는 스마트 모델학교로 태블릿PC를 100여 대 이상 가지고 있었다. 이렇게 첫 수업이 시작되었다.

::좌충우돌, 거꾸로교실 생존기

나는 나름 내 강의에 자부심이 있었고 학생들과도 원활히 소통하는 교사라 생각했다. 그래서 '거꾸로교실'의 방법으로 수업을 해도 별달리 큰 변화가 있겠느냐는 생각에 반신반의했다. 또한, 영어 과목의 특성상 내 수업은 대략 25분의 강의와 20분의 활동으로 채워지고 있었다. 그래서 처음 거꾸로교실을 시작했을 땐 학생들에게 좀 더 가까이 다가가서 학생 한 명 한 명이 수업 목표에 도달할 수 있도록 최선을 다해야겠다고 생각했다. 이를 위해 기존 활동은 조금씩 줄이면서 학생들이 질문하면 언제든지 다가가서 답변해주는 방식으로 수업을 진행했다.

이렇게 하자 학생들은 항상 멀리서 강의만 하던 교사가 직접 다가와 질문에 답변해주는 모습에 조금은 의아해하면서도 교사와 소통할 수 있는 수업 환경에 적잖이 흥분하는 모습이었다. 덕분에 나는 쉴 새 없이 바빴지만…. 그러나 3차시 정도 지나니 학생들이 수업에 몰입하지 못하고 조금 지겨워하는 모습이 서서히 포착되었다. 나는 다시 한 번 수업에 대해서 진지하게 고민했고 기존 활동에 다른 것을 하나둘씩 추가하기 시작했다.

이렇게 수업을 계속 진행하던 어느 날 교감 선생님께서 수업을 참관하러 오셨다. 때마침 모둠별로 영어과에서 자주 활동하던 '골든벨'(Golden Bell)을 하고 있었는데 거꾸로교실을 하기 전과 마찬가지로 학생들의 반응이 폭발적이었고 몰입도도 아주 높았다. 수업 후 교감 선생님께서는 이것이 진정한 '거꾸로 수업'이라며 칭찬을 아끼지 않았다. 그 순간 한 대 얻어맞은 듯이 멍해졌다. 왜냐하면, 이 수업을 하기 전에는 인지하지 못했던 부분이 눈에 들어오기 시작한 것이다. 즉, 골든벨 활동 시 수업에 진정으로 참여하는 학생은 질문에 대한 답을 적는 한두 명 정도이며 나머지 모둠원은 추임새 넣기에 바쁘거나 점수에만 몰두하는 모습이 눈에 들어온 것이었다. 교감 선생님이 칭찬해주셨지만 이것은 진정한 학생 중심 수업도, 활동도 아니구나 하는 생각에 그때서야 '아, 이거구나!' 싶었던 것이었다.

그때부터 다시 고민이 시작되었다. 학생들의 학습 속도와 능력은 제각각 다르다는 점을 인지함과 동시에 한 명의 낙오자도 없이 모두 몰입할 수 있는 그런 수업을 계획해야 되겠구나 하는 생각에서였다. 그래야만 진정한 배움이 저 아이들에게 일어날 수 있겠구나, 싶었다. 따라서 수업 활동과 수업 진행방식에 대한 나의 접근도 좀 더 신중하게 되었다.

:: 참 배움으로 나가는 거꾸로교실

수업 활동

먼저, 학생 한 명, 한 명에게 역할을 주었다. 그래서 모둠에서 노는 학생이 한 명도 없도록 했으며, 학습지를 철저히 수준별로 나누기 시작했다. 2013년 당시는 수준별 수업을 하고 있었는데 내가 맡은 중반은 중간 정도로 수준이 비슷했지만 그 안에서도 다소의 차이가 있었기 때문에 두 수준으로 나누어 다시 학습지를 만들었다. 또 2014년에는 수준별 수업이 아닌 원반(원래의 반)으로 거꾸로 수업을 진행했다. 그래서 학습지 수준을 모둠 인원수에 맞게끔 제작하거나 적어도 3단계 이상 준비했다.

예를 들어, 새 단어 학습지의 경우 4인 한 모둠에서 가장 낮은 수준에 해당하는 1단계에서는 '영어 단어를 보고 한글 뜻을 찾아 쓰기', 2단계는 '한글 뜻을 보고 영어 단어를 찾아 쓰기', 3단계는 '영어 문장에서 알맞은 단어를 찾아 쓰기', 가장 높은 4단계는 '영어 문장에서 영어 단어를 바로 쓰기'를 하는 등 학습지를 단계별로 나누었다.

돌이켜 보면 그때가 나에게는 무척이나 힘든 시기였다. 교실에 카메라는 계속 돌아가고 수업에 대한 고민을 동료 교사와 나누기에는 학교가 너무 바빴다. 비록 그 당시 협동학습, 협력학습 그리고 배움의 공동체 등의 수업 방식을 접해보지 못했지만, 서서히 지식 전달자로서 만의 교사가 아니라 나만의 방식을 도입해 학생 중심의 수업 방식을 스스로 터득해가고 있었던 시기였던 것이다.

맨 위 왼쪽부터
동영상을 시청하면서 보는 기본 단어 학습지,
1단계 영어 단어를 보고 한글 뜻을 찾아 쓰기,
2단계 한글 뜻을 보고 영어 단어를 찾아 쓰기,
3단계 영어 문장에서 알맞은 단어를 찾아 쓰기,
4단계 영어 단어를 쓰기

동영상 제작과 참여 유도

거꾸로교실에서는 기본적으로 가정에서 학생들이 동영상을 미리 시청하고 와야 수업 활동이 매끄럽게 진행된다. 따라서 동영상을 먼저 제작해야 한다. 동영상 제작 프로그램은 몇 번 제작해 익히다 보면 그다지 어렵지 않다. 그러나 내 경험으로 비춰볼 때 무엇보다 힘든 것은 이렇게 만든 동영상을 학생들이 미리 보고 오게 만드는 것이다. 특히, 남학생의 특성상 남자 중학교에서는 더더욱 힘든 부분이다. 그래서 내 경우에는 학생들이 즐겁게, 부담 없이 동영상을 시청해오도록 동영상 제작에 학생들을 참여시켰다.

영어의 경우 한 과(Lesson)에 보통 New Words, Listen & Speak/Conversation, Grammar, Reading 해서 4개 이상의 동영상을 제작한다. 새 단어(New Words)는 쉽게 만들 수 있어서 재치가 있는 학생에게 동영상을 미리 만들어보게 해보았다. 본문(Reading)의 경우도 3, 4명의 학생을 앉혀 놓고 마치 과외를 하듯이 동영상을 제작해보았으며, Listen & Speak/Conversation 부분도 몇 명의 학생이 참여해 제작했더니 의외로 학생들의 동영상 시청률이 높았다. 동영상 중간 중간에 팝퀴즈(Pop Quiz)를 내서 동영상을 시청했는지 확인도 했으며, 인증사진을 올리게 한 것도 학생들의 호응을 이끌어냈다. 또한, 동영상 시청을 많이 한 모둠에는 적절한 보상을 주기도 했으며 이러한 방법은 여전히 사용하고 있다.

| New Words 동영상 제작 | | Conversation 동영상 제작 | | Grammar 동영상 제작 |

:: 현재 나의 거꾸로교실

거꾸로교실의 핵심은 교사가 아닌 학생 중심의 수업이라고 말할 수 있다. 따라서 학년 초 학생들에게 거꾸로교실은 무엇이며, 어떻게 진행되는지를 정확하게 이해시킬 필요가 있다. 3월 첫 4~5차시 정도는 거꾸로 수업에 대한 오리엔테이션을 진행한다. 이 기간에 영어 공부는 왜 하는가에 대한 진지한 고민을 시작으로 '하브루타'식 공부 방법이 중요한 이유를 설명하고, 모둠편성 후 모둠원 파악하기 등으로 수업을 시작했다. 물론 그렇게 시작한 학기는 그렇게 하지 않은 학기보다 학생들의 참여가 훨씬 적극적이었다.

거꾸로교실은 수업 전에 교사가 동영상을 만든다. 내 경우에는 학기가 지날수록 동영상 개수가 줄어들고 있다. 예전에는 New Words, Listen & Speak/Conversation, Grammar, Reading 각 파트별로 한 개의 동영상을 만들었으며, Reading의 경우는 2~3개 나눠서 만들었다. 한 과에 보통 6~7개 정도의 동영상을 제작하는 것이다. 그런데 앞서도 언급했듯이 문제는 학생들이 동영상을 잘 보고 오지 않는다 것이다. 이에 나는 학생들의 부담을 최소화하기 위해서 동영상 개수를 줄이려고 노력했다. 지금은 Listen & Speak/Conversation에서 한 개, Grammar에서 한 개, Reading의 경우도 중요한 것만 언급하여 한 개의 동영상을 만들어 3개 정도 제작한다. 동영상에서 다루지 못한 부분은 실제 수업을 진행하면서 충분히 학생들에게 흡수될 수 있도록 하고 있다. 이렇게 만든 동영상을 클래스팅(Classting)에 올려 공유하고 있다.

수업은 다양한 활동으로 구상해야 하지만, 매 차시 새로운 활동을 하기에는 교사가 너무 벅찰 수 있다. 또한, 새로운 것만 계속 추구하다

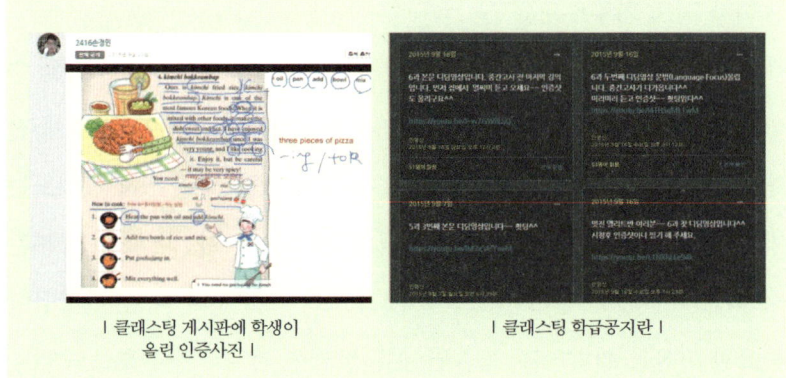

| 클래스팅 게시판에 학생이 올린 인증사진 | | 클래스팅 학급공지란 |

보면 학생들이 새로운 것에만 길들어서 차시마다 더욱 새로운 것을 기대하게 된다. 이러면 교사와 학생 모두가 힘들어지는 것은 불 보듯 뻔하다. 그래서 모둠원끼리 충분히 흥미도 느끼면서 집중력도 향상시키고 학습효과도 괜찮은 몇 가지의 활동을 반복적으로 사용하고, 간혹 1~2개의 특별한 활동을 양념처럼 끼워 넣으면 더 큰 효과를 기대할 수 있다. 그러면 교사도 부담에서 벗어나게 되고 학생도 좀 더 안정된 느낌으로 수업을 할 수 있다.

영어과 거꾸로교실 사례

내가 거꾸로교실을 처음 시작할 당시와는 달리 현재는 많은 교사가 이 방법으로 수업을 진행하고 있으며, 무엇보다도 교사 간의 소통과 협업이 활발히 이루어지고 있다. 비록 학교 안에서 협의할 기회는 많지 않지만, SNS를 통해 전국의 여러 교사와 수업 아이디어를 나누면서, 수업 활동에 관한 아이디어를 공유하고 있다. 그리고 이러한 아이디어는 계속 여러 교사에 의해 발전, 확장되어 가고 있다. 특히, 영어과의 특성상 영어 교사들은 다양한 수업 활동을 해왔고 지금도 많은 활동을 하고 있다. 2013년 거꾸로 수업을 처음 시작한 때부터 지금까지 다양한 활동을 해왔는데, 그중 대표적인 것을 소개하고자 한다.

:: Spinning Chain Writing(SCW)

1. 정의(Definition)

4명으로 구성된 모둠의 학생들이 부채꼴 모양의 제일 안쪽 원(Sector 1)에 문장이나 단어를 동시에 쓴다. 그런 다음 보드를 옆 칸(90도)으로 돌린다. 그리고 각 학생이 옆 친구가 적은 Sector 1과 관련성 있게 Sector 2에 무엇인가를 적는다. 학생들은 같은 방식으로 Sector 3, 가능하면 Sector 4까지 활동한다. 이 보드는 문법 규칙을 가르치거나, 더 나아가 단어에서 구, 문장까지 연결하여 영작하는 데 사용할 수 있다 (It is an activity in which 4 students in a group write a sentence on a fan-shaped sector of the inner circle. Then students rotate the circle board one sector and each student write a sentence in sector2 related to the first sentence in sector1.

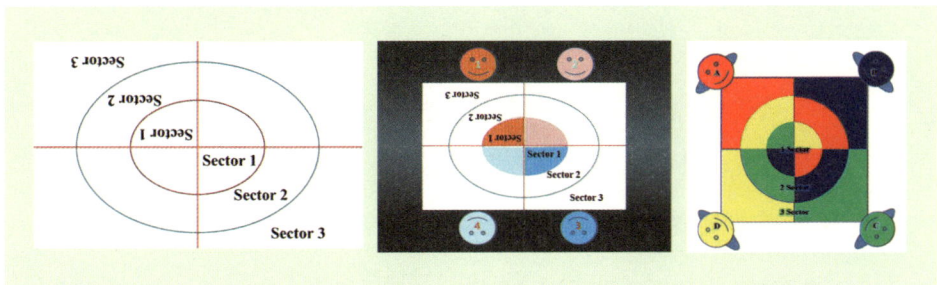

They do the same thing in sector3, and if possible sector4. This circle board can be used to teach grammar rules or extend from a word to a phrase to a sentence).

2. 장점(Advantages)

1) 단어, 문법, 이야기 만들기에 사용할 수 있다(SCW can be used to teach many different things like words, grammar, making stories, and etc).

2) 다른 친구들의 생각을 알게 하고 더 나아가 친구들의 생각과 조화를 이루어 자기 생각을 확장시키는 데 적합하다(It gives students opportunities to recognize what other peers think differently and they can also expand their thoughts in harmony with peers' conception).

3) 학생들이 생각을 공유하고, 그 의미를 협상하는 연습 과정을 통해서 확장된 대화를 주고받음으로써 상호작용적 언어 학습을 야기하는 효과가 있다(It generates active participation and interaction because students can share their ideas, and get opportunities to practice on negotiating of meaning through extended conversational exchanges).

이 활동을 현재완료 수업에 활용한다면 다음과 같이 할 수 있다.

1. 모둠원 4명이 서로 다른 색깔의 펜을 가진다.
2. 첫 번째 원(제일 안쪽) 안에 4명의 모둠원이 동시에 동사(watch, travel, eat...)를 쓴다. 그런 다음 종이를 90도 돌린다.
3. 두 번째 원 안에 1번, 즉 옆 친구가 쓴 동사를 활용하여 현재완료(have watched, have traveled, have eaten, ...) 형태를 만든다.

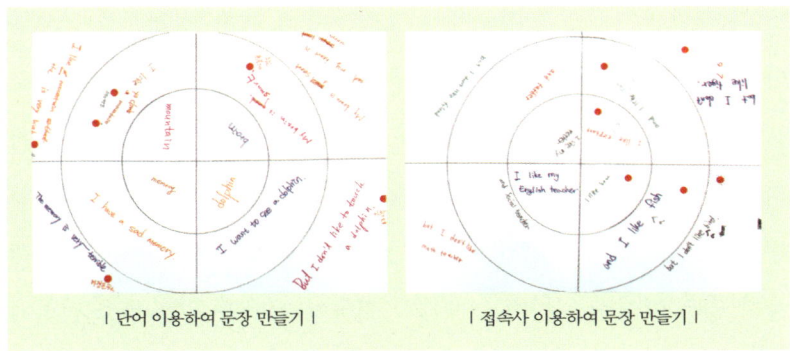

| 단어 이용하여 문장 만들기 | | 접속사 이용하여 문장 만들기 |

4. 90도 돌린다.

5. 세 번째 원 안에 2번, 즉 또 다른 친구가 쓴 것을 활용하여 완전한 문장 (I have watched TV for 3 hours, …)을 만든다.

6. 작성한 내용에 오류가 있는지 모둠 내에서 먼저 확인한다.

7. 옆 모둠으로 SCW 보드를 보낸다.

8. 다른 모둠의 SCW 보드의 오류에 스티커를 붙이고 이유를 쓴다.

9. 스티커가 가장 적은 모둠이 승리한다.

이 활동은 현재완료뿐만 아니라 단어 이용하여 문장 만들기, 본문 내용 정리하기, 가정법, 수동태, 비교급, 관계대명사, 의문문, 부정문, 평서문 만들기 등 다양하게 활용할 수 있다.

:: Gallery Walk Activity

먼저 각 모둠이 활동할 본문(Reading) 부분을 교사가 정해주거나 모둠원끼리 정한다. 모둠원의 영어 실력에 따라 한 학생은 본문 내용에서 새 단어를 조사한다. 다른 학생은 모둠에 주어진 단락을 해석하고,

또 다른 학생은 동영상 강의에서 강조한 중요 표현 및 구문을 분석한다. 네 번째 학생은 그 단락에 해당하는 문제를 만든다. 그리고 각 모둠의 학생들이 단어, 해석, 내용 분석, 문제내기 등을 각각의 다른 색지를 이용하여 완성하게 한다. 이렇게 하면 학생들의 실력에 따라 활동할 수 있으며 동시 다발적으로 참여가 가능하다. 교사가 미리 벽에 붙여 놓은 커다란 전지에 개개인의 활동이 끝나면 본인 모둠 전지에 붙인다.

활동 후 발표자는 자기 모둠의 전지 앞에 서서 다른 모둠원의 질문에 답하고, 나머지 학생들은 자기 모둠을 제외한 다른 모둠에 가서 활동 내용에 관해 질문과 평가를 한다. 이때 여러 가지 방법으로 평가할 수 있지만, 각 모둠에 스티커를 나누어주어 잘한 모둠에 붙이게 하는 방식으로 간단히 할 수 있다. 이렇게 하여 스티커를 가장 많이 받은 모둠이 점수를 얻는다. 이 활동은 모둠원끼리 서로 협업하면서 이루어지며, 자기 모둠뿐만 아니라 다른 모둠이 한 내용을 습득하는 좋은 기회가 된다.

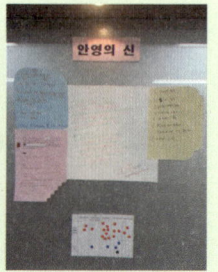

:: Diet Activity

교과서의 Listen & Speak/Conversation 부분에 관한 활동으로 모둠원 전원이 함께할 수 있다. 먼저, 각 모둠에서 한 명이 앞으로 나와서 교사가 보여주는 문장을 암기한다. 암기가 끝나면 빨리 본인 모둠으로 가서 암기한 문장을 모둠원에게 영어로 발화한다. 나머지 모둠원은 그 문장을 받아 적는다. 그런 다음 모둠원의 나머지 학생들도 같은 방식으로 활동한다. 이때 교사는 모둠원의 수준에 따라 짧은 문장에서 긴 문장을 제시한다.

예를 들면, 1번 학생은 제일 짧은 문장을 암기하게 하고 순번에 따라 4번 학생은 제일 긴 문장을 암기하게 한다. 그런 다음 마지막으로 모둠원이 협업하여 받아 적은 문장들을 대화의 순서에 맞춘다. 기존에

| 기존 Listen & Speak 학습지 |

| 거꾸로교실 Listen & Speak 학습지 |

| 학생들의 활동 모습 |

는 교사가 CD를 들려주고 학생들이 빈 칸을 매웠던 것을, 모든 학생이 활동하면서 친구들의 발화를 들으면서 받아 적는 방식으로 바뀌면서 수업이 아주 적극적이고 생동감 있게 진행된다는 장점이 있다.

::Making a Story Using New Words

매 과에 새로운 단어와 표현이 나온다. 이런 경우 여러 가지 활동을 할 수 있는데 그중 하나로 새 단어, 새 표현 혹은 핵심단어로 문장을 만드는 활동이다. 4명이 한 모둠일 경우 2명씩 한 조로 구성한다. 각 조에 단어카드와 A3나 B4 용지를 나누어준다. 2명의 학생이 단어카드를 이용하여 이야기를 구성한다. 그런 다음 모둠 안에서 혹은 다른 모둠원과 함께 이야기를 공유한다. 그런 다음 상대편의 스토리보드를 가지고 와서 문법적 오류에 스티커를 붙이고 이유를 적는다.

이 활동의 장점은 단어나 표현을 단순히 암기해서 알기보다는 실제 문장 내에서의 쓰임을 통해 알게 된다는 것이다. 또한 문법적 오류도 함께 찾음으로써 자신의 오류도 파악하게 된다. 뜻밖에 스토리를 구성하는 과정에서 학생들의 창의성을 엿볼 수도 있다.

::Relay Activity

단어 혹은 본문 내용 등의 학습이 잘 되었는지 확인하는 활동으로 먼저 각 모둠에서 1, 2, 3, 4번 주자를 정한다. 학생들에게 학습할 시간을 주고 교사는 준비한 모둠별 활동지를 교실에 붙인다. 일정 시간이 지난 후 1번 학생부터 나와서 학습지를 채워나간다. 이때 교사는 타이머를 가지고 각 주자마다 1분 혹은 2분을 준다. 또는 각 조에 5분

| 새로운 단어와 표현으로 이야기 만들기 1 |

정도의 시간을 주어 조원끼리 차례로 나와서 활동지를 채워나가게 해도 된다. 모든 턴이 종료되면 다른 모둠의 활동지를 가져가서 채점한다. 이 활동은 긴박감 속에서 학생들이 흥미를 가지고 할 수 있으며 수

| 활동 모습 | | 활동 모습 |

| 이니셜만 보고 본문 내용 채우기 |

준이 낮은 학생의 답란에 점수를 더 주는 것도 좋은 방법이다.

:: Grammar Battle

문법은 학생들이 다소 어려워하는 부분인데, 이 활동은 스스로 문법을 정리하고 친구들의 의견을 주고받을 수 있는 활동이다. 먼저, 개인별로 A3 혹은 B4 용지에 해당 과의 문법을 본인만의 방식으로 정리하고 2~3개의 문제를 만든다. 4인 1조가 한 모둠으로 각 모둠의 1번이

 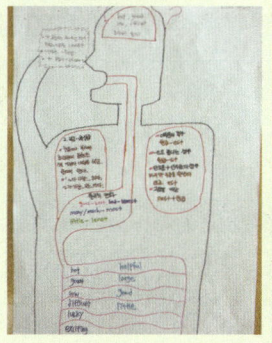 

시계 반대방향으로 한 칸, 2번이 두 칸, 3번이 세 칸 이동하면 서로 다른 조원 4명이 구성된다. 이렇게 구성된 조에서 본인이 만든 문법 보드를 순서대로 설명한다. 설명 중에 의문이 있으면 질문을 하되 설명자가 답을 못하면 평가표의 질문자 이름에 10점을 준다. 설명자 또한 자신이 만든 문제를 학생들이 못 맞히면 10점을 얻고, 맞힌 학생이 있으면 그 학생이 10점을 얻는다. 4명의 학생이 설명을 마치면 제일 매력적이고 이해가 잘되게 설명한 학생에게 30점을 준다. 같은 문법 내용을 3번 더 들으면서 좀 더 깊이 있는 학습을 가능 하게 하고, 본인이 가지고 있었던 지식의 오류도 찾을 수 있다. 문법을 표현하는 데 학생들만의 다양한 개성이 돋보이는 활동이다.

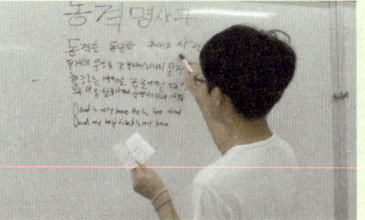

| 다양한 방법으로 학생들이 제작한 수업 동영상 |

| 학생들이 고안한 학습지 및 활동 |

:: 'Amolang' Project

교사들 사이에서는 '몰라교육과정' 혹은 '선생님 도와주기'라고 불리는 활동으로 학생들이 동영상과 학습지, 활동을 계획하고 수업을 진행한다. 학생들에게 모든 것을 맡기는 것이 불가능할 것 같지만, 거꾸로 수업을 계속해 온 학생들은 수업의 특성을 알기에 가능하다. 한 단원을 7개 모둠이 New Words, Listen & Speak/Conversation, Grammar 두 부분, Reading 세 부분을 각각 맡아서 각 모둠의 4명의 학생 모두가 수업 활동을 먼저 구상하고, 그중에서 2명은 수업 동영상을, 다른 2명은 학습지를 제작한다. 이렇게 7모둠의 수업을 모두 진행한 후에 각 모둠의 수업을 평가해보았다. 이 활동은 학생들의 기발한 활동 고안 및 학습지 제작, 높은 수준의 수업 동영상에 다시 한 번 놀라게 되는 계기였다.

:: 그 밖의 다양한 활동

영어 과목의 특성상 다양한 활동을 한다. 앞에 소개한 것 외에 여러 가지 활동을 간략하게 소개하고자 한다.

Vocbulary 영역

활동명	활동 방법
Word Hunt (지금 필요한 건 스피드)	1. 서로 다른 모둠원끼리 모인다. 2. 돌아가면서 영어로 말하면 한글에, 한글로 말하면 영어 단어에 동그라미를 먼저 치는 모둠원이 점수를 획득한다.
보물찾기 & 빙고	1. 교사가 영어 단어를 교실에 숨겨둔다. 이 경우 단어가 들어간 봉투를 모둠 수만큼 숨겨도 된다. 2. 모둠으로 빙고판에 한글 뜻을 쓴다. 3. 모둠원이 영어 단어를 찾아서 한글 뜻과 매칭시켜 먼저 빙고 5줄을 한 모둠이 점수를 획득한다.

Typography & Pictionary	1. 단어를 이용하여 그림을 그리거나, 단어를 유추하게 하는 만화 컷을 그린다. 2. 모둠별로 교실에 붙여서 알아 맞혀 보거나 잘한 모둠에 스티커를 붙여준다.
오목 활동	1. Pair로 영어 단어는 한글로, 한글은 영어 단어를 말하면서 오목을 둔다. 2. 잘 알지 못할 경우 그 자리에 오목을 둘 수가 없다.
Word Checker (평가자 활동)	1. 모둠별로 어휘학습을 한다. 2. 각 모둠의 한 명이 옆 모둠으로 가서 다른 모둠원을 평가한다.
Word Battle	1. 한 학생이 공격(attack) 부분에 단어나 문장을 쓴다. 2. 다른 학생이 수비(defence) 부분에 뜻을 쓴다. 3. 서로 바꿔서 한 번 더 한다.
Quizlet	1. 교사가 http://quizlet.com 접속하여 어휘를 입력한다. 2. 학생들에게 QR코드를 나눠준다. 3. 태블릿PC로 QR코드를 찍어서 접속하여 어휘 활동을 한다.
미션문장을 찾아라!	1. 단어 학습지를 모둠 수에 맞게 준비한다. 2. 각 학습지 뒷면에 알파벳(a, b, c, …)과 미션 문장에 있는 단어 하나를 적고 종이를 4등분 한다. 3. 8모둠인 경우 4등분 한 종이가 유형별로 총 8장씩 생기는데 앉은 자리에서 4인 1조로 같은 유형의 종이를 조원 수에 맞게 나누어준다. 4. 각 조에 우리말 뜻이 무작위로 적힌 큐카드를 한 장씩 나눠준다. 5분 동안 큐카드를 참고하여 각 조에서 자신들이 가진 유형의 종이에 있는 단어를 협력하여 채운다. 5. 단어를 다 채우면, 뒷면에 적힌 알파벳이 같은 친구를 찾으라고 한다. 그러면 새롭게 조가 만들어지고 학생들이 가진 종이를 합치면 단어 프린트 한 장이 만들어진다. 6. 새롭게 조원을 다 모은 조에게 개별 단어 프린트를 주고 친구들과 공유하며 완성하게 한다. 7. 8개 조가 가지고 있는 각 단어를 조합하여 문장을 만들면 통과한다.

Listen & Speak/Conversation 영역

활동명	활동 방법
카카오톡 이모티콘을 활용한 Dialog 완성하기	1. 카카오톡 이모티콘을 모둠에 나누어준다. 2. Pair로 Listen & Speak/Conversation 부분을 이모티콘에 부합시켜 다시 내용을 구성한다. 3. B4용지에 이모티콘을 붙이고 내용을 쓴다.
Forget Me Not	1. 각 모둠의 학생들은 영어 문장이 적힌 스트립(strip)을 받는다. 2. 각자 문장을 암기한 후 학습지에 적는다. 3. 본인이 외운 문장을 모둠에 말한다. 4. 나머지 학생은 그 문장을 받아 적는다. 5. 모둠원이 협업하여 각각의 문장으로 대화의 순서를 맞춘다.

모둠별로 Dialog 영상 찍기	1. 모둠별로 각자 역할을 분담한다.(소개하기, 대화하기, 자막 넣기 등등) 2. 태블릿PC가 있는 경우 'Movie Maker'나 'Intro Lite' 등의 앱을 이용하여 영상을 제작한다. 태블릿PC가 없는 경우는 휴대전화로도 제작이 가능하다. 3. 유튜브 등에 올려서 서로 평가한다.
Puppet Pals 앱을 이용한 Conversation	1. 인물을 먼저 고른다. 2. 교과서 대화 내용을 상황에 따라 2명, 혹은 여러 명이 녹음한다. 이 경우 수준에 따라 교과서를 재구성하여 녹음해도 된다. 3. 녹음한 부분을 서로 들으면서 체크한다.
바퀴벌레게임	1. 처음엔 모든 모둠이 다 바퀴벌레카드로 시작한다. 2. 모둠별로 대화를 암기한다. 3. 서로 다른 두 모둠이 암기 후 가위바위보를 해서 진화를 하게 된다. 4. 대결에서 승리하면 교사에게 닭 카드로 바꿔간다. 같은 카드끼리 대결할 수 있으며 승리 시 다음 단계의 카드를 받아간다.(진화단계 : 1.바퀴벌레 ⇨ 2.닭 ⇨ 3.고릴라 ⇨ 4.인간 ⇨ 5.KING)

Grammar 영역

활동명	활동 방법
풀 테면 풀어봐 (모둠 문제 만들기)	1. 모둠에서 수준을 달리하여 한 학생당 2~3개의 문제를 만든다. 2. 각 문제를 취합하여 모둠 큰 종이에 붙이거나 쓴다. 3. 교실에 모둠 문제지를 붙인다. 4. 돌아다니면서 문제를 풀이한다. 5. 같은 수준끼리 모여서 풀이한다. 6. 교사는 하 수준에서 계속 피드백을 준다.
문법 동영상 제작	1. 4인 모둠에서 pair로 한 학생은 문법 문제를 만들고 한 학생은 정리를 한다. 2. 태블릿PC를 활용하여 서로 한 부분을 영상으로 찍는다. 3. 가장 설명을 잘한 모둠에 점수를 준다.
Socrative	1. 교사가 http://www.socrative.com/에서 문제를 출제한다. 2. 학생들은 태블릿PC를 가지고 교사가 출제한 문제를 푼다. 개인별, 모둠별 둘 다 가능하다. 3. 교사는 즉각적으로 학생이나 모둠의 점수를 바로 알 수 있다.

Reading & Writing 영역

활동명	활동 방법
Rounding Quiz 대회	1. 모둠별로 본문에 관한 학습지를 학습한다. 2. 모둠 중 한 명이 평가자가 되어 채점표를 가지고 다른 조원들에게 문제를 낸다. 이때 반의 수준에 따라 기본적인 본문 해석부터 다양한 문제를 평가할 수 있다. 3. 동시에 모둠원이 다른 모둠으로부터 평가를 여러 번 받을 수 있으며, 평가자도 평가하면서 자연스럽게 학습한다.
깜짝 고사	1. 모둠별로 각 학생당 문제를 2~3명씩 출제 한다. 2. 모둠 안에서 취합하여 오류를 먼저 찾는다. 3. 고사가 취합하여 중복된 문제를 제외하고 정리한다. 4. 다음 차시에 학생들은 친구들이 출제한 문제를 가지고 시험을 치른다.
오류 찾기 활동	1. 전체 모둠은 오류가 50여 개 정도 되는 본문 학습지를 받는다. 2. 일정 시간 부여 후 모둠별로 협업하여 오류를 찾는다. 3. 모둠에서 무작위로 두 명의 학습지를 옆 모둠으로 보낸다. 4. 점수를 매겨서 적게 받은 학생의 점수를 모둠 점수로 한다.
Show Me the Money	1. 모둠에서 문제를 출제한다. 2. 문제 옆에 돈 액수를 기입한다. 카드에도 돈 액수를 적는다. 3. 한 명은 남고 3명은 다른 조에 가서 문제를 풀고 카드를 받아온다. 4. 돈의 액수가 가장 큰 모둠이 우승한다.
아이템 모으기	1. 모둠에서 2인 1조로 아이템(5~7문항)지를 푼다. 이때 교사는 한 아이템 당 5분의 시간을 준다. 문제에 따라 시간은 다를 수 있다. 2. 5분이 지나면 다음 아이템을 푼다. 3. 이렇게 모둠 수에 맞는 아이템을 풀이한다.
본문직소활동 (Jigsaw)	1. 교사가 모둠원 4인 각각에 다른 학습지를 준다. 2. 모둠에서 1번끼리, 2번끼리… 이렇게 모여서 같은 학습지를 학습한다.(전문가 집단) 3. 다시 원래의 모둠으로 간다. 이때 교사는 모둠 전체의 내용이 담긴 학습지를 학생들에게 나눠준다. 이것으로 각 부분에 해당하는 모둠원이 교사인양 나머지 모둠원에서 가르쳐준다.
이원화직소활동 (동갑내기 과외하기)	1. 전체 모둠을 두 부분으로 나눠서 서로 다른 학습지를 학습한다. 2. 두 명이 가고 두 명이 남아 다른 모둠원에게 설명하고 질문도 한다.
지식시장	1. 모둠에서 본문 내용을 분석한다. 2. 각 조에서 지식을 파는 두 사람이 먼저 자기 보드에서 지식을 판다. 3. 나머지 두 사람은 교사가 나눠준 학습지를 풀면서 다른 조에서 지식을 산다. 4. 가장 매력적인 보드에 가짜 돈으로 지식을 산다.
마블게임	1. 모둠별로 벌칙을 만든다. 2. 마블판, 카드, 주사위, 문제를 나눠준다. 문제는 마블판에 붙여도 되고 카드식으로 뒤집어놓고 풀이해도 된다. 3. 문제를 풀면서 마블게임을 한다.

Baskin Robbins 31 Game	1. 학습지 칸에 있는 문장을 읽는다. 이때 한 칸에서 세 칸까지 자유롭게 읽을 수 있다. 2. 계속 진행하다가 31번째 칸을 읽게 되는 학생이 탈락한다.
Story Board	1. 교과서 정리 단계에서 학생들이 본문 내용을 먼저 그림으로 나타낸다. 2. 키워드 10개를 찾아서 쓴다. 3. 키워드를 포함하여 요약한다. 4. 자연스레 내용 정리가 된다.
Mapping	1. Circle, Bubble, 나비 등의 여러 가지 맵이 그려진 학습지를 준다. 2. 학생들이 본문 내용을 정리한다.
Book Creator 앱을 이용한 책 만들기	1. Book Creator라는 앱에 본문의 내용을 적는다. 2. 이미지를 삽입한다. 3. 본문 내용을 녹음한다. 4. 관련된 문제를 낸다. 5. Cloud에 올린다. 6. 친구들이 만든 책을 보고 들어서 평가한다.
입학사정관제 활동	1. 대학별 입학 사정관 7~8명을 정한다. 이 학생들이 한 과의 한 파트씩 맡아서 문제를 만들어온다. 2. 면접자들은 각 대학별 즉 입학사정관 앞에서 문제를 푼다. 일정 점수를 획득하면 입학사정관이 합격증을 나누어준다. 3. 이렇게 여러 대학에 가서 문제를 풀면서 합격증을 받는다.

학생들이 생각하는 거꾸로교실

* 거꾸로 수업을 처음 들었을 때는 진짜로 거꾸로 하는 줄 알았다. 또 태블릿PC를 가지고 E-Book을 이용하여 흥미를 돋우게 하는 줄 알았다. 그런데 집에서 수업을 듣고 모르는 것을 다시 돌려서 볼 수 있어서 편안하게 공부가 되었고 영어 수업이 시작하고 있다가 정신 차리면 수업이 끝났을 정도로 재미있고 머리에 공부한 것이 쏙쏙 들어온다. 신세계 수업이면서 체육보다 더 재미있는 수업이다. 〔쌤에게 한마디〕 쌤, 이렇게 영어가 재미있는 줄 몰랐습니다. 이 수업을 해주셔서 감사하고 존경합니다. 그리고 이 수

업 계속해주세요!_동평중 2학년 박수철

* 처음 거꾸로 수업을 할 때 어떻게 수업을 할지 궁금했다. 거꾸로 수업은 선생님께서 만드신 강의를 집에서 듣고 와서 영어 시간에는 선생님께서 주신 활동지를 모둠원과 함께 해결하는 수업 방식이다. 원래 나는 수업 시간에 꾸벅꾸벅 조는 편인데 거꾸로 수업은 재미있고 유익해서 잠을 안 자고, 성적도 오르는 일석이조의 효과를 본다. 그리고 영어시험 전에 선생님께서 만드신 영상을 다시 보면 시험에 엄청나게 도움이 된다. 나의 조그마한 바람이지만, 전 과목을 거꾸로 수업을 하고 싶다. 나에게 거꾸로 수업은 만화책과 같다._동평중 2학년 김민재

* 기존의 영어 수업은 재미도 없었고, 45분 수업이 60분인 것 같았고, 시간도 빨리 가지 않는 것 같고, 지루하니 잠도 오고 했다. 하지만 거꾸로 수업으로 영어 수업이 바뀌고 나니 45분 수업이 20분인 것 같고 활동적으로 참여하다 보니 잠도 안 오고 재미도 있다. 모둠으로 하니 서로 따로따로 공부하는 것보다 모르는 부분도 같이 알아가게 되고, 귀로 수업을 듣는 것보다 인체의 감각을 활용해 수업을 하니 기억에 오래 남는다. 영어를 처음 배운 때는 초등학교 3학년이지만 영어 공부의 재미를 처음 배운 것은 중학교 2학년 2학기 때부터이다._동평중 2학년 박기범

* 수업이 능동적으로 흘러가다 보니 '정말로 내가 학습을 하는구나'라는 생각이 들어서 기존의 공부 방식에서는 느낄 수 없었던 열의와 의욕을 느꼈다. 그러니 수업 태도와 분위기가 한결 좋아지고, 자연스레 시험 점수도 상승하게 되었다._동평중 2학년 손경민

* 거꾸로 수업을 하기 전에는 항상 영어 시간이 싫었다. 가끔 졸기도 했고 일주일 중 영어가 안 든 하루는 정말 행복했다. 하지만 2학년 되어서 거꾸로 수업을 하니 정말 재미있다. 수업 시간에 잠도 오지 않고 '오늘은 무슨 활동을 할까?'라고 항상 기대된다. 영어가 재미있는 과목이라는 것을 일깨워주신 안영신 선생님께 정말 감사하다고 말씀드리고 싶다._동평중 2학년 박건우

* 거꾸로 수업을 하면 소심하고 적극적이지 못했던 친구들 또한 밝고 적극적으로 변하게 할 수 있다. '거꾸로 수업은 선택이 아닌 필수이다.'_동평중 2학년 최윤성

* 거꾸로 수업을 처음 만났을 때 휴대전화로도, 컴퓨터로도 온갖 매체를 통해 수업을 듣는 게 신기하고 매우 재미있었다. 이 수업을 하고 나서 수업이 매우 재미있어지고 자신감도 생기도 성적도 올라서 기분이 좋다. 또 수업 시간에 잠도 절대 자지 않고 열심히 하는 엄청난 모범생이 되었다. 나는 앞으로도 이런 수업을 계속하고 싶다._동평중 2학년 김지민

* 거꾸로교실 방송(KBS)을 보고 '나는 저런 수업 언제 해보지?'라는 생각을 했다. 당시 나는 영어를 매우 싫어했다. 문법도 어려웠고 단어도 어려웠다. 그러나 2학년 1학기에 처음으로 거꾸로 수업을 하게 되었는데 예상외로 영어를 공부하는 게 쉽고 재미있게 느껴졌다. 그래서 영어 점수를 90점 이상으로 유지했다. 거꾸로 수업은 영어에 대한 두려움을 없애주었다._동평중 2학년 감경부

* 나는 2학기에 영어 엘리트 반을 거꾸로 수업을 진행 중이신 안영신 선생님과 함께 수업한다 하여 처음엔 반신반의했다. 1학기

에 실력반 친구들이 안영신 선생님의 거꾸로교실이 재미있다면서 칭송하기도 했지만, 강의 듣기도 귀찮은 단점이 있을 거라 생각도 했다. 그러나 직접 거꾸로교실에 참여해보니 부정적인 생각은 깔끔히 지우고 긍정적으로 참여하게 되었다. 원래 영어 과목을 매우 싫어하고 흥미가 전혀 없었는데 거꾸로교실을 하고 나서 성적은 둘째 치고 영어에 대한 흥미가 매우 높아졌다. 거꾸로교실이 미래의 수업 방식으로 인정받아 우리 학교 친구들뿐만 아니라 다른 학교 친구들도 이 멋지고 획기적인 수업을 받으면 좋겠다. 남은 시간에 진행될 예정인 우리끼리 강의를 만들고, 우리끼리 수제 학습지를 제작하며, 수업을 하는 '몰라교육과정'도 많이 기대된다. 선생님, 우리 동평중학교에서 거꾸로교실을 해주셔서 감사합니다._동평중 2학년 공명준

7장
잘 가르치면, 잘 배우는 걸까?

경북 구미 오태중학교 김혜진

바라보기 : 나는 수업을 잘해왔나?

나는 어릴 때부터 선생님이 되고 싶었다. 초등학교 선생님이냐, 고등학교 선생님이냐는 중요하지 않았다. 국어 선생님이냐 수학 선생님이냐 하는 것도 별로 중요하지 않았다. 내가 선생님이 되고 싶은 이유는 단 두 가지였기 때문이다. 한 가지는 학생들을 바른길로 이끌어주는 사람이 되고 싶은 것이었고, 다른 한 가지는 학생들에게 지식을 제대로 전달해주는, 수업을 잘하는 선생님이 되고 싶은 것이었다. 교사가 된 지금 와서 생각해보니 인성 교육(생활 지도)도, 교과 교육(수업)도 잘하는 선생님을 바랐던 것이다.

그런 내가 처음으로 발령받은 곳은 포항의 한 중학교였다. 꿈에 그

중학교 이야기 157

리던 첫 출근 날은 1학년 학생들의 입학식이었다. 교장 선생님께서는 운동장 앞에 서 있는 나를 보며 "1학년 4반 담임은 신규교사 김혜진 선생님입니다!"라고 소개하셨다. 내가 초임이라는 사실이 전교생과 학부모들에게 공개된 것이다. 그래서 나는 학생들에게 무시당해서는 안 되겠다는 마음으로 수업 준비를 악착같이 했다. 교과서 내용을 구조화시켜서 멋지게 정리하고 대본까지 짜서 수업에 들어갔다.

그렇게 최선을 다해서 준비한 수업 시간은 나의 예상과는 정반대였다. 학생들 대부분이 떠들고 노는 게 아닌가! 낭패감을 숨길 수 없었다. 열심히 준비했던 만큼 더욱 서운했고 이내 화가 났다. 내가 어려서 그런가, 초임이라는 걸 알아서 그런가 싶어 권위의식을 가지고 심하게 혼을 냈다. 하지만 그럴수록 아이들과의 관계는 멀어지고, 아이들의 수업 태도도 더 나빠졌다.

첫 부임 후 1년을 마치고 겨울방학 내내 고민한 결과, 나름의 결론을 내려보았다. 수업을 진행하며 최소한의 규칙을 세우고 그 규칙을 지킴에 있어서는 권위를 갖되, 수업 내용만큼은 재미있게 가르쳐야겠다는 것이었다. 학생들이 흥미를 잃지 않을 교수 방법을 고민하다 보니, 그때부터 모든 경험을 교과 내용과 연관 지어 생각해보는 습관이 생겼다. 다양한 비유를 위해 TV를 전보다 많이 시청했고 여러 분야의 책을 읽으려 노력했다.

이런 노력은 나름의 결실을 보았고, 학생들은 전보다 수업에 집중하기 시작했다. 수업 시간에 사진과 동영상을 보여주는 것이 반응이 좋다는 사실을 알 수 있었으며, 교과서가 아닌 책에서 읽은 정보를 알려주면 특히 경청하는 모습을 볼 수 있었다. 무엇보다 학생들이 가장 재미있어하는 것은 나의 실제 경험 이야기였다. 내가 겪은 일을 말해주다가 자연스럽게 교과 내용과 연결 지어서 설명하면 많은 학생이 이야기에 빠져 수업을 놓치지 않고 들어주었다. 새로운 학기가 지날 때쯤 "선생님, 사회 수업이 재밌어요." "사회 시간은 빨리 지나가요"라는 말을 들었고, 나는 마치 명강사가 된 것 같은 기분이 들었다.

이후 나는 전공을 좀 더 전문적으로 살릴 수 있는 고등학교로 발령받아 설레었다. 그러나 기대와 달리 나는 수업을 제대로 할 수가 없었다. 업무가 너무 많았기 때문에 새벽 1시까지 일하고 새벽 5시에 일어나는 생활을 반복해야 했다. 잠이 부족할 만큼 업무가 많았던 것은 사실 내가 원했기 때문이기도 했다. 그 당시 나는 세상에서 가장 사랑하는 아버지를 한순간에 사고로 잃었고, 그 충격을 어떻게 극복해야 할지 몰랐다. 어떻게든 열심히 일을 계속해야 힘든 시간이 빨리 지나갈 수 있다고 믿으며, 여러 가지 일을 자발적으로 떠안기 시작했다. 학교에 있는 동안 쉬는 시간도 없이 일만 했고, 심지어 수업 도중에 불려 나가 일을 처리할 때도 있었다. 생활지도 역시 만만치 않았다. 일주일에 두 번씩은 학교 기숙사 사감 역할을 맡아야 했고, 담임을 맡고 있던 반에서는 크고 작은 사고가 하루에 한두 건씩 터져 정신이 없었다.

그럼에도 불구하고 나에게 가장 큰 스트레스는 수업을 마치고 교실을 나올 때의 만족스럽지 못한 느낌이었다. 수업 준비가 현저히 부족한 상황에서 교실에 들어서기가 무서웠고, 수업 도중 학생들의 눈빛을 보는 것이 두려웠다. 정기고사를 치고 난 어느 날, 한 여학생은 나를 노려보며 "선생님이 시험문제를 잘못 내서 제 점수가 나쁘잖아요"라고 하며 울기 시작했다. 나는 내 잘못이 아니라고 떳떳하게 말하지 못했다.

오히려 같이 따라 울고 싶은 마음을 간신히 참아야 했다.

　그 시절 나는 최선을 다해 바쁘게 살며 개인적인 아픔을 버티고 있었지만, 수업만 냉정히 평가한다면 절대적으로 부족했음을 스스로 잘 알았기에 자책할 수밖에 없었다. 우리 반 아이들도 잘 챙겨보려 애를 썼으나, 반 아이들과 학부모님들은 바쁜 나를 원망했다. 이 모든 악순환을 극복하려고 잠을 더 줄일수록 몸은 급격히 지쳐갔다. 두통과 복통은 기본으로 따라 다녔고, 어지러워서 가만히 서 있기도 힘들 지경이었다. 진지하게 교사를 그만둘까도 생각했었고 더 나쁜 생각도 했었다. 심신이 약해지니 별생각이 다 들었나 보다.

　그해 여름방학, 몸과 마음이 지친 채로 일정 연수를 받았는데 그때 나는 소위 말하는 농땡이 학생과 다를 바가 없었다. 출석부에 이름만 써놓고 병원에 가거나 수업 시간에 기숙사에 들어가서 울다가 잠들기도 했다. 항상 맨 뒤에 앉았고 의미 없는 낙서를 하거나 스마트폰을 만지며 시간을 때웠다. 그 시절의 나에겐 일정 연수가 아무런 의미가 없었다. 연수를 미룰까도 생각했지만, 연수를 미루면 학교에서 전과 동일한 상황을 다시 맞닥뜨려야 했다. 그것을 떠올리니 미칠 듯이 두려워 그러지도 못했다.

　그러나 불량한 학생으로 보낸 이 경험은 교사로서 큰 전환점이 되었다. 학생들도 개인적인 사정이 있을 수 있다는 것을 뼈저리게 느끼며, 교사로서 한 번도 생각해보지 못했던 관점이 새롭게 생긴 것이다. 가만히 앉아 있는 것조차 괴로운데 어떻게 수업에 집중할 수 있겠는가. 다른 생각을 하다가 수업 내용을 놓쳤는데 어떻게 그다음 내용을 이해할 수가 있겠는가. 부모님이 이혼한다는데 도대체 공부가 하고 싶은 의욕이 나겠는가. 이렇게 생각하니 집중하지 못하는 학생들을 진심으로 이해할 수 있게 했고, 또한 그것이 교사의 잘못이 아니라는 것을 깨우치게 되었다.

시간이 흐른 후, 나는 지금 근무하고 있는 구미의 중학교로 발령을 받았다. 심기일전하여 포항에서의 경험을 살려 수업 시간을 재밌게 구성하려고 애썼다. 일정 연수 때 깨우친 점이 있었으므로, 수업에 집중하지 못하는 아이들은 혼내기보다는 다독여주었다. 다행히 학생들은 잘 따라주었고 수업도 집중해서 열심히 들었다. 다만 이번에는 '이렇게 수업을 잘 듣는데, 왜 시험점수가 낮을까?' 하는 의문을 가지게 되었다. 학생들의 수업 태도는 나무랄 데가 없으니 내가 수업을 더 잘하기 위해 노력해보기로 했다.

쑥스러웠지만 내 수업을 동영상으로 찍어서 모니터해보기로 마음먹었다. 표정이 나쁘진 않은지, 시선 안배를 골고루 잘하는지, 목소리 톤이 지루하지 않은지 등을 객관적으로 살펴보려고 교실 뒤쪽에 카메라를 설치하고 촬영했다. 어린 시절부터 부끄러움이 많았던 나는 '용기 있게 찍은 그 영상'을 제대로 보기가 어려웠다. 켰다가 껐다가 빨리 넘기기를 수차례, 도저히 손발이 오그라들어서 내 얼굴을 보지 못하고 수업을 듣는 학생들의 뒤통수에만 시선을 두고 영상을 보았다.

그러다 '아차!' 싶었다. 학생들의 뒤통수만 보아도 알 수 있었던 건 내가 아무리 좋은 자료를 보여주고 재미있는 이야기를 들려주어도 졸고 있는 학생은 졸고, 딴 생각을 하는 학생은 딴 생각을 한다는 사실이었다. 그동안 나는 나와 눈이 마주치는 아이들만 보고 수업하다 보니 아이들 모두 열심히 공부하고 있다고 착각한 것이다. 포항에서, 구미에서 내가 명강사가 된 것 같은 느낌은 나 스스로 도취했던 것인지도 몰랐다.

학생들의 입장에서 이해하는 눈을 길렀음에도 불구하고 왜 학생들을 더 잘 이해시키는 수업은 해내지 못했을까? 내가 더욱더 열심히 가르치면 해결되는 문제일까?(교사들은 대부분 이런 역경에 부딪히며 회의감을 느껴본 적이 있을 것이라고 생각한다. 남은 교직 생활 동안 쭉 그래야 한다는 절망감까지…)

이유 찾기 : 왜 그럴까?(더 열심히 가르치면 해결될까?)

피아노 선생님이 멋진 피아노 연주를 보여준다고 해서 그것을 배우는 학생이 피아노를 한 소절이라도 직접 칠 수 있을까? 수학 선생님이 칠판을 가득 메우며 문제풀이 방법을 훌륭하게 설명해준다고 해서 그것을 본 학생이 비슷한 문제라도 스스로 풀 수 있을까?

결국, 학습자가 직접 스스로 학습해야만 진정한 배움이 일어난다! 교사가 아무리 잘 가르쳐도 소용이 없다. 훌륭한 수업을 한다고 박수는 받을지 모르겠지만, 배움이 일어나는 것은 학습자의 몫이다. 실제로 동일한 학생들을 대상으로 연구한 결과가 있다. 수업을 잘하는 교사의 수업을 들은 내용과 수업을 못 하는 교사의 수업을 들은 내용을 시험으로 검증해보았는데 점수가 비슷했다고 한다. 교사가 수업을 잘하든 못하든 간에 학생이 집에 가서 공부하는 노력에 따라 점수가 나오기 때문이 아닐까?

거꾸로교실에서는 교사의 수업을 디딤영상으로 대체하고, 수업 시간에는 학생들이 서로 도와서 학습을 한다. 피아노 수업에 비유하자면 수업 시간에 선생님의 피아노 연주를 보는 것이 아니라, 학생이 피아노를 직접 쳐보는 수업 형태이다. 수업 시간에 친구들과 함께 서로 어떤 점이 부족한지 깨우쳐주고 피아노 연주를 연습해보는 것이다. 멋진 피아노 연주는 인터넷으로 얼마든지 감상이 가능하다. 집에서 보고 또 볼 수 있다.

피아노를 배우러 간 학생이 되었다고 상상해보라. 기존의 강의식 수업처럼 수업 시간에 선생님의 피아노 연주만 보고 집에 가서 혼자서 연습해보는 것보다는 훨씬 더 연주 실력이 좋아질 것이라는 생각이 들지 않는가? 친구들과 선생님이 나의 피아노 연주를 모니터하고 있다면 실수하지 않고 멋지게 해내고 싶을 것이다. 피아노 수업뿐만 아니라 수학, 사회, 체육 등 그 어떤 수업을 떠올려 상상해보아도 결론은 마찬가지다.

실은 모든 선생님이 학생과 비슷한 입장을 경험하고 있다. 바로 교무회의 시간이다. 교무회의는 새로운 정보를 듣고 기억해야 한다는 점이 수업 시간과 유사하다. 대개 교무회의 시간에 교사들은 매우 중요한 정보를 전달받는다. 다른 교사들처럼 나도 교무수첩에 그 정보를 부지런히 받아 적는다. 가끔은 꾸벅꾸벅 졸기도 한다. 그러다가 방금 안내된 행사의 날짜를 놓치면 나도 모르게 옆에 있는 선생님께 말을 걸어 "○○선생님~ 그 행사 언제 한다고 했어요?"라고 묻는다. 왜냐하면, 부장님의 말씀을 끊을 수가 없기 때문이다. 말씀하고 계시는 부장님이나 앞에 계시는 관리자가 보기에 이러한 교사의 행동은 우리가 학생들에게서 보는 문제 행동과 비슷하지 않을까? 그러니 그분들도 속으로는 '저 선생은 자주 조는군.' '지방 방송 좀 끄지?' '내 말을 진지하게 듣고 변화를 좀 하란 말이야.' '나도 하고 싶어서 이러고 있는 게 아니라고' 하는 생각을 하시지 않을까 싶다.

왜 그럴까? 새롭고 중요한 정보를 전달받고 있는데도 왜 지겹고 무의미한 시간이라는 생각이 자꾸만 드는 것일까? 전달자 입장에서도 왜 힘든 시간인 걸까? 생각해보건대 그 이유는 '일방적인 전달'에 있다. 강의식 수업에서 일방적으로 듣기만 하는 학생들이 힘든 것과 마찬가지다. 이것은 다시 말해 1대 다수의 대화에서 일어나는 단점이라고 할 수 있다. 이미 아는 정보도 또 들어야 하며 의문점이 생겨도 강의를 중단시키지 못하고 그냥 듣고 있어야 한다. 전체 진행에 방해가 되면 안 되기 때문이다. 1대 다수의 대화의 문제점은 친구들과 수다를 떨 때도 나타난다. 즐겁게 대화를 나누고 있는데 한 친구가 일방적으로 계속 자기 이야기만 하는 경험을 한 적이 있지 않은가? 듣고 있는 친구들은 점점 지쳐가고 어느 순간 다른 생각을 할 것이다.

수업 시간에 '일방적으로 전달'받는 학생들도 교사들과 똑같은 사람이다. 방금 못들은 내용을 옆 친구에게 물어볼 때도 있고, '배가 고프다' 등의 잡생각에 빠지기도 할 것이고, 몸이 피곤해서 졸릴 때도 있을 것이다. 교무회의 시간에 교사들을 지켜보는 교장 선생님도 아마 교장단 연수에 참가하여 듣는 입장이 되면 옆에 앉은 분과 잡담을 나누기도 하고 스마트폰을 만지기도 하며 졸기도 하실 것이다.

교사와 교장과 학생은 다 똑같은 '사람'이라는 사실을 인지하자. 자기가 처한 상황에 따라서 생각과 행동의 패턴이 달라질 뿐이다. 학생들이 어려서 또는 소양이 부족해서 수업 시간 내내 집중하지 못하는 것이 절대로 아니다.

교무회의 시간에 '일방적으로 전달'받은 정보는 받아 적어 놓았다가 필요할 때 다시 찾아본다. 만약에 놓쳤더라도 교내에서 주고받는 메신저를 통해서 찾아보면 알 수 있다. 그렇다면 '전달해야 할 정보' 목록은 메신저로 전달받고, 교무회의 시간에는 정말로 토의하는 시간이 주어진다면 진정한 회의가 이루어지지 않을까? 교사들은 메신저를 먼저 읽어본 뒤 의문점을 가지고 회의에 참여할 수도 있을 것이며, 회의 시간 중에 내용을 파악하며 궁금한 점을 정리할 수도 있을 것이고, 회의가 끝난 후 필요할 때 다시 찾아서 읽어볼 수도 있을 것이다.

앞서 설명한 메신저를 활용한 교무회의 방식은 거꾸로교실의 수업 형태와 흡사하다. 거꾸로교실 속에서 학생들은 수업 전에 디딤영상을 보고 올 수도 있고, 수업 중에 교과서를 읽어볼 수도 있고, 수업에 참여한 후에 필요한 디딤영상과 그 외의 자료를 찾아볼 수 있다. 중요한 것은 학생들이 궁금해서 공부할 내용을 찾아보고 싶게 만들어야 한다는 것이다. 그리고 학습 방법 자체를 습득할 수 있도록 도와주어야 한다. 교사가 '일방적으로 지식을 전달'하려고 하면 교사도 학생도 서로 힘든 요소가 많아질 뿐이다. 오늘날은 지식과 정보가 사방에 널려있기 때문에 이런 현상은 더욱 심해지고 있다. 교사가 지식을 많이 가지고 있음으로 인해서 가지는 권위는 사라지고 있다는 점을 명심해야 한다.

방법 찾기 : 그렇다면, 도대체 어떻게 해야 하나?

내 수업이 강의식 수업에서 벗어나야만 하는 이유는 확실해졌다. 그렇지만 '1명의 교사와 30여 명의 학생이 존재하는 수업에서 어떻게 그것이 가능할 수가 있지?'라는 의문이 앞섰다. 물론 가장 쉬운 방법은 학생들끼리 서로 묻고 답하도록 하는 것이다. 그렇지만 '학생들끼리 모이면 공부를 할까? 분명히 다른 이야기를 하고 놀 텐데….' '다른 반에 방해될 만큼 시끄러우면 어떡하지? 내가 통제할 수 있을까?' 온갖 걱정으로 막상 아무것도 시도할 수 없었다. 도서관에서 학생이 중심인 수업과 관련된 책을 많이 찾아보아도 모두 이론적으로만 가능한 이야기 같이 느껴졌다.

그러던 어느 날, 우연히 KBS 파노라마 〈21세기 교육혁명-미래교실을 찾아서〉 1부. 거꾸로교실의 마법' 재방송을 보게 되었고 한 줄기 빛을 발견했다! 모둠 간에 질문 공격을 하면 우려하는 문제점이 해결되겠다는 생각을 한 것이다.

방송을 보다가 내가 고안해낸 질문 공격 패턴은 학생들 중 한 명이 다른 모둠의 학생 한 명을 지목해서 질문하면 반드시 그 학생이 답변해야 하는 것이었다. 그리고 지목받은 학생이 답변하지 못하면 해당 모둠 전체가 벌칙을 수행하는 규칙을 정했다. 이렇게 하면, 학생들이 자신에게 언제 질문 공격이 올지 모르니 긴장감을 가지고 공부하게 되리라 예상했다. 또한, 같은 모둠 친구들이 답변하지 못하면 자기도 같이 벌칙을 수행하게 되니 옆의 친구들까지 공부를 시키려고 노력할 것 아닌가. 따라서 모둠 내에서 서로 질문하고 답변을 하는 이른바 '하브루타' 활동이 저절로 일어날 것이라는 희망에 다다랐다.

이때가 작년인 2014년 4월이었다. 그 당시 나는 중학교 1학년 학생들에게 '지중해성 기후 지역이 여름철에 건조한 이유'를 가르치고 있었다. 이유를 설명하기 위해서는 우선 지구의 대기대순환과 기압대의 이동을 이해시켜야 했다. 첫 번째로 칠판에 그림을 그려서 설명한 후 필기하게 했고, 지구본을 들고 내 얼굴을 태양으로 비유한 다음 지구를 공전시켜가며 설명하기를 또 한 번, 컴퓨터를 연결해서 동영상을 보여주며 설명하기를 또 한 번. 그렇게 해도 명확하게 이해했다는 학생은 몇 명 없었다. 평소보다 어려운 내용이 나오면 이해해보려는 의지조차 없는 학생이 꽤 많았다. 소그룹 과외가 아닌 이상, 내가 해결해줄 수 없는 문제였다. 이런 상황을 너무나 안타까워하던 시기에 거꾸로교실에 대한 방송을 본 것이다.

그다음 날 당장 아이들에게 거꾸로교실을 소개해줬다. 아주 솔직하게. "선생님이 TV를 보다가 새로운 수업 형태를 접했어. 친구들이 학습 내용을 제대로 이해하고 있는지 친구끼리 서로 물어보고 답변해보는 수업 형태야. 선생님이 지중해성 기후에 관해서 설명을 여러 번 해도 이해하기 힘들었잖아? 너희끼리 서로 물어보고 답변해보는 거야. 만약 다음 수업 시간에 너희가 말하는 수업을 해보고 싶다면, 지금 앉은 자리에서 책상만 돌려서 4명씩 모둠을 만들어줘. 수업 시작 전에 모둠을 만들어놓는다면 선생님이 새로운 수업을 한번 해볼게."

다음 수업 시간, 학생들은 내가 교실에 도착하기 전에 모둠을 만들어놓았다. 순간 '앗, 그동안 내 수업이 재미있다고 말한 건 선의의 거짓말이었나' 하는 생각도 들었지만, 내가 해보자고 하는 대로 따라와

오리엔테이션 노하우 소개

노하우라는 표현이 다소 부끄럽지만, 내 경험으로는 첫째, **학생들에게 선택권**을 주는 것이 가장 중요하다고 생각한다. 교사가 독단적으로 결정해서 시작해버리면 반발심이 생긴다. 학생들이 선택해서 하게 되면 자발성이 커진다는 점이 좋았다.

두 번째로 중요한 점은 '**선생님도 이 수업의 성패를 알 수 없다**'는 인상을 주는 것이다. 작년에는 편안하게 도전해본다는 마음가짐으로 시작했기에 나와 학생들이 함께 위기를 극복해나갔다. 이후 나는 자신감이 붙어서 올해는 아이들에게 거꾸로교실의 성공을 호언장담했다. 그러나 그것이 오히려 수업을 힘든 방향으로 이끌었다. 나의 자신만만한 태도 때문에 학생들은 수업에서 문제점이 발견될 때마다 내가 모든 것을 해결해주기를 바랐다. 함께 상황을 극복해보려는 주체 의식이 작년보다 훨씬 떨어졌다.

세 번째로 중요한 것은 **짧게** 오리엔테이션을 해야 한다. 올해 첫 시간, 오리엔테이션을 잘해볼 생각으로 다양한 이야기를 해주었다. 말이 길어지니 학생들은 핵심을 놓치고 지루해하며 결정적으로 호기심이 사라져버렸다.

나의 실패를 거울삼아, 위의 3가지 유의점을 꼭 지켜 오리엔테이션 해보기를 권장한다.

주는 아이들이 사랑스러웠다. 그다음 반도, 그다음 반도 마찬가지였다. 대부분의 반에서 모둠을 만들어놓았던 것으로 기억한다.

그렇게 새로운 형태의 첫 수업이 시작되었다. 나는 다짜고짜 학습지부터 나누어주었다. 이미 2차시에 걸쳐서 수업했던 지중해성 기후 부분의 학습지였다.

내가 처음 나누어준 첫 번째 학습지(2014년)이다. 훌륭한 학습지라서 첨부한 것이 아니다. 이렇게 불친절한 학습지일수록 자기 주도적 학습이 잘 일어나며, 하브루타가 잘 이루어진다. 올해 초, 문장은 다 적혀있고 단어만 빈칸으로 주는 학습지(출판사에서 제공받은 학습지)를 제공해보았지만, 수업은 완전히 실패했다. 학생들이 빈칸에 단어만 적고 나서 공부를 다 했다며 만족해했기 때문이다.

1) 건기와 우기가 뚜렷한 지역으로의 여행		
지중해성 기후	위치	
	기후 그래프 대충 그리기	
	지중해성 기후는 (열대, 건조, 온대, 냉대, 한대) 기후이다.	
	여름 기온, 강수 특성	
	겨울 기온, 강수 특성	
	이러한 기후 특성이 나타나는 원인	
	지중해성 기후지역이 관광지인 이유	
	발달한 농업에 대한 설명	
	가옥 특징	
	이러한 가옥을 건설한 원인	
	축제	

나는 학습지를 나누어주고 학생들에게 다음과 같이 말했다.

"모둠 구성원들이 힘을 합쳐서 학습지의 빈 곳에 들어갈 말을 찾아야 해. 스스로 교과서를 읽으면서 찾다가 그래도 이해가 안 되는 부분은 서로 물어보기도 하고, 이해한 다음에는 옆 친구가 이해했는지 질문해보기도 하고, 서로 질문과 답변을 해야 서로 공부가 되는 거야. 너희끼리 아무리 대화를 나누어보아도 어려운 부분은 선생님을 찾아줘. 선생님이 그 내용에 대해서 잠깐 강의할게. 모둠 내에서 서로 묻고 답하는 공부가 잘되고 있는지 확인하기 위해 다른 모둠 친구를 지목해서 질문해볼 거야. 마치 스포츠 경기처럼 모둠 간에 질문 공격과 답변 방어를 해보려고 해. 질문에 답변을 잘하면 질문 공격권을 얻고, 답변을 못 하면 모둠 전체가 벌칙을 수행하는 걸로. 벌칙은 손들고 30초 정도, 어때? 더 좋은 아이디어 있으면 선생님한테 이야기해줘. 이 질문 스포츠는 ○○분에 시작한다."

아이들은 혹시나 자기에게 질문이 올까 봐 '답변 연습'을 열심히 했고, 모둠 친구가 답변을 못할까 봐 미리 '질문해주기'도 게을리하지 않았다. 지금까지 나에게는 질문을 한 번도 한 적이 없는 아이들도 자기들끼리는 "이건 왜 이런 거냐, 저건 왜 저런 거냐." 서로 열심히 질문했다. 어찌나 웃음이 나던지 그때의 감흥이 아직도 기억에 남는다.

드디어 예고한 시간이 되었다. 첫 번째 질문 공격권은 나와의 단체 가위바위보로 결정했다. 마지막까지 남은 가위바위보의 우승자가 질문 공격권을 얻었고, 다른 모둠의 한 친구를 지목했다. 공격권을 얻은 학생들은 대개 평소에 성적이 낮은 친구를 선택했다. 그런데 웬일, 만만히 여겨 선택한 친구들이 정답으로 방어를 해내는 것이었다. 교실 분위기는 반전드라마 그 자체였다. 시키지 않아도 박수갈채가 나왔고, 답변한 친구들은 쑥스러워하면서도 으쓱해 했다. 지목받은 학생이 답변을 못 하더라도 다행히 미움을 받거나 원망을 받지는 않았다. 같은 모둠 친구들이 "방금 공부했잖아~" "외웠잖아~" "네가 아까 말했었잖아~" 하면서 안타까워 해주었다. 또는 웃으면서 미리 벌칙 받는 시늉을 하기도 했다. 이 결과가 수행평가 점수에 반영되지도 않고, 잘한다고 해서 어떤 보상을 받는 것도 아니기 때문에 오히려 학생들은 내용에 집중할 수 있었던 것 같다.

그러나 몇 차시 반복하자 이 활동의 문제점이 속속 드러났다. 그 문제점은 다음과 같다(이 활동 방법 또는 거꾸로교실 자체의 문제는 아니다).

1. 질문한 학생과 지목받은 학생 외의 학생들이 집중하지 못함.
2. 지목받는 학생들이 정해져 있음.
3. 모둠 간 학습 수준 격차가 큼.
4. 벌칙이 유의미하지 않음.
5. 아직도 학습할 생각이 전혀 없는 학생들이 존재함.

이러한 문제를 학생들과 함께 터놓고 이야기했다. 수업에 들어가는 7학급 모두 수업 시간 한 차시를 할애하여 문제점도 같이 찾고, 해결책도 같이 찾았다. 학생들은 생각보다 진지하게 새로운 수업 방식에 대해 고민했으며 자기 의견을 이야기해주었다. 참고로 우리 학교 학생은 대부분 학교와 학원에 어쩔 수 없이 끌려 다니는 평범한 아이들이다. 하지만 선생님이 혼자 이끄는 수업이 아니라 자기들이 만들어가는 수업이다 보니 주인의식이 생긴 듯했다. 다음은 위의 5가지 문제점에 대해 나와 우리 학생들이 함께 마련한 해결 방안이다.

1. 질문한 학생과 지목받은 학생 외의 학생들이 집중하지 못함

먼저 지목부터 하니까 지목받지 않은 학생들은 관심이 없어진다. 따라서 질문을 먼저 한 뒤에 '내가 지목되면 뭐라고 대답하지?'라며 스스로 생각할 시간을 주고 답변자를 정하기로 했다.

2. 지목받는 학생이 정해져 있음

학생들은 내게 누가 지목될지 아무도 모르게 하는 방법으로 컴퓨터 랜덤 프로그램을 알려주었다. 좋은 아이디어라고 칭찬해주었지만, 노트북을 들고 와서 설치하고 빔을 켜는 것이 비효율적이라는 것이 나의 솔직한 의견이었다. 제비뽑기 종이와 상자를 만드는 것도 귀찮은 일이었다. 나의 게으름으로 인해서 '종이를 구긴 공'을 손으로 치는 방법을 고안했는데 공이 어디로 날아갈지 알 수 없으므로 쓸 만했다. 나중에는 게임처럼 옵션이 추가되어서 날아오는 공을 손으로만 쳐낼 수 있게 하기도 하고, 발로만 쳐낼 수 있게 하기도 했다. 마지막에 공이 떨어진 자리에서 가장 가까운 학생이 답변자가 되는 것이다.

3. 모둠 간 학습 수준 격차가 큼

불평을 해결하기 위해 모둠을 편성할 때 교과목 성적을 기준으로 골고루 섞어주면 좋겠냐고 물었더니 과반수의 학생이 그렇게 하기를 원했다. 교사가 먼저 이야기를 꺼낸 것이 아니라 학생들이 먼저 성적을 기준으로 모둠을 구성하자고 했기 때문에 불만은 없었다. 아이들에게 상처가 되지 않도록 "우리가 이렇게 앉은 이유는 성적으로 서열화하려는 것이 아니라 서로에게 좋은 학습 친구가 되고자 하는 것이며 모둠 간 격차를 줄이기 위함이기도 해"라고 지속해서 이야기해주었다.

모둠 간 성적 격차를 줄이는 모둠 구성 방법

① ABCD 모둠 구성 방법

사회 과목 성적순으로 4그룹을 만든 뒤 성적이 가장 높은 그룹의 학생을 A자리에 배정하고 그다음 그룹의 학생을 B, C, D 자리에 순서대로 배정하는 방법이다. 이렇게 성적 그룹별로 모둠을 구성하되, 같은 그룹끼리(A는 A끼리, B는 B끼리)는 원하는 대로 모둠 교체를 허용해준다.

A	B
C	D

A	B
C	D

A	B
C	D

② 짝+짝 모둠 구성 방법

2명씩 짝을 지으라고 한 뒤, 제비뽑기를 하여 모둠을 구성하는 방법이다. 한 개의 의자에 짝끼리 같이 앉으라고 하면 2명씩 짝지은 모습이 한눈에 들어와서 좋다. 짝이 다 이루어진 것을 확인한 후, 짝꿍 중에 대표 한명이 나와서 제비뽑기를 한다. 1을 뽑은 짝과, ㉠을 뽑은 짝이 하나의 모둠이 되는 것이다. 짝지을 때는 원하는 친구와 함께 짝이 되므로 스터디 메이트(하브루타 짝꿍)가 생기는 것이고, 4명이 한 모둠으로 모일 때는 랜덤으로 모이는 것이다.

| 1 | ㉠ | | 2 | ㉡ | | 3 | ㉢ |

짝지을 때 교과목 성적이 ○○점 이상 차이가 나야 한다는 규칙을 포함하면 공부를 잘하는 아이와 못하는 아이가 적절히 섞일 수 있다. 내 경우 15점 이상 차이가 나야 한다는 규칙을 주었다. 그리고 아이들에게도 다음과 같이 알려주는 것이 좋다. "성적이 높은 사람 두 명이 짝을 하면 공부가 잘될 것 같지만, 실제로 해보면 서로 모르는 부분을 확인해줄 수가 없어. 상대방이 알 것이라고 생각하고 넘어가는 내용이 많기 때문이야. 성적이 낮은 사람이 이해가 안 되는 부분을 물어봐 줄 때, 성적이 높은 사람은 진짜 공부가 돼! 설명하다 보면 자기 자신이 정말로 이해하고 있는 것이 아니라는 사실을 깨우칠 때가 많거든. 그때 진정한 배움이 일어나는 거야."

4. 벌칙이 유의미하지 않음

벌칙을 수행하면서 동시에 공부가 되도록 하고 싶어 아래와 같이 벌칙을 변경해보았다.

첫 번째 아이디어는 답변을 하지 못한 모둠 학생들이 화이트보드에 답변하지 못한 질문의 정답을 적어서 들고 서 있는 벌칙이다. 화이트보드는 B4용지를 코팅해서 만들었다. 그러면 반 친구들은 적힌 정답을 보고 맞다고 생각하면 머리 위로 ○, 틀렸다고 생각하면 X 표시를 하도록 했다. 아이들은 화이트보드와 보드마카를 서로 배달해주며 참 많이 웃었다.

두 번째 아이디어는 모둠 전체가 일어서서 손을 맞잡고 정답을 말해

보는 것이다. 대화를 통해 정답이 도출되면 한 문장으로 요약해서 동시에 외쳐야 한다. 한 명도 빠짐없이 외쳐야 자리에 앉을 수 있다. 이 방법은 간단하게 끝나서 좋았고, 말로 표현하도록 하는 효과가 컸다.

　가끔은 음악에 맞춰서 춤추기(조금만 움직여도 춤으로 인정), 엉덩이로 이름 쓰기. 남자 반에 가서 팔굽혀펴기 20회 등과 같이 학습과 관계없는 벌칙도 분위기 전환에 효과 만점이었다. 신기한 것은, 분위기 전환이 되니 학습 효율이 높아졌다는 것이다. 좋은 벌칙을 찾고 싶으면, 그 반 학생들에게 물어보면 된다.

> ### 벌칙만 주냐고? 보상은 어떻게 하냐고?
>
> 나는 잘하는 모둠에 보상을 해주어서 나머지 모둠이 기분 상하는 상황을 만들고 싶지 않았다. 또한, 보상이 있는 활동은 보상 자체가 목적이 되어버리기도 한다. 게다가 보상이 커질수록 부정행위와 지나친 경쟁이 난무하게 된다. 그래서 보상 없이 한 해를 보냈고 한 해 동안 아무도 보상을 바라지 않고 공부의 즐거움을 느꼈다.
>
> 올해 남학생 한 명이 먹을 것을 주면 공부를 하겠다고 했다. 그때부터 보상에 대해 고민하게 되었다. 외적 보상의 단점을 학창시절에 이미 경험한 적이 있었기 때문에 엄청 고민했다. 그런데 여러 선생님께 조언을 구해본 결과 '먹을 것을 보상으로 주는 것'에도 장점이 많다는 것이었다. 그래서 나만의 보상 방법을 정했다. 반 전체에게 보상을 주는 것이다. 요즘은 뻥튀기를 한 뭉치 사놓고 퍼주고 있다.

5. 아직도 학습할 생각이 전혀 없는 학생들이 존재함

학습을 하지 않으려는 아이들은 이유가 제각각이었다.

1) 친구들에게 계속 장난을 거는 산만한 학생

이 학생들에게 해결책을 직접 물어봤다. 너도 공부를 잘하고 싶은 마음은 있지 않느냐고. 어떻게 하면 공부가 되겠냐고 물었다. 그랬더니 각자 해결책을 제시해주었다. 어떤 남학생은 자기는 남자가 옆에 있으면 반드시 장난을 치게 된다면서 자기를 여학생들에게 둘러싸이도록 하면 된다고 했다. 또 다른 학생은 자기는 누구와 함께 있든 장난

치고 싶은 생각밖에 안 든다고 하면서 혼자 따로 하겠다고 했다. 실제로 이 학생들은 자기들이 제시한 방법대로 한 이후부터 훨씬 집중했다. 그러나 <u>스스로</u> 해결책을 제시하지 않는 학생도 있었다. 그런 학생들을 배움의 길로 인도하는 것이 가장 힘들었다. 솔직히 말해서 좋은 방법을 찾지 못했다. 학생의 달라진 모습을 보며 환희에 찼다가도 이전의 모습으로 다시 돌아가는 것을 보며 괴로워하곤 한다. 그러나 한편으로는 모든 학생이 사회 공부를 열심히 해야만 하는가 하는 의문이 들기도 한다. 끊임없이 고민하면서 방법을 찾아보아야 할 부분이라고 생각한다. 학생마다 상황과 성격이 다르므로 절대적인 정답은 없을 것이다.

2) 너무 게을러서 공부하기 싫어하는 학생

이 유형의 학생들은 만사 귀찮은 아이들이라 해결책을 물어봐도 귀찮아서 아무것도 하기 싫다고 대답한다. 이런 학생을 공부하게 하는 해결책은 오히려 다른 친구들이 알려주었다. 수업 시간에 공부하지 않으면 집에 가서 숙제로 더 많은 내용을 적어 오게 하면 된단다. 실제로 이렇게 했더니 서서히 참여하기 시작했다. 집에 가서 학습지를 그대로 베껴서 다 적는 것보다는 훨씬 편하니까 수업 시간에 '생각'하고 '말하기'를 점점 늘려갔다.

3) 말을 아예 하지 않는 학생

이 아이들은 교사인 내가 모둠에 들어가서 도움을 주는 방법을 써보기로 했다. 말을 하지 않는 아이들도 각자 마음의 상처를 받은 이유가

다 다르고 해결 방법도 다 다르다. 그 이유가 무엇이든 간에 친구들과 선생님이 애정을 쏟아서 좋은 방향으로 이끌어주면 대부분 마음의 상처가 아물어가는 모습을 보였다. 말을 조금씩 하게 되었다면서 감사 인사도 받았다.

4) 성격이 독특해서 왕따인 학생

소위 말하는 왕따를 당하는 학생들의 경우, 친구들이 모둠을 같이 하기 싫어하기 때문에 자신도 힘들고 친구들도 힘들어한다. 그래도 내 수업 시간에는 어쩔 수 없이 모둠 친구들과 대화를 해야 한다. 왕따인 친구가 대답을 해야 우리 모둠이 벌칙을 안 받으므로 학생들은 그 친구에게도 똑같이 질문을 하고 말을 시킨다. 그러다 보니 자연스럽게 전과 달리 관계가 긍정적으로 변해갔다. 자기 말투에 문제가 있다는 사실을 알게 된다거나, 친구들이 그 아이를 오해하고 있다는 사실을 알게 되어 오해가 풀린다거나 하는 등의 변화를 목격했다. 쉬는 시간에만 잠깐 대화를 나누다 보니 오해가 쌓이는 일이 많았던 것이다. 어떤 학생은 성격이 매우 독특해서 1년이 끝날 때까지도 친구들과 친해지지 못했다. 하지만 그 학생이 나에게 와서 말했다. 선생님 덕분에 친구들하고 말할 수 있어서 좋았다고, 거꾸로교실을 다른 학생들에게도 강력 추천 한다고.

5) 분노조절이 안 되거나 욕을 마구 쓰는 학생

이러한 유형의 학생들은 원래 학교에서 혼나는 일이 많고 교사와 사이가 나쁘다. 하지만 거꾸로교실에서는 그런 아이들의 행동이 반 전체에게 방해가 되지 않기 때문에 교사가 화낼 일이 없다. 학생을 혼내지 않고 자연스럽게 모둠 속에 들어가서 인간 대 인간으로 대화를 나눌 수 있다. 친구끼리도, 교사와 학생 사이에도 인간적인 대화가 가능하다. 교사와 학생과의 관계가 좋아지니 수업은 자연스럽게 진행되었다. 분노조절장애를 고쳐줄 수는 없었지만, 수업 시간에 분노가 치밀어 오르는 일이 줄어들었으며 친구들과의 사이도 점점 좋아졌다.

이 수업의 문제점과 해결 방안에 대해서 이렇게 자세하게 기록한 것은 여러 가지 이유에서다.

첫째, 교사와 학생 모두가 100% 만족하는 수업은 존재하지 않는다는 것을 잊지 않았으면 한다. 강의식 수업을 할 때도 서로가 얼마나 힘들었는지 생각해보자. 모든 학생을 만족하게 하려는 욕심을 버리자. 완벽주의 성향을 저 멀리 던져버리자.

둘째, 교사가 완벽하면 학생들은 주눅이 들고 교사를 부담스러워한다. 교사가 실패하고 넘어질수록 학생들은 마음이 편안하고 수업에 더 책임감과 자신감을 느끼며 교사를 오히려 도와주려고 한다는 것을 기억하면 좋겠다. 실패하는 모습, 실패를 딛고 일어서는 모습을 보여주자.

셋째, 다른 교사들과 소통할수록 서로 도움이 되고 위안이 된다는 것도 중요하다. 내가 만약 이 글에서 성공한 이야기만 늘어놓았다면 어땠을까? 나는 책 속에서만 존재하는 멋진 수업을 한 교사가 되어있고, 독자들은 실천할 엄두를 못 냈을 것이다. 교사들이여 문제점을 공유하고, 해결 방법을 공유하자. 실패는 부끄러운 것이 아니다. 실패가 두려워서 아무것도 도전하지 않거나, 실패한 채로 포기하는 것이 부끄러운 것 아닐까.

::수업 활동 방법 소개

학생끼리 '서로 가르치기' 유용한 활동(여러 차시 내용이 동시에 진행됨)

나는 Teacher다	[QR]	직소 모형(전문가 모형)에 교사-학생 역할 놀이 요소가 들어간 활동
지식시장	[QR]	직소 모형(전문가 모형)에 상인-손님 역할 놀이 요소가 들어간 활동

학생끼리 '서로의 학습 정도를 확인해주기'에 좋은 활동(한 차시 내용으로 끝)

고요속의 외침 (위스퍼 게임)	[QR]	하나의 문장을 귓속말로 전달하는 활동. 암기 또는 동기유발에 유용함
다이어트 게임	[QR]	교과서를 먼 곳에 두고 제한 시간 동안 왔다 갔다 하면서 학습지를 채우는 활동. 단순 암기에 유용하며 내용을 깊이 있게 이해하기에는 부적합
개념 원카드 게임	[QR]	모둠 구성원들이 돌아가면서 카드를 한 장씩 내려놓으면서 개념을 설명하는 원카드 게임 활동
밀당 게임	[QR]	카드를 내려놓으면서 카드에 적혀있는 단어가 들어가도록 문장을 만들어야 하는 스토리텔링 활동
명문대생 과외하기 (아이비리그 보내기)	[QR]	면접을 보면서 학습의 정도를 확인하는 활동. 과외하기 활동을 동시에 행하면서 '서로 가르치기'까지 가능함

질문 캐치볼		모둠 간 질문-답변으로 서로의 학습 정도를 확인해주는 활동. 질문자와 답변자 중 한사람의 말문이 막힐 때까지 깊이 있게 질문 가능

시험에 쉽게 접근하게 하는 방법

ABCD 쪽지시험		수준별로 상대평가를 하여 공부를 못하는 아이도 상대점수를 잘 받아서 모둠에 기여할 수 있는 쪽지시험
수능 쓰레기통		문제(정기고사, 수능, 고입선발고사 등)를 잘라서 옳은 보기는 보관함에 담고, 옳지 않은 보기는 쓰레기통에 담는 문제풀이 활동
문제 퍼즐 맞추기		친구의 문제를 맞추고 문제카드를 받아서 퍼즐을 완성하는 활동. 반 전체 학생이 서로의 문제를 풀어봐야 이 퍼즐을 완성할 수 있음

자주 받는 질문 : 거꾸로교실 FAQ

::디딤영상 관련 질문

Q. 디딤영상이 꼭 필요한가요?

A. 네 또는 아니요. 상황에 따라 다릅니다. 수업 시간 활동만으로도 학습이 가능한 쉬운 내용이라면 굳이 만들 필요 없습니다. 학습 내용은 쉽지만, 활동 방법이 어려울 경우엔 디딤영상에서 활동 방법을 알려주면 됩니다. 학습 내용을 다 알려줘 버리면 안 되는 단원일 경우에는 궁금증을 유발하는 내용을 담으면 됩니다. 형식

에 구애받지 않길 바랍니다.

처음엔 디딤영상 없이 활동식 수업을 하더라도, 다양한 이유로 인해서 디딤영상이 필요하다고 느끼는 순간이 올 것입니다. 제가 그랬으니까요. 중요한 것은 디딤영상의 질보다는 내용이며, 그것보다 더 중요한 것은 수업 시간에 어떤 적절한 활동을 하느냐 하는 것입니다.

Q. 학생들이 디딤영상을 안 보고 오면 어떻게 하나요?
A. 제 개인적인 생각은 학생이 자발적으로 보고 싶을 때, 자기 필요에 따라 보도록 하는 게 좋다고 생각합니다. 디딤영상은 현대 사회의 수많은 정보 획득 방법 중에서 선생님이 제공하는 가장 간편하고 친근한 방법이라고 여겨주세요. 개인차가 있기 때문에 디딤영상을 보고 오지 않아도 바로 학습이 가능한 학생이 있는가 하면, 디딤영상을 여러 번 보아야 이해가 되는 학생도 있을 것입니다. 거꾸로교실을 진행하다 보면, 전혀 흥미가 없는 학생이나 디딤영상을 볼 수 있는 환경이 구축되지 않은 학생들에게 같은 반 친구들이 수업 시작 전 아침에 스마트폰으로 디딤영상을 보여주기도 하며 서로 도와줍니다. 예습이나 숙제처럼 꼭 디딤영상을 보고 와야 한다면, 스트레스 요소가 될 것입니다.

Q. 디딤영상을 만들고 공유하는 방법은 무엇입니까?
A. 자기에게 가장 편한 방법을 쓰세요. 칠판에 쓰던 내용을 그대로 종이에 적으면서 그 종이를 스마트폰으로 동영상 녹화하시면 됩

니다. 만약에 PPT로 수업을 하셨다면 컴퓨터에서 PPT 화면과 목소리를 동시에 녹음하는 프로그램이 있습니다. 간단하죠? 너무 잘 찍으려고 하면 지쳐서 포기하게 됩니다. 잡음이 들어가도 그냥 저장하세요. 선생님의 편안한 모습에 학생들도 마음이 편해집니다. 그리고 오히려 학생들의 흥미를 유발하기도 하고, 집중력을 높이기도 합니다. 공유도 선생님이 가장 쉽게 할 수 있는 방법을 선택하시면 됩니다. 학생들에게 조언을 구하면 가장 효율적인 방법을 찾을 수 있습니다.

Q. 디딤영상은 꼭 교사가 만들어야 합니까?

A. 네. 꼭 그렇지는 않습니다만 '아는 사람'의 목소리는 '모르는 멋진 사람'의 목소리보다도 전달력이 있다고 합니다. 그렇다고 해도 디딤영상을 찍고 공개한다는 것이 정말 부담되시죠? 저도 정말 부담스러웠습니다. 다른 선생님들이 보게 된다면 내 얕은 지식이 드러날 테니 부끄럽기도 했습니다. 그런데 그 걱정이 한순간 사라졌습니다. 어떻게 그럴 수가 있느냐고요? 다른 선생님의 디딤영상을 보다가 지겨워서 10초도 못 보고 껐거든요. 그 영상은 '필요해서 보는 제자들'을 제외하면, 세상에서 가장 재미없는 영상일 것입니다. 걱정은 날려버리셔도 되겠죠?

:: 수업 시간 관련 질문

Q. 학생들이 서로 가르쳐주지 않으면 어떻게 하죠?

A. 가르쳐주라고 하지 말고, 서로 질문하라고 해보세요. 학습 내용

을 다 이해하고 있다고 생각하는 ㉠학생에게 ㉡학생을 가르쳐주라고 한다면, ㉠은 시간 낭비라고 느낄 것입니다. 만약에 ㉡학생이 선생님을 찾아와서 "선생님 오늘 수업 내용 다시 한 번 다 설명해주세요"라고 말한다면, 정말 귀찮을 것 같지 않으세요? ㉠학생도 그런 감정을 느낄 것입니다. 반대로 ㉡학생 입장에서도 ㉠학생의 설명을 다 듣고 있노라면, 선생님의 강의를 듣는 것과 별반 다르지 않게 지루할 것입니다. 따라서 서로 질문할 수 있도록 해야 합니다.

우선, 질문하는 것이 부끄러운 것이 아니라는 인식을 심어주어야 합니다. 그리고 틀린 대답을 하는 것도 잘못된 일이 아니라는 것을 느낄 수 있도록 해주어야 합니다.

㉡학생이 이해가 잘 안 되는 부분을 질문하면, ㉠학생이 그 부분을 이해시켜주기 위해서 노력하게 됩니다. 그 속에서 ㉠학생도 자기가 몰랐던 부분을 알아차리기도 하고, 더 정확하게 지식을 구조화하기도 합니다. ㉡학생이 질문하지 않는다면, ㉠학생이 ㉡학생에게 질문하게 해보세요. 소크라테스식 질문을 하는 거죠. 생각하기 싫어하는 ㉡도 ㉠이 질문을 하면 물음에 답하기 위해 생각을 하게 됩니다. 질문이 곧 배움이라는 것을 깨우치도록 도와주세요.

Q. 진도가 늦지 않나요?
A. 아니요. 교사와 학생들이 변화된 수업 방법에 적응하고 나면 진도를 더 빨리 나가게 됩니다. 예를 들어서 강의식 수업에서 교사가 하나부터 열까지 다 설명을 해야 했다면, 거꾸로교실 학생들

은 하나부터 열까지 중에서 이해가 잘 안 되는 부분만을 서로 묻고 답하며 배워가기 때문입니다.

주의할 점이 있다면, 활동 방법을 너무 다양하게 자주 바꾸면 실패 가능성이 커진다는 것입니다. 선생님과 학생들과 과목의 성향에 맞는 기본활동을 한두 가지만 정해놓기를 권합니다. 활동을 자주 바꾸면, 그 활동 방법을 공부하느라고 수업 진도가 늦어집니다.

Q. 지식, 이해에 머무르지 않고 분석, 종합, 평가 등 고차원적인 수업은 안 하나요?

A. 합니다. 다만, 그런 고차원적인 배움이 일어나는 활동은 다른 과목과 다른 단원에 적용하기가 힘들기 때문에 안내하지 않은 것입니다. 교과서 속에 갇혀있는 지식을 실제 우리의 삶과 연결 짓는 수업도 하고 있으며 학생들이 실천에 옮기고 있습니다.

설문조사 결과 : 학생들의 반응

'공부가 잘된다'는 반응이 가장 많았다(공부하는 방법을 알게 되었다, 성적이 올랐다, 공부가 재미있다 등).

* 거꾸로교실은 [나무] 같았다. 나무는 물과 양분을 주면 스스로 자라는 것처럼, 나 혼자 공부하며 스스로 공부할 수 있는 과정을 겪

어가며 스스로 자라나기 때문이다._권수빈

* 거꾸로교실은 (물)이다. 처음에는 액체처럼 찰랑찰랑 거리면서 우리 머릿속에서 넘칠락 말락 하지만 지식을 얻어서 차갑게 얼어서 고체가 되면 우리 머릿속에 잘 담겨서 나오지 않기 때문이다._강인
* 거꾸로교실은 (가능성)이다. 내가 스스로 공부할 수 있다는 가능성을 보여주었기 때문이다._남윤희
* 거꾸로교실은 (게임)이다. 왜냐하면 게임에서 레벨 점수가 오르는 것처럼 거꾸로교실도 열심히 참여하면 성적이 쑥쑥 오르기 때문이다._이우진
* 거꾸로교실은 (성적의 요정)이다. 성적의 요정을 따라가면 성적이 쑥쑥 오를 것이다._홍미진
* 거꾸로교실은 (웃음)이다. 왜냐하면, 거꾸로교실을 하면서 성적도 올리고 친구들과 함께 웃으면서 할 수 있기 때문이다._신은식
* 거꾸로교실은 (베를린 장벽)이다. 어려웠던 사회의 벽이 허물어지기 때문이다._서지원
* 거꾸로교실은 (실험실)이다. 어떻게 하면 학생들의 성적이 오르는지 함께 탐구하면서 적용도해보고, 고쳐보기도 하면서 결과를 얻기 때문이다._김혜진

친구 사이가 좋아졌다는 반응도 비등하게 많았다(협동심이 길러졌다, 나눔의 즐거움을 알았다, 친구들의 장점을 발견했다, 의사소통 능력이 길러졌다 등).

* 거꾸로교실은 (이글루)이다. 이글루는 혼자 만드는 것보다 같이

만드는 것이 더 효율적이다. 그처럼 거꾸로교실도 강의식으로 혼자 하는 것보다 여러 친구가 같이하면 더 기억에 남고 효율적인 공부이다._차수연

* 거꾸로교실은 [줄다리기]이다. 하면 할수록 단합이 안 되던 우리 반이 모둠 안에서 협동심을 점점 길렀기 때문이다._조혜진
* 거꾸로교실은 [한마음]이다. 왜냐하면, 한마음이 되어야 함께 진도를 나갈 수 있기 때문이다._배재민
* 거꾸로교실은 [어머니]이다. 친구들이 가르쳐 달라고 하면 가르쳐주고 배려하고 싶은 마음을 계속 주고 싶다._이태환
* 거꾸로교실은 [친구]이다. 친구에 대해서 새로운 것을 알아가게 되었다._박주현
* 거꾸로교실은 [추억]이다. 사회 시간 1년 동안 추억이 많이 쌓였다._김소현

마치며

내 수업을 거꾸로교실로 바꾼 이후, 교사로 사는 삶이 행복해졌다. 모둠을 돌아다니면서 학생들이 어떤 부분에서 어려워하는지 제대로 알 수 있었기 때문이다. 개별화·수준별 교육이 자연스럽게 이루어지고 있다는 점이 놀라웠다. 많은 학생이 어려워하는 내용이 있다면 강의를 한다. 어렵다고 여기는 부분만 강의로 들려주므로 몰입도가 굉장히 높다. 게다가 친구끼리 오고 가는 대화 속에서 학생들 스스로 자신

의 말과 행동을 긍정적인 방향으로 바꾸어나갔다. 공부 방법을 알려주려고 시작한 거꾸로교실 속에서 인성교육은 저절로 되고 있었다.

지금의 나는 어릴 때부터 꿈에 그리던 인성교육, 교과교육 두 가지 다 성공적으로 이끌어가는 교사가 된 것 같아서 행복하다. 사실 이 수업 형태가 완벽한 것은 당연히 아닐 것이다. 하지만 적어도 수업 시간 내에 모든 내용을 다 알려주어야 한다는 부담감, 수업 시간에 내 말을 듣지 않는 아이를 모두 다 듣게 해야 한다는 강박관념에서 벗어났음은 확실하다. 그 외에도 거꾸로교실의 장점은 정말로 많지만, 앞에서 다 언급했으므로 생략하려 한다. 내가 느끼는 이 행복감을 다른 선생님들도 느끼면 좋겠다.

덧붙이자면 나는 거꾸로교실을 잘하는 교사가 아니다. 단지, 먼저 부딪혀보고 실패를 먼저 해보았을 뿐이다. 먼저 부딪혀보고 먼저 실패를 해보았음에도 거꾸로교실이 가져온 변화가 너무나 달콤했음을 널리 알리고 싶다.

8장
'정년 다 된' 샘도 거꾸로교실 한다

대구 월서중학교 최명숙

정년 다 된 선생님

"정년까지 3년 반이나 남았어요! 하루 한 시간이 무서운데…"

내가 처음 거꾸로교실을 접한 2014년 9월에 한 말이다. 정년이 다 되어 가는데, 지금 뭐하려고 이런 캠프에 왔느냐는 질문에 대한 답이었다. 수업을 바꾸기 전까지 하루 한 시간 한 시간이 버거웠다. 주변에 명퇴하는 교사가 많았고, 내 나이면 으레 명퇴를 하는 것으로 생각하는 사람이 많았으며, 나도 명퇴를 고려해본 시점이었다. 그러나 지금은 이렇게 말한다.

"정년까지 3년밖에 안 남아서 아쉽습니다."

나는 '수업 전문가'인가? 교직 경력 37년째, 수석교사 경력 5년, 대학에서 수업 관련 강의를 6년째 하고 있다. 교사들을 대상으로 하는 연수에 강사로 가서 아이스브레이킹(Ice Breaking)을 할 때 다음과 같은 질문을 던진다.

"수업이 기다려지십니까?"

"학생들이 내 수업을 기다립니까?"

자신 있게 "예"라고 대답하는 교사가 드물다. 자는 아이 깨우랴, 떠드는 아이 조용히 시키랴, 수업을 방해하는 아이 간섭하랴 수업을 할 때마다 힘들다는 것을 잘 안다. 그렇게 힘들었지만, 지금은 행복한 미소를 띠면서 수업을 하게 된 계기가 있어 그것을 써보고자 한다. 그건 거꾸로교실을 적용하면서 생긴 변화라고 생각한다. 아직도 수업을 하고 나서 마음이 불편할 때가 더 많지만 말이다.

:: 거꾸로교실의 시작

2014년 9월 22일~23일, 1박 2일 일정으로 경주에서 열린 미찾샘 캠프에 참가했다. KBS 파노라마 '거꾸로교실의 마법'을 우연히 보긴 했다. 다 본 것은 아니고 거실과 부엌을 왔다 갔다 하면서 일부를 봤다. 거꾸로교실의 성과가 선생님들을 행복하게 만드는 것 같아 보였다. 캠프에 참가하니 자주색의 후드티를 입은 '주변' 샘들이 교사들을 돕는 시스템이 여느 연수와는 달라 이색적이었다. 모둠별로 주변이 배치되어서 선생님들을 도와주었다. 연수생이 주인이 되는 연수라는 인상이었다.

거꾸로교실을 시작하여 전 세계에 전하고 있는 존 버그만이 와서 자신의 변화에 대해 얘기해주었다. 정찬필 PD에게서 거꾸로교실 방송

과정에 대해서도 들었다. 수업 채우기가 무엇인지도 모른 채 여러 방을 다니며 앞서 거꾸로교실을 실천한 선생님들의 수업 변화에 대해 설명을 듣고 질문도 하며 채우기를 하였다. 디딤영상을 만드는 방법이 여러 가지가 있었는데, 나는 아이패드를 이용하는 방법도 배우고, 실제로 만들어보기도 했다. 열심히 받아 적고 사진도 찍고 인터뷰도 하고 동과 선생님들과 수업 관련 이야기도 많이 나누었다. 밤에는 갖고 간 교과서로 씨름을 하기도 했다.

학교에 가서 바로 적용해보려고 디딤영상을 만들려고 하니 '어느 부분을 디딤영상으로 빼내고 학생들은 어떤 활동을 시켜야 하나'라는 생각에 잠 못 이룰 정도였다. '아이들이 디딤영상을 보지 않고 학교에 오면 어떻게 하나'라는 것이 가장 큰 걱정이었다.

:: 실패한 거꾸로교실

내가 맡은 학급은 10개로 한 학급에 많게는 40명, 적게는 38명이다. 많은 선생님이 디딤영상을 밴드에 올리는데, 나는 블로그에 올리기로 하고, 블로그를 만들어 학생들에게 소개했다. 왜냐하면, 이 아이들을 모두 밴드로 초대할 생각을 하니 너무 많은 것 같아서 엄두가 나지 않았기 때문이다.

중학교 1학년 가정 수행평가로 손바느질을 하는 것에 거꾸로교실을 적용하기로 했다. 동 학년 가정선생님도 좋아하셨다. 우선 블로그에 실 매듭 만들기와 홈질하기 동영상을 올렸다. 내가 만든 것이 아니라, 여태까지 바느질 수업에서 활용하던 동영상이었다. 그러면서 학생들이 동영상을 얼마나 보고 올 것인가에 신경을 곤두세웠다. 수업 시작하자마자 동영상 보고 온 학생을 알아보니 보고 온 학생이 몇 명 되지 않았다. 블로그를 다시 소개하고, 수업 중에 동영상을 다 같이 보고 바느질 수업을 했다.

이렇게 거꾸로교실이 아닌 보통의 수업으로 시작했지만, 동영상을 보고 오면 바로 바느질 실습에 들어갈 수 있고, 빨리 완성해서 검사를 완료할 수 있다는 사실을 알게 되면서 동영상을 보고 오는 학생 수가 늘어났다. 그러나 끝까지 한 명도 안 보고 온 반이 있었는데, 그 반 수업은 정말 힘이 들었다. 노트북을 들고 가지 않아 실습 과정 하나하나를 시범을 보여주며 말로 설명하며 하는 바느질 수업이라니…. 그렇게 바느질 수업은 끝이 났고, 더 이상 거꾸로교실을 할 수 없겠다는 생각을 했다.

::다시 힘을 얻으며

거꾸로교실에 자신감을 잃어갈 즈음, 동문고등학교 수석선생님께서 그 학교 선생님들이 주말에 거꾸로교실에 대해 연수를 받는다는 걸 알려주셨다. 거기에 가서 QB(Question Board)와 방울토마토 열매 맺기 활동을 직접 해보았다. 경주 캠프에서도 보고 설명을 듣기는 했지만, 실습을 해보니 내가 적용하기가 훨씬 쉬워졌다.

교사 대상 공개수업을 거꾸로교실로 하기로 마음먹고 디딤영상을 만들었다. 남편이 잠들고 난 후 거실에서 휴대전화로 찍기로 했다. 책을 쌓고 거기에 철제 옷걸이를 올려놓고 그 위에 또 책을 얹어서 옷걸이를 고정시키고 그 위에 휴대전화를 올려놓았다. 휴대전화가 흔들흔들 거리고, 그늘이 생겨서 조정하기가 쉽지 않았다. 거실등으로는 어두워서 방에 있는 스탠드까지 동원했다. 찍으면서 보니까 코팅한 자료가 번쩍거리는 것이 신경이 쓰였다. 다 찍고 보니 글씨가 보이지 않는 것이었다. 휴대전화가 구형이어서 화소가 너무 낮았던 것이다. 이를 어쩌나. 수업 주제가 의복의 의미와 기능이어서 집에 있는 외국 인형을 10개 이상 찍어서 나라 맞히기를 해볼까 했는데 그만 수포가 되고 말았다.

다음 날 파워포인트를 만들어 가정실에서 카메라로 직접 찍기로 했다. 카메라 앵글 안에 PPT가 들어가게 맞추기, 빔 때문에 생기는 카메라 그림자가 찍히지 않게 하기, 내 목소리가 알맞게 들어가게 하기 등 직캠도 그렇게 쉬운 것만은 아니었다. 찍고 있는데 수업 종이 울리고 특별실의 아이들이 쏟아져 나오면서 시끄러워져서 도중에 멈추었다가 다시 찍었다.

우여곡절 끝에 디딤영상을 완성하였고 거꾸로교실로 공개수업을 잘 마칠 수 있었다. 공개수업에서는 'QB'와 '방울토마토 열매 맺기'를 썼고, 형성 평가에서는 학생들이 문제를 만들고 '비행기 날리기'를 하고 답을 쓰는 활동을 했다. 수업을 마친 후 협의회 때 수업을 참관하신 많은 가정과 선생님께서 학생들이 생각하기 바쁘고 잘 틈이 없으며 비행기를 날릴 때 눈이 반짝거리고 표정이 밝아지더라는 이야기를 해주었다.

매번 대외 공개수업을 할 때마다 새로운 수업을 소개해야 하는 부담이 있는데, 앞으로 거꾸로교실을 계속한다면 학생 활동을 다양하게 보여줄 수 있어서 수업 공개의 부담이 줄어들 것 같다. 수업을 참관하신 한 교장 선생님은 그 학교에 와서 강의를 해달라는 요청을 하여 강의를 하러 가기도 했다.

:: 다시 거꾸로교실 시작하기

　대구 2차 캠프에 자원봉사자로 하루 참가하며 거꾸로교실에 관해 좀 더 깊게 체험하고 다양한 활동을 알게 된 것은 큰 힘이 되었다. 또 주번으로 참여하는 영광을 누리게 되면서 여러 선생님이 밴드와 미래교실네트워크 홈페이지에 올리는 다양한 활동지와 학생 활동 방법을 많이 배우고 자료도 받아서 활동하고 있다. 사이버 연수를 들으며 사회의 변화와 시대적 요구, 주의할 사항도 듣고 큰 도움을 받았다. 다른 선생님들에게도 권하고 싶은 사이버 연수이다.

　다른 교과에서 사용하는 활동지나 학생 활동 방법을 내가 바로 적용하기 어려울 때가 많다. 그러나 내 교과에 맞게 약간씩 변형하여 적용할 수 있어서 밴드가 자료 제공에 큰 매개체 역할을 하고 있다. 기말고사를 앞두고 포스트잇을 활용하여 문제를 만들어 벽에 붙이고 학생들이 돌아다니며 문제를 푸는 것과 조리 단원에서 레시피 만드는 활동을 SCW(Spinning Chain Writing)로 활동을 한 것이 그 예이다.

　연말 교원능력개발평가의 서술형 평가에서 거꾸로교실을 언급한 학생이 있었다. 우리 가정 선생님은 다양한 수업 방법을 적용한다고, 새로운 방법을 시도해줘서 좋다고, 활동을 하게 되어 좋다고…. 거꾸로교실을 하면서 수업에 소극적이던 학생이 적극적으로 참여하는 모습을 발견하는데 그 또한 큰 즐거움이며 보람이 아닐 수 없다. 그러나 부정적인 피드백도 있었다. 제발 모둠 좀 그만 만들라고….

:: 지금의 내 수업은

　수업 시간에 강의할 내용을 디딤영상으로 만들고, 수업 중에는 학생들의 배움이 일어나도록 활동을 중심으로 하는 것을 거꾸로교실의 전형으로 보지만, 디딤영상이 없어도 학생들의 활동 중심 수업을 했을 때 자는 아이 깨우랴, 수업 방해하는 아이 제지하랴 힘들었던 이런 수고를 덜 수 있었고, 학생들은 활동을 하면서 아주 즐거워했다.

　거꾸로교실을 적용했다고 해서 교육목표와 성취기준을 완벽하게 이루어냈다고 말하기는 어렵다. 학생들에게 배움이 제대로 일어났는지 확신이 서지 않을 때가 더 많다. 그러나 교사 중심의 강의식 수업을 했다고 해서 배움이 제대로 일어났다고 자신할 수 있는 것도 아니지 않는가?

　지금도 교육과정 재구성과 수업 중 학생 활동 구상이 쉽지는 않다. 또한 즐겁게 활동 중심 수업을 하는 것이 거꾸로교실의 최종 목표는 아니라고 본다. 수업을 통해 21세기를 살아가는 데 필요한 기술을 익히도록 하고 4Cs, 즉 창의성, 협업 능력, 의사소통, 비판적 사고력을 갖추도록 해주어야 한다. 그렇게 함으로써 빅 아이디어(Big Idea)로 더 확장된 교과로, 더 큰 세계로 나아가도록 해줘야 한다. 이제 첫 발을 뗀 초보이지만, 큰 목표와 방향을 알고 꾸준히 해나간다면 학생들에게는 즐거운 배움이 있을 것이고 나는 행복한 수업을 할 수 있을 것이다.

내 수업을 소개합니다

:: 월서중 중1 가정 교육과정 재구성

학기 초에 교육과정 재구성을 하며 동 교과 선생님과 협의 하에 교과서 단원의 수업 순서를 바꾸었다. 중1의 경우 2학기는 자유학기제라서 시험이 없으므로 '청소년의 생활 단원'을 1학기에 수업하여, 학생들이 영양 단원을 공부하고, 시험도 치고, 배운 영양 지식을 실제 생활에도 적용하도록 했다.

:: 2015. 1학기 : 영양북 만들기

가. 학급별로 다른 색종이 준비 : 학생 1명당 5장씩 제공
나. 영양북 표지 꾸미기 : 기본 제목 외에 창의성을 발휘하여 제목 정하기
다. '건강은 ○○이다. 왜냐하면~~' 적기. ○○에 해당하는 사진이나 그림 붙이기
라. 매시간 활동지 완성 후 정해진 페이지에 붙이기
마. 활동지 내용을 숙지하기 위한 다양한 활동 해보기

::영양 단원을 숙지하기 위한 활동 소개

순	활동 내용	활동 모습
1	영양소 분류하기- 주어진 분류표를 칠판에 붙이고, 차례대로 나와서 선으로 연결하기	
2	비주얼씽킹으로 영양 단원 내용 정리하기	
3	골든벨로 영양 단원 내용 익히기	
4	스피드 퀴즈로 영양 단원 내용 익히기	
5	5Why 기법으로 청소년의 식습관 문제 살펴보기: 왜 아침을 먹어야 할까요?	

6	지식 시장으로 청소년기 식습관의 문제 해결하기	
7	질문 만들기 하브루타 하기	
8	청소년 식습관 관련 기사 찾아 붙이기	
9	월서중 영양 신문에서 관련 내용 찾아보기	
10	월서중 한 달 식단표에서 영양 분석해보기	
11	식단 작성하기	
12	청소년 식습관 문제 정리하기	

:: '12. 청소년 식습관 문제 정리하기' 과정

가. 수업안

교과	기술·가정	수업학급	월서중학교 1-2 (여 34명)	수업자	최명숙	차시	13/13
단원	II. 청소년의 생활 1. 건강한 식생활과 식사 구성 1-3. 균형 잡힌 건강 식생활의 실천 1-3-3. 청소년의 올바른 식습관			타 교과 관련	녹색 생활	일시	2015. 06. 19. (금) 6교시
수업 주제	청소년기 식생활 지침 정하기						
교육 과정 내용	(가) 아침 결식, 다이어트, 인스턴트식품 선호, 섭식 장애 등 청소년기 식생활 문제를 인식하여 자신의 식생활을 반성 및 평가해보고, 청소년기의 영양 섭취 기준, 청소년을 위한 식생활 지침 등을 활용하여 균형 잡힌 건강 식생활을 실천할 수 있다.						
성취 기준	가9121-2. 영양 섭취 기준 등을 활용하여 자신의 식생활을 반성·평가하고, 균형 잡힌 식생활을 실천할 수 있다.						
5대 역량	• 자신의 식습관을 진단하고 스스로 기준을 정해봄으로써 실생활에서 균형 잡힌 식생활을 영위하여 '신체적 역량(건강, 체력)'을 기를 수 있다.						

단원 구성	1-1 청소년의 영양(5차시)
	1-2 내 몸을 해치는 식습관(4차시)
	1-3 균형 잡힌 건강 식생활의 실천(4차시)
	  1-3-1 청소년기의 영양 섭취 기준
	  1-3-2 균형 잡힌 식사 구성
	  1-3-3 청소년의 올바른 식습관						

수업 흐름	도입	영양 단원 학습의 의미(5분)					
	전개	자기 식습관 성찰하기(5분) 퍼즐-식습관 관련 용어 찾기(10분) 식습관 분류하기-story spine 활동(10분) 자기의 식생활 지침 정하기(10분)					
	정리	활동 내용 공유하기(5분)					
수업자 수업관	1학년 가정과 내용은 I 단원 '청소년의 이해', II 단원 '청소년의 생활'이다. 교육과정을 재구성하여 I 단원의 '청소년의 성과 친구관계'는 청소년이 좀 성장한 후인 2학기에 수업하고, II 단원의 '건강한 식생활과 식사 구성'은 1학기에 수업하여, 건강한 식생활을 영위하는 데 조금이라도 빨리 도움을 주고자 하였다. 우리 학교 학생들은 학업과 성적에 대한 관심과 성취 욕구가 높은 편이다. 수업 중에 과제가 주어지면 협력해서 해결해도 된다고 팁을 줘도 혼자서 해결하려는 경향이 강하다. 모둠을 만들어놓아도 혼자서 해결하려고 한다. 그래서 모둠으로 해결할 과제를 제시하였다. 본 차시는 식생활 단원 중에서 영양소와 청소년의 식생활 문제, 균형 잡힌 식사 구성에 대한 수업을 한 상태에서 자신만의 식습관 지침을 정해보는 단계이다. 이론으로 배운 영양에 관한 지식을 실제 생활에 적용하는 것이 중요하기 때문이다. 수업 중에 '영양북'을 만들어 영양에 대한 관심을 높이고, 지식 시장 등 다양한 활동과 연계하여 '영양북'을 꾸미고 있다. 영양소 단원의 마지막 차시로서 학습한 내용을 돌아보고, 자신의 식습관을 성찰한 후 스스로 지킬 지침을 정해서 영양북에 적어봄으로써 배운 내용을 실천하는 데 조금이나마 도움을 주고자 하였다.						

수업일시	2015.06.19.(금) 6교시	대상	1-2 (여 34명)	장소	월서중 가정실 (5층)	지도교사		최명숙
단원	II. 청소년의 생활 1. 건강한 식생활과 식사 구성 1-3. 균형 잡힌 건강 식생활의 실천			학습주제	1-3-3. 청소년의 올바른 식습관	차시		13/13
수업 주제	나의 식생활 지침 정하기							
학습 목표	1. 식생활 지침의 실천 정도를 점검할 수 있다. 2. 나의 식생활 지침을 정할 수 있다.							

| 학습
단계 | 학습
요소 | 인성교육중심 교수 · 학습활동 || 시간 | 자료 및 유의점 | ※
성찰 |
		교수활동	학습활동			
도입	수업들 머리 1분교육	• 한 주 동안 가장 행복했던, 감사했던 일 발표하기		5'	번호카드	
	동기 유발	• 영양 단원 학습의 의미			단원 마무리	
	수업 목표 제시	1. 식생활 지침의 실천 정도를 점검할 수 있다. 2. 나의 식생활 지침을 정할 수 있다.				
전개	자기 식습관 성찰 식습관 분류	• 청소년기 식습관 성찰표 체크하기 • 확인하기 • 퍼즐-식습관 관련 용어 찾기 - 분류 기준 정하기 - 좋은 식습관, 나쁜 식습관 분류하기 - 스토리스파인(story spine) 활동		35'	개별 활동 활동지 퍼즐판 모둠마그넷 (협업하기)	
	자기 식생활 지침	• 공유하기 • 자기 식생활 지침 정하기 - 성찰표에서 최소한 10가지 이상 정하기 - 영양북에 기록하기 • 나의 실천 의지			개별 영양북 (마무리하기)	
	공언 하기	• 영양북을 마치며 • 다른 사람 앞에서 공언하기			개별 활동 (실생활에 활용 가능하게)	
정리	수업 정리	• 청소년기 식습관 지침		5'		
	형성 평가	• 건강에 좋은 식습관, 안 좋은 식습관 설명하기			짝 하브루타	
	차시 예고	• 손바느질의 기초, 동영상 보기				

나. 활동지 1

순번	식생활 지침	우수	보통	미흡
1	밥과 다양한 채소, 생선, 육류를 포함하는 반찬을 골고루 매일 먹는다.			
2	간식으로 신선한 과일을 주로 먹는다.			
3	우유를 매일 2컵 이상 마신다.			
4	짠 음식, 짠 국물을 적게 먹는다.			
5	인스턴트 음식을 적게 먹는다.			
6	튀긴 음식과 패스트푸드를 적게 먹는다.			
7	내 키에 따른 건강 체중을 안다.			
8	매일 한 시간 이상 적극적으로 신체 활동을 한다.			
9	무리한 다이어트를 하지 않는다.			
10	TV 시청과 컴퓨터 게임은 하루에 두 시간 이내로 제한한다.			
11	물을 자주 충분히 마신다.			
12	탄산음료, 가당 음료를 적게 마신다.			
13	술을 절대 마시지 않는다.			
14	아침 식사를 거르지 않는다.			
15	식사는 제 시간에 천천히 먹는다.			
16	배가 고프더라도 한꺼번에 많이 먹지 않는다.			
17	불량식품을 먹지 않는다.			
18	식품의 영양 표시와 유통 기한을 확인하고 선택한다.			
계	개수			

[청소년을 위한 식생활 지침] – 나의 실천 정도 평가하기

다. 활동지 2

아	다	양	신	술	마	시	기	세	균
하	침	신	체	활	동	인	분	건	형
컴	착	결	폭	통	가	스	당	강	잡
퓨	전	야	식	소	당	턴	맛	체	힌
터	굶	는	다	이	어	트	있	중	식
게	지	나	걷	유	탄	식	는	알	사
임	않	기	짠	산	소	품	불	기	천
오	래	담	음	악	과	기	량	과	천
래	배	료	식	식	사	간	식	일	히
하	기	배	먹	간	가	족	품	간	먹
기	B	M	I	지	수	알	기	식	기

글씨가 겹쳐도 됩니다. 예시)

[청소년의 생활(건강에 좋은 것, 건강에 안 좋은 것)]

라. 활동지 3

월서중학교	주제: 청소년기 올바른 식습관	( )반 조원 번호
1학년 가정	Story Spine 활동	(, , ,)

☆☆ 우리의 생각을 표현하는 방법
1) 가운데 작은 원에 다루고자 하는 하나의 주제를 크게 적는다.
2) 세로축에는 '건강에 좋은', '건강에 좋지 않은'으로 표시한다.
3) 가로축에는 '실행하기 쉬운', '실행하기 어려운'으로 표시한다.(경제성으로 해도 됨)
4) 퍼즐에서 찾은 식습관 관련 용어를 분류한다.(포스트 잇 사용)
☆☆ 장점: 식습관에 대한 생각을 정리할 수 있게 해준다.

<보기-예시>

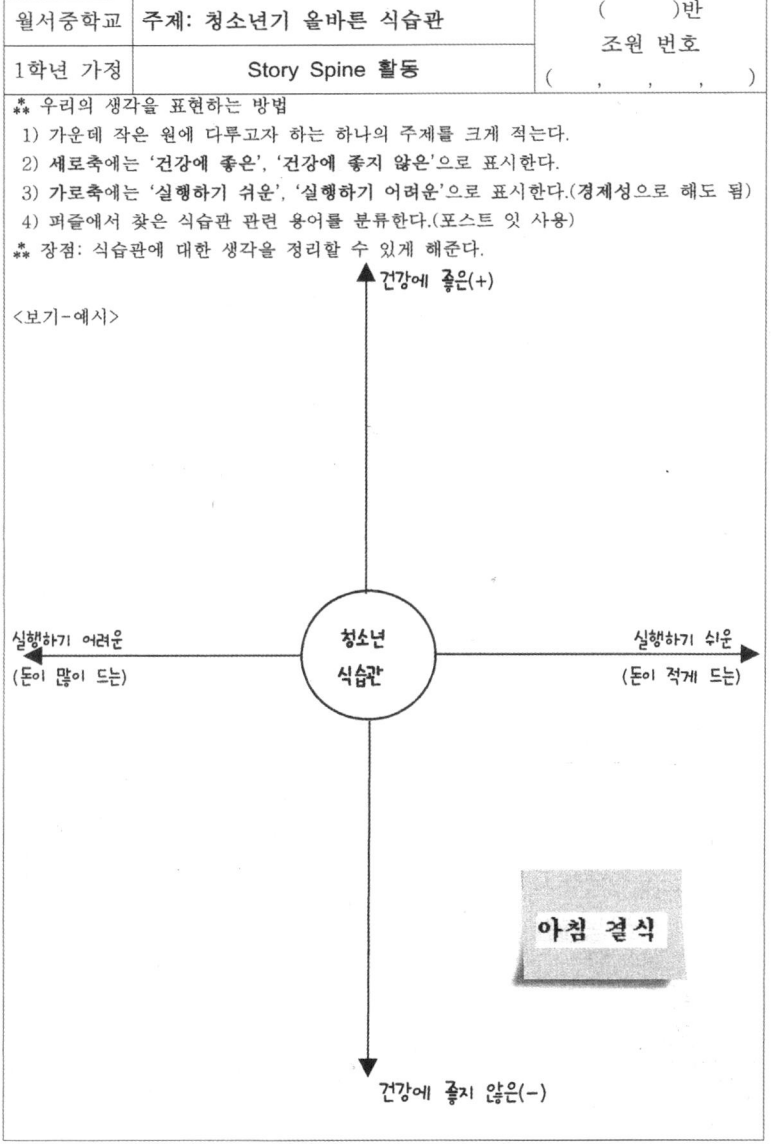

::활동 결과물

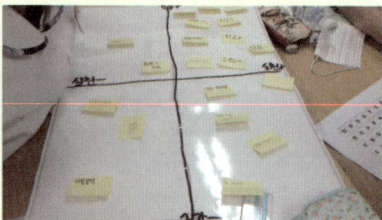
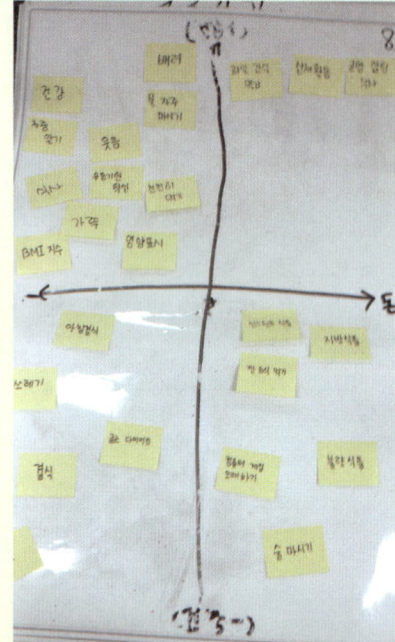
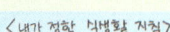

교사와 학생들의 피드백

올해는 교실 수업 개선을 위해서 선생님들이 참 많이 노력한 한 해였다. 교사를 대상으로 강의를 많이 했고, 거꾸로교실 캠프와 오프라인 모임에도 많이 참석했다. 오프라인 모임에서는 선생님들의 수업에 대한 고민을 많이 나누었고, 수업 아이디어도 공유할 수 있어서 좋았다. 다음은 강의 후 교사들의 피드백과 오프라인 모임, 학생들의 거꾸로교실 평가이다.

:: 거꾸로교실 강의 후 교사들의 피드백

교사들은 거꾸로교실에 대해서 관심을 많이 보이긴 하나 선뜻 시작할 마음을 먹지는 못하는 것 같았다. "나 같은 사람도 거꾸로교실을 하면서 수업을 바꾸고, 행복한 수업을 하고 있으며, 정년까지 교직에 남아있을 것"이라고 말하면, 교사들은 감동을 받고 박수를 쳐주기도 한다. 강의 후 거꾸로교실에 관한 질문이 이어지는 것으로 봐서, 선생님들에게 약간의 변화 가능성을 보여주었다고 생각한다. 특히 명퇴를 생각하던 교사들이 힘을 얻었다고 말할 때 보람을 느낀다.

선생님들의 반응 중 몇 가지를 소개한다.

- 선생님의 강의 정말 재미있고 좋아요. 새로운 교수법 잘 활용할게요.
- 생각을 깨우는 실례와 학습 방법을 통하여 많은 도움이 되었다.
- 재미있었고 보탬이 많이 된 것 같습니다.^^
- '교실의 새바람' 학교에 돌아가서 한번 시도해보겠습니다. 강의 감사합니다.

| 2014.12. 다사중 오프 |

| 2015.03. 경운중 오프 |

| 2015.04. 월서중 오프 |

| 2015.05. 상인중 오프 |

| 2015.07. 월서중 특강 |

| 2015.09. 월서중 오프 |

| 2015.09. 월서중 오프 |

| 2015.10. 상인중 오프 |

- 수업 방식의 전환, 참 고민됩니다.
- 학교로 돌아가서 조금이라도 도움이 되도록 실천해보겠습니다.
- 많은 생각을 하게 하는 강의였습니다. 감사합니다.
- 스피드 퀴즈, 미니북 만들기 등을 수업에 활용하면 좋을 것 같습니다.
- 수업 내용이 학교 현장에서 적용해볼 수 있게 메일로 받을 수 있을까요?
- 참!! 감사, 수고하셨습니다. 100%
- 각자 번호대로 출제해보는 수업은 꼭 해보고 싶습니다.
- 선생님 수업 고맙습니다. 학교로 돌아가면 '질문 만들기 기술' 아이들과 꼭 해보고 싶습니다.
- 차분하게 설명 잘했음. Thank you.
- 미니북을 포스트잇으로 만들어보았어요. 1차시 분이라도 거꾸로교실 시도해봐야겠네요. 감사합니다.

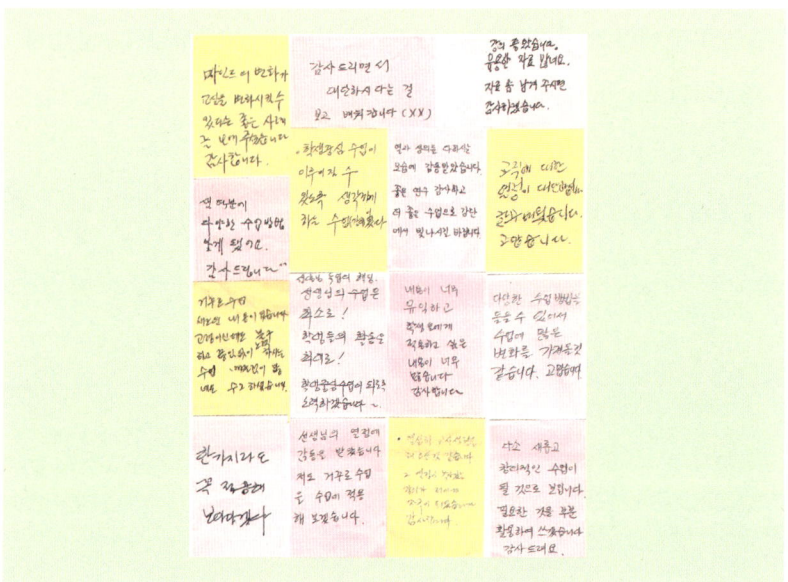

:: 학생들의 피드백

다음은 2014년 월서중 1학년 3반 학생들의 거꾸로교실에 대한 피드백이다.

| 거꾸로교실의 장점 |

① 거꾸로교실 수업을 하면서 우리가 활동하는 경우가 많아졌다. 그리고 수업 내용을 거꾸로교실을 하기 전 보다 더 잘 이해하게 되었고, 수업을 참여하지 않는 학생이 줄어든 것 같다.
② 활동이 많아서 즐거웠다.
③ 동영상을 보니 바느질을 할 때 더 쉬웠다.
④ 지루하지 않았다.
⑤ 문제 내고 직접 푸니까 더 재밌었고 유익했다.

| 거꾸로교실의 단점 |

① 공부를 미리 하고 오지 않는 학생들은 수업을 활발하게 참여할 수가 없다.
② 좀 시끄러운 것 같다.
③ 집중을 안 하는 애들이 있다.
④ 동영상이나 그런 걸 안 보고 오는 애들이 생긴다.

다음은 2015년 월서중 1학년 7반 피드백이다.

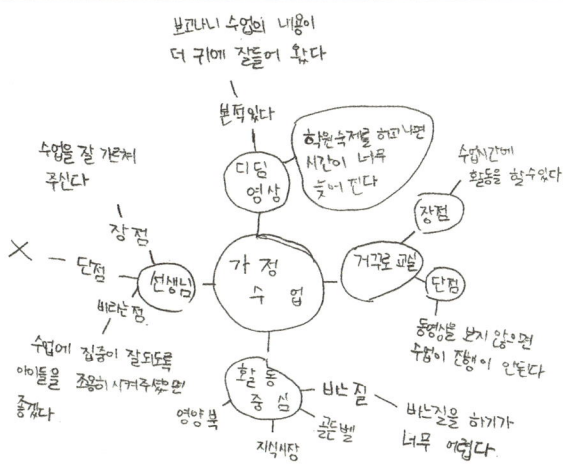

거꾸로교실의 장점	수업 시간에 활동을 할 수 있다.
거꾸로교실의 단점	동영상을 보지 않으면 수업이 진행이 안 된다.

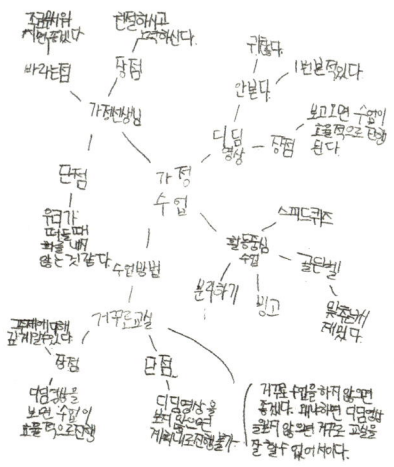

디딤영상의 장점	보고 오면 수업이 효율적으로 진행된다.
디딤영상의 단점	안본다. 이유-귀찮다

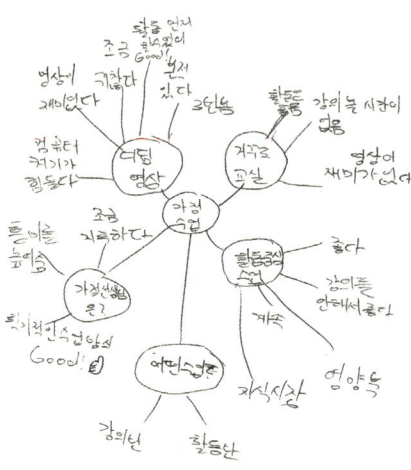

수업 방법 장점	강의를 안 해서 좋다.
바라는 점	강의 반, 활동 반으로 수업하자.

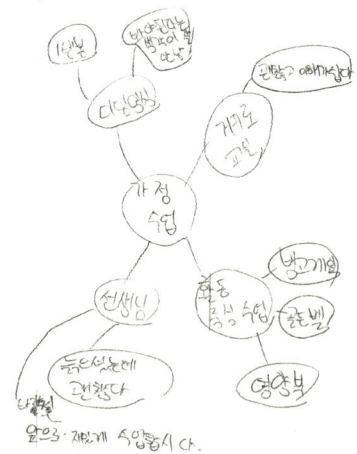

가정선생님	늙으셨는데 괜찮다.
바라는 점	앞으로 재밌게 수업합시다.

3부

고등학교 이야기

9장

거꾸로교실 수업, 고3도 했다!

울산 화암고등학교 김은정

내 수업의 대 지각변동, 드디어 오다!

이 사진은 내가 너무 아끼는 내 수업의 한 장면이다. 지금도 그때를 생각하면 가슴이 쿵쾅거린다. 분명 잠만 자던 아이, 나무 같던 아이가 있어 미치도록 짜증이 났는데 이제는 이 사진처럼 누가 그랬었는지 기억조차 나지 않는다. 그저 믿기지 않는 악몽의 한 장면이 되어 서서히 잊혀 가고 있을 뿐이니 말이다.

———— 고등학교 이야기 213

:: 거꾸로교실 수업의 시작

1997년 3월 나의 첫 수업 때부터 꿈꾸어 오던 이상적인 국어 수업이 있었다. 모든 학생이 내 수업을 기다리고 있고, 스스로 교과서 내용을 읽고, 모두가 수업 중 활동에 참여하여 "내 생각은 이렇다. 넌 왜 그렇게 생각하는데?" "우와! 재밌다!" 등 토의 토론이 바탕이 되어 종알종알 이야기를 나누는 수업…. 그러나 이십여 년이 지나는 동안 학교가 엄청난 속도로 뭔가가 쉼 없이 바뀌어온 것 같은데 여느 선생님의 수업도, 내 수업도, 수업 시간의 아이들 모두도 별 변화가 없었다. 심지어 내가 학교 다닐 때의 수업 장면보다 더 최악이다 싶을 때도 있었다.

그랬던 수업에 드디어 지각변동이 생겼다. 예고도 없이 턱! 하고 던져진 통에 그냥 쫘악-하고 그동안의 내 가르침에 금이 갔고 한순간에 다 무너지는 느낌이었다. 그런데 희한하게도 두근거리고 설레기도 했다. 지금부터 나는 그 이율배반적인 떨림을 이야기하려고 한다.

:: 교사의 생명은 '수업'

2014년 봄, 일반 인문계 고등학교. 밖에는 벚꽃이 한창이고 만물이 소생하여 봄기운도 방창한데 교실의 몇몇 아이는 한잠을 정말 한참 동안 자고 있다. 내가 야단치거나 재미있는 거리로 유혹하지 않으면 수업 내내 그냥 잔다. 그래서 꽃이 만개할 때 나의 화도 같이 터지고 만다. 이건 아닌지 알면서도 그러지 않으면 자고 마니까 필요악처럼 따라다니던 '화'이기도 했다. 그러다 수업 시간에 잠자는 아이들이 용서가 안 되고 이해도 안 되어 인내심이 한계에 다다랐다 싶을 무렵 '학교가 어쩌다 이렇게까지 됐고 그동안 우린 무얼 했을까? 참 많은 변화가 있었던 것 같은데 나의 고민은 왜 똑같기만 한 걸까?'하는 고민에 휩싸이면서 회의감이 들었다.

그러던 중 〈21세기 교육혁명-미래교실을 찾아서〉라는 프로그램을 접하게 되었다. 끓어오르는 감정으로 울컥거리면서 결국은 눈물을 쏟으면서 보았다. 충격과 혼란의 도가니에 빠진 나는 한동안 헤어 나오지를 못했다. 그리고 드는 생각은 '나도 당장 해볼까? 애들이 안 잔다고? 즐거운 수업이 가능하다는데?'였다. 그러나 수능을 봐야 하는 학생이 거의 대부분인 인문계 고등학교에서, 그것도 시쳇말로 중요 과목인 국어 시간에 강의가 빠지는 '거꾸로교실 수업'이라… 이런 생각을 하다가 결국 나는 좌절모드가 되고 말았다.

십 수년간 강의식 수업을 해오면서 나를 지탱하는 나름의 철학이 분명하게 존재했다. 많은 학습 내용을 잘 전달하는 것이 최우선이다, 수업 방법의 변화 정도로는 우리 교육의 본질적인 고민을 해결할 수 없다. 그래서 수능을 없애고 대학에서 학생들을 알아서 뽑아가는 대혁명적인 시스템의 변화가 선행되어야만 수업 방법이 변하고 수업의 질이 높아진다고 믿었던 것이다. 하여 인문계 고교에서 나름의 자존심을 지킬 수 있는 최선은 수준 있는 동기 유발 자료를 통한 수업의 유도, 수업 중에는 카리스마와 유머를 적절히 병행해서 교사인 내가 수업을 잘 끌고 가는 것이 최고의 수업이라고 믿었고 그 외 학습내용습득은 오로지 학생의 몫이라고만 생각해왔다.

그래서 결국 TV를 보는 동안 느낀 그 감정들을 정리해버렸다. 진심으로 받은 감동을 나를 되돌아본 소중한 시간으로 합리화했고 현실성이 아쉬운 훌륭한 교양프로그램으로 치부하고 말았다. 결국 '그들만의 세상'에 잠시 함께 있어 본 것으로 만족했다.

'꿈을 깨자!'

흔들리는 마음을 다시 다잡고 현실을 직시하자라고 생각하면서 여느 때처럼 강의를 시작했다. 그런데 정말 흥이 나질 않았다. 내내 맴도는 텔레비전 속의 그 장면, 인터뷰하는 아이들의 환한 얼굴… 감동받아 울던 선생님들의 모습….

한 권의 책이 인생을 바꿔 놓듯이 우연히 접한 3시간가량의 프로그램을 통해 변화와 즐거움을 갈구하던 내 속이 끓어오르는 것을 억누르지 못하고 스프링이 튕기듯 그냥 나도 강의식 수업에서 툭 튀어 나가 버렸다.

'해보고 안 되면 말지 뭐~ 밑져봐야 본전이다~ 다행히 아직 3학년은 아니다!' 그 마음으로 거꾸로 수업의 마법 속으로 빠졌다.

:: 역시 시작이 반

거꾸로교실 수업의 실천을 위해 우선 큰 용기만 장착한 후, TV 속 정보와 수업 장면을 다시 꼼꼼하게 분석했다. 그리고 TV에 나온 교수님과 선생님을 찾아다니며 수업설계부터 자문을 구하기 시작했다. 그리고 돌아와서는 그냥 과감하게 나도 거꾸로교실 수업을 시작해버렸다. 동시에 숙제처럼 하나하나 해결해갔다.

수업 시간에 아이들과 호흡하려면 수업 시간에 여유로울 수 있어야 한다. 우선 교탁으로부터 멀어져야 하고 아이들 곁을 맴돌아야 한다기에 강의는 당연히 동영상으로 대체해야 한다는 계산을 했다. 그래서 제일 먼저 한 일이 열심히 PPT를 제작하여 여기에 다시 내 목소리와 얼굴을 입혀 동영상으로 만드는 것이었다.

그런데 이건 시작도 아니었다. 밴드에 아이들을 다 가입을 시켜야 했다. 그래서 또 1주일 남짓이 또 소요되었다. 아직도 시작이 아니었다. 각 반 밴드에 디딤동영상을 올리기, 복습 동영상 올리기. 또 혹시라도 안 보고 오면 수업진행에 지장을 초래할까봐 쉬는 시간마다 뛰어 내려가서 협박하기. 그뿐만이 아니다. 수업 중에 해결해야 할 과제들을 학습지로 만드는 일 등 수업을 단단하게 구조화해 가는 작업. 또 학습지 확인. 밴드로 학습지 피드백해주기. 다시 교재연구. 그러면서 점점 '왜 이렇게 힘들까?' 하는 순간이 왔다.

하지만 역시 시작이 반이었다. 정신없이 수업을 하고 3개월이 좀 지났을 무렵 수업을 돌아보게 되었다. 바로도 안 되는데 웬 거꾸로 수업이냐며 특이한 수업을 한다는 입소문에 공개수업을 하라는 것이다. 부교육감님까지 출동하신다니 정말 맙소사! 였다. 그래서 동료 교사, 학생, 학부모의 피드백을 요청했다. 가르쳐준 게 적다고, 혹은 없다고 왕왕 혹평을 쏟아 놓지는 않을까? 하는 마음에 겁도 났다.

하지만 아이들을 살피니 아이들이 수업 시간에도 그 전후로도 제각각 공부를 하고 있다는 점을 발견하게 되었다. 수업에 관심을 갖는다는 점, 수업 내용을 기억한다는 점, 즐기기 시작했다는 점, 가르쳐주고 있다는 점, 의문을 가졌다는 점, 묻고 답한다는 점, 발표할 때 나선다는 점, 아이들의 소리가 나의 소리보다 커지기 시작했다는 점… 내 계산법으로는 아무도 손해 본 이가 없고 모두 이익을 얻고 있었으니 나로선 계속 이 길을 간다고 말할 수밖에 없었다. 또, 무엇보다 수업이 힘들어 죽겠다고 외치던 나도 없어졌고, 풀이 죽어 있거나 잠에 취해

있던 학생도 없어졌다. 이렇게 학생들과 내가 변해있었다. '어? 뭔가 일이 난 거다!' 자신감을 가지게 되는 순간이기도 했다. 그렇게 이어진 거꾸로교실 수업은 이제 내 교직 생활 중 최고로 잘한 일로 자리매김했다. 매 수업 시간 얻는 것이 상상 그 이상이기 때문이다.

:: 상상, 그 이상은 내내 진행형

그리고 2015년 3월 올해는 작년 아이들과 함께 나도 고3이 되었다. 그래서 다시 고민을 했다. 고3에게 거꾸로교실 수업을 해도 될까? 그런데 아이들이 먼저 난리다. 거꾸로교실을 안 하면 수업에 안 들어올 거라고 으름장을 놓기도 하고, 그동안 동영상 시청을 좀 소홀히 했던 학생은 동영상을 꼭 보고 올 테니 강의식 수업을 하지 말라고 했다. 이젠 친구들과 마주 앉지 않고 칠판을 향해 앉으면 어색하단다. 다시 말해, 거꾸로교실 수업이 아니면 어색하다는 것이다.

그래 좋다! 그럼 또 가보지 뭐!

그렇게 고3에게도 과감하게 거꾸로교실 수업을 시작했다. 3학년 입시도 목전인 만큼 나도 같이 긴장이 되었다. 그래서 수업을 수능연계 교재와 연계하여 설계하면서도 모든 아이가 참여할 수 있도록 수준별로 활동을 짜가는 것에 집중했고, 오개념을 스스로 수정할 수 있도록 복습 동영상을 제작하여 수능 준비에 소홀함이 없도록 했다.

내 수업 이야기

::내 수업의 큰 그림, 'Q12Q'에 익숙해지기

		교사	학생
수업 전		• 1시간 수업할 핵심 내용을 5~10분 정도의 동영상으로 제작하여 반별로 진도에 맞추어 밴드에 업로드 함. • 댓글 확인을 통해 시청 학생 수 파악 후 수업에 임함. • 디딤자료 미시청 학생은 교실 뒤편이나 복도에서 시청하도록 지도(어떤 때는 그냥 넘어 가기도 함)	• 동영상 시청 • 자유롭게 메모하기(안 해도 됨) • 디딤자료 미시청 학생은 교실 뒤편이나 복도에서 시청
	Quiz	• 수업 시작과 동시에 디딤자료 퀴즈 실시	• 모둠별로 디딤자료퀴즈 풀기 • 퀴즈정답 책에 표시하거나 메모하기

수업 중	4분할 미션 활동 1 & 4분할 미션 활동 2	• 학생들의 질문에 답하고 답을 찾는 것을 도와주는 역할을 하면서 개별화 수업을 실천함. 학생이 고민하여 답을 찾는 즉, 학생이 바쁘게 움직이는 수업을 유도함. 모둠별 과제해결, 토론, 발표 등을 통해 집단지성을 높이도록 유도함. • 토론학습, 탐구학습, 자기주도적 학습, 협력학습이 일어날 수 있도록 유도함.	• 디딤자료 내용을 통해 4분할 미션지에서 자신의 미션을 고른 후 과제를 해결한 후 모둠 내 돌려읽기로 수정, 보완활동하기 • 미션지 활동 중 생긴 의문을 발표, 토론활동을 통해 의문점을 해결함. • 각자의 의견을 발표하고 모둠별로 서로 질문하면서 핵심 수업 내용을 파악하고 정리함.
	Quiz	• 마무리 퀴즈(형성평가) 안내	• 마무리 퀴즈(형성평가) 풀기
수업 후		• 수업과 관계된 우수자료 및 자율과제를 밴드나 채팅방에 업로드하여 수업 후에도 수업내용을 심화함. • 자율과제도 업로드하여 심화학습을 유도함. • 차시 강의를 업로드함.	• 밴드의 채팅방을 통해 토론배틀에 자유 참가, 심화과제 해결 • 밴드의 채팅방 및 메시지 전송을 통해 수업 중 잘 몰랐던 내용에 대한 질문 해결

내 수업은 별게 있는 건 아니다. 다만 아이들이 수업 패턴에 익숙하게 하고 간간이 활동을 바꾸는 것이 전부이다. 수업의 큰 틀은 유지하는데 그것을 패턴화하여 아이들이 자연스럽게 알아서 패턴에 따라 수업을 주도하게 하고 있다. 패턴이란, 'Q12Q'에 익숙하게 하는 것을 말하는데, Q는 디딤자료에 관한 퀴즈, 1은 첫 번째 4분할 미션 활동, 2는 두 번째 4분할 미션 활동, 마지막 Q는 1, 2활동 내용에 관한 퀴즈를 의미한다.

독서와 문법Ⅱ과 거꾸로 교수·학습 과정안(예시)

교과	독·문Ⅱ	일시	2015.9.3.(수) 2교시	장소	교과교실	수업자	김은정
단원	5. 문학 (1) 아우를 위하여			차시	1/2	교재(B)	p.217-219
						대상	3-5반
학습 목표		1. 소설의 구성과 서술상의 특징을 파악하여 정리할 수 있다. 2. 소설 속의 알레고리기법을 찾아 발표할 수 있다.					

단계	학습 요소	교수·학습활동	시간	■ 자료 ※유의점
도입	학습 분위기 조성 및 동영상 학습 상기	■ 칭찬샤워인사	1분	순번대로 실시
		■ 디딤자료 및 디딤동영상 Q & A ● 사전에 미리 듣고 온 디딤동영상 강의에 대한 확인으로 수업에 대한 흥미 유발 및 집중하는 분위기로 환기	7분	모둠 퀴즈보드에 질문에 대한 답을 토의과정을 거쳐 적기(문제의 수준은 디딤자료를 보고 오면 맞출 수 있는 수준으로 함.)
	학습 목표 인지	■ 학습 목표 제시 1. 소설의 구성과 서술상의 특징을 파악하여 정리할 수 있다. 2. 소설 속의 알레고리기법을 찾아 발표할 수 있다.	1분	메모하기
	과제 확인 및 수업 과정 이해	■ 활동 과제 및 수업 흐름도 안내 1. 학습목표❶의 달성을 위한 활동 과제 제시 및 확인 : 분할요약한 후 돌려 읽고 구성과 특징 보완하기 : 구성과 서술상의 특징을 파악하여 정리 2. 학습목표❷의 달성을 위한 활동 과제 제시 및 확인 : 알레고리표현 찾기 & 문제풀이 3. 조별 개인별 획득 칭찬스티커 확인 4. 발표 5. 차시예고 및 자율과제 제시	1분	
전개	활동 1.	1. 학습목표❶의 달성을 위한 활동 과제 제시 및 확인 분할 요약한 후 돌려 읽고 구성과 특징 보완하기 : 구성과 서술상의 특징을 파악하여 정리		

	활동 1.	▣ 4분할 미션활동을 위한 문제지 및 답지 가져가기 〈문제지 예시〉		무임승차 절대 금지 – 수준별, 개인별 학습
전개		학습활동 2 – 4분할 활동 사건파일 작성(순서대로) ★ 1 — 아우를 위하여 (황석영) — 2 알레고리 기법이 어떻게 사용되었는지 찾기 (문제참고) ★★★★ 3 — 4 '나'를 중심으로 모든 등장인물의 관계도 작성 ★★ 인상적인 구절을 찾고 왜 그렇게 생각하는지 적기 (상상력 풍풍히) ★★★ 교재 : 수능완성 A,B형	13분	모둠별로 미션지를 가져간 후, 각자의 미션을 선택한다. 문제지의 문제가 다 상이하므로 학생들의 수준에 맞게 고르도록 한다.
전개		〈답지 예시〉 작품 제목 : 나의 미션번호? 모둠명 : / 교재 ( )쪽 빛나는 나는 3학년 ( )반 ( )번 ( )입니다.		선택한 미션지의 답을 각자 완성한다. 혼자서 해결하기 힘들 경우 모둠의 친구들에게 도움을 요청하여 함께 해결할 수 있도록 한다.
	발표 하기	▣ 돌려 읽고 수정 및 보완하기 – 돌려 읽으면서 틀린 부분을 수정 보완하여 모둠별 학습지를 완성한다.	7분	▣ 우수 모둠 밴드에 공지

단계	학습 요소	교수·학습활동	시간	자료 ※유의점
전개	활동 2.	2. 학습목표❷의 달성을 위한 활동 과제 제시 및 확인 : 문제풀이 완성하기 ◾ 문제풀이 **문제풀이 1** 01 윗글의 서술상 특징으로 가장 적절한 것은? ① 서술자를 교체하여 새로운 갈등을 암시하고 있다. ② 회상의 방식을 사용하여 한 인물의 삶을 조명하고 있다. ③ 현학적인 대화를 통해 인물의 고고한 성격을 드러내고 있다. ④ 서술자의 상상을 통해 두 개의 사건이 서로 긴밀하게 연결되고 있다. ⑤ 주인공의 내적 독백을 삽입하여 인물의 행동에 담긴 의도를 드러내고 있다. **문제풀이 2** 02 ㉠~㉤에 대한 설명으로 적절하지 않은 것은? ① ㉠은 간접 인용의 방식으로 '황만근'에 대해 마을 사람들이 가져왔던 인식을 보여 준다. ② ㉡은 마을 사람들에게 '황만근'의 부재와 그에 따르는 아쉬움을 느끼게 하는 계기가 된다. ③ ㉢은 허무하게 죽은 '황만근'의 죽음을 실감할 수 있도록 해 준다. ④ ㉣은 경운기를 끌고 약속 장소로 간 '황만근'의 행동이 그를 죽음으로 몰고 간 사건의 발단이 되었음을 보여 준다. ⑤ ㉤은 갑자기 닥친 위기 상황에서도 의연하고 고고한 자세를 잃지 않는 '황만근'의 성격을 보여 준다.	10분 10분	모둠별로 문제풀이에 대한 토의과정을 거친다. 그리고 모둠별로 최종 정답을 하나로 통일하여 발표한다.
	정답확인 발표하기	모둠별 발표하기	5분	
정리	다지기 동영상 업로드 안내	다지기(복습) 동영상을 통해 학습한 내용을 정리하게 하기	2분	
	자율과제 안내	복습영상에 올린 그림 중 틀린 부분을 찾아 비평문을 작성해 개인적으로 검사받기	1분	직접 제출 및 밴드에 올리기
	종료	◾ 끝인사 하기	1분	모두 인사

::내 수업을 위한 주식 레시피(Q12Q)

기본적인 구성인 Q12Q는 교재와 미션지, 답지만 있으면 되는 전 교과 전 학년에 두루 사용해도 좋을 것이다.

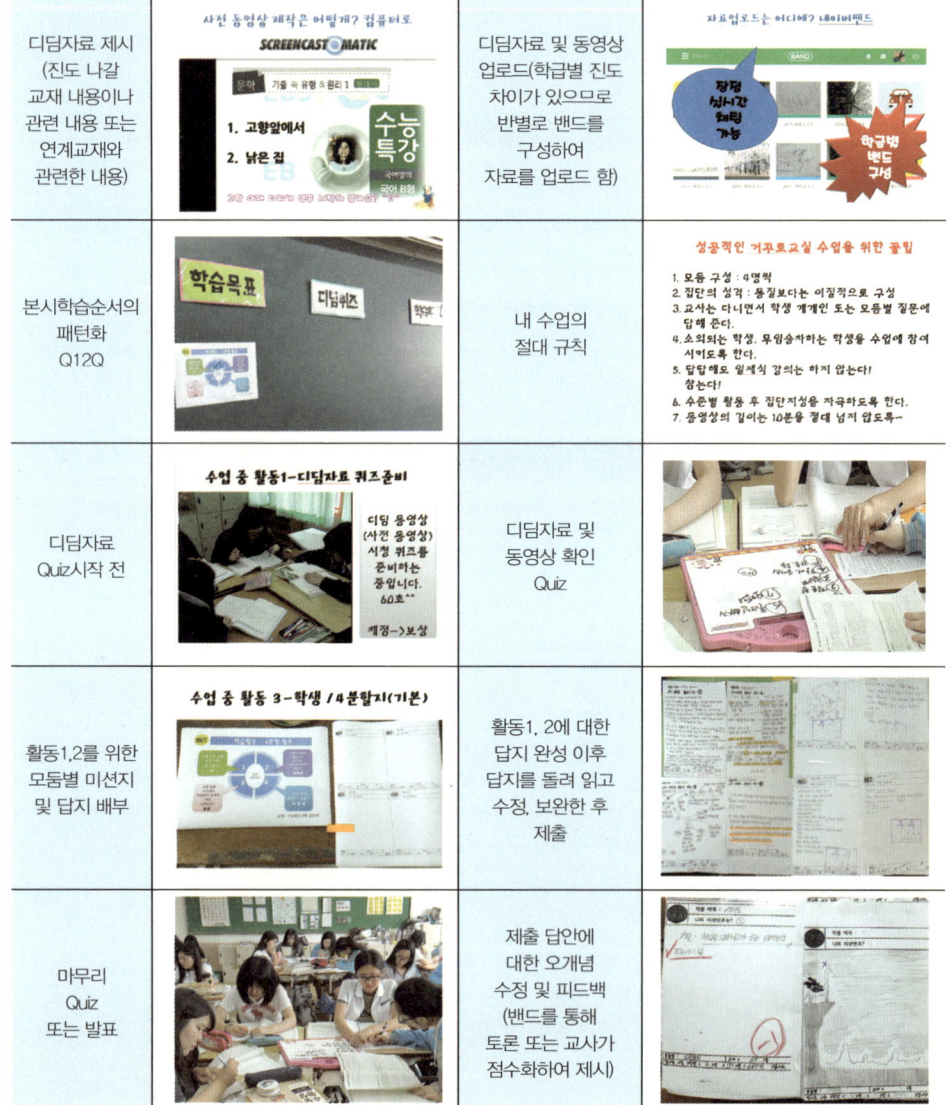

디딤자료 제시 (진도 나갈 교재 내용이나 관련 내용 또는 연계교재와 관련한 내용)		디딤자료 및 동영상 업로드(학급별 진도 차이가 있으므로 반별로 밴드를 구성하여 자료를 업로드 함)	
본시학습순서의 패턴화 Q12Q		내 수업의 절대 규칙	
디딤자료 Quiz시작 전		디딤자료 및 동영상 확인 Quiz	
활동1,2를 위한 모둠별 미션지 및 답지 배부		활동1, 2에 대한 답지 완성 이후 답지를 돌려 읽고 수정, 보완한 후 제출	
마무리 Quiz 또는 발표		제출 답안에 대한 오개념 수정 및 피드백 (밴드를 통해 토론 또는 교사가 점수화하여 제시)	

:: 내 수업을 위한 특식 레시피

　어려운 작품이나 단원을 접하게 되면 학생들의 오감을 자극하여 생각하게 만들어야 한다. 그리고 모둠원들 더 나아가서는 학급 전체가 의견을 나누는데, 이를 통해 잘 몰랐던 사실을 알게 되고, 오개념을 바로 잡기도 하며, 한 번 더 정리하는 복습 효과도 있기 때문이다. 특식 레시피가 필요한 수업에서는 사전에 밴드로 준비물을 공지한 후 4분할 미션지와 특식 답지 및 도구들을 준비시킨다.

▲ '유산가'
고전시가 해석 후 한 컷 그리기 활동하기(유산가, 만언사 등)

▲ 김광규, '상행'
현대시 해석 후 한 컷 그리기를 통해 '반어'의 반어 이해하기

▲ 신동엽, '향아'
현대시 해석 후 한 컷 그리기를 통해 시의 모티프와 배경 이해하기

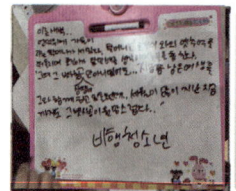

▲ 현대시 외 운문을 한 컷 그리기 한 후 발표회 실시

▲ 작자미상, '서경별곡'
고려가요에 나타난 시적화자의 정서와 어조를 고려하여 장르 바꾸기 활동하기

▲ 이청준, '당신들의 천국'
현대소설을 읽고 미션한 내용을 전지에 표현하여 발표회를 실시, 동시에 UCC제작 발표회를 밴드에서 실시

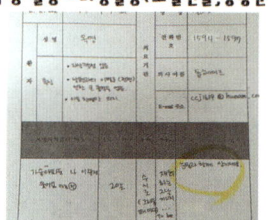

▲ 작자미상, '옥영전'
고전소설(군담소설, 여성영웅소설)을 읽고 4분할 미션활동을 한 후 인물분석비평활동의 일환으로 위로해주고 싶은 인물에게 처방전 쓰기 활동을 실시 후 발표

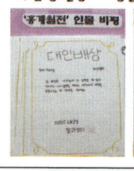
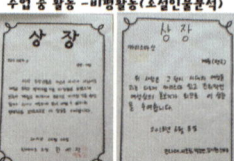
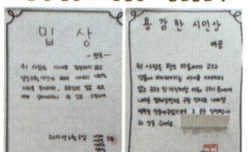

▲ 작자미상, '홍계월전'
고전소설(군담소설, 여성영웅소설)을 읽고 4분할 미션활동을 한 후 인물분석비평활동의 일환으로 위로해주고 싶은 인물에게 상장 수여식 활동을 실시 후 발표

수업 중 활동 - 대단원 정리(평가)

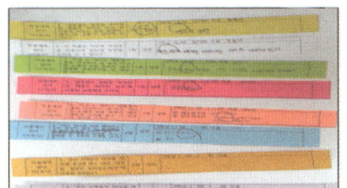

▲ 이육사, '광야' 개인별 퀴즈 후 모둠별로 점수 취합

수업 중 활동 - 대단원 정리(평가)

▲ 고사 직전에 대단원 평가로 실시한 스피드 퀴즈 장면

수업 중 활동 - 교사와 소통

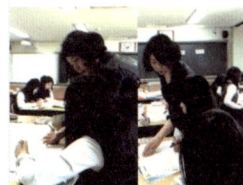

크칠과 학생들의 과제해결을 도와줍니다. 그리고 학생들이 어려워하는 문제나 오개념을 체크해서 복습 동영상 제작에 반영함

▲ 되도록 모둠에서 너희끼리 해결해봐~~
그러나, 해결하지 못한
모르는 내용은 선생님에게 질문해~
- 개인별, 수준별 학습

▲ 복습 동영상 업로드

수업 후 활동 - 소통을 통한 평가

우수 발표자 투표, UCC제작 우수모둠 선정 등으로 소통합니다.

▲ 수업 중 실시한 발표 내용 및
UCC제작에 대한 평가회 실시(밴드투표하기 활용)

수업 후 활동 - 보상

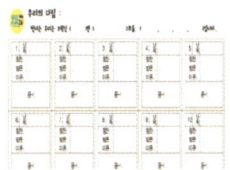

칭찬도장판 적극 활용 날짜와 내용을 기재하게 하여 학생부 및 자기소개서, 추천서작성에 도움을 줌

▲ 수업 후에 칭찬도장으로 보상해주기
(반드시 칭찬 날짜와 사유를 기록하게 함)

고3도 춤추게 하는 수업

:: 모두가 깨어나는 수업의 실현

말도 안 되는 광경이라고 할지 모른다. 수업을 들어가기 전에 아이들이 전부 책을 보고 있다. 이전에는 수업을 들어가면 깨우고, 앉히고, 책 펴게 하는 데 시간과 에너지를 낭비했는데 이젠 그런 고충이 없다. 말 그대로 거꾸로교실 수업 이전과 이후가 완전히 뒤집혔다.

:: 롤코퀴즈로 두근두근-책을 몇 번 보는지 몰라요~

내 수업의 Q12Q에서는 퀴즈가 반, 활동이 반이다. 전부 아이들의 몫인 셈이다. 그런데 아이들이 퀴즈를 괴로워하기도 한다. 왜냐하면, 공부를 해야 하니까. 공부가 싫은 아이들에겐 귀찮은 거니까. 하지만 아이들은 이 퀴즈 덕분에 변했고, 학습량도 엄청나게 늘었다고 한다. 무엇보다 스스로 공부할 줄 알게 되었다고 감사하단다. 덕분에 내신 시험도 편안하게 쳤다고 한다. 어쨌든 결코 편하지 않은 퀴즈! 그래서 이름도 '롤러코스터퀴즈'이다. 수업 시작과 동시에 치는 디딤퀴즈는 자료나 동영상을 보기만 하면 맞힐 수 있도록 쉽게 출제하여 이번 시간에 배울 내용의 핵심을 함께 짚는 활동이다. 마무리 퀴즈는 배운 내용 중 꼭 알아야 할 내용에 대해 질문을 하는 형성평가와 같은 것이므로 시험문제의 예고편이라고도 할 수 있다.

:: 동영상의 힘

동영상으로 예·복습을 하므로 학생들이 시험 기간에 도움이 된다고 이구동성으로 입을 모은다. 그리고 잘 이해되지 않는 부분을 여러 번 돌려 보면서 학습할 수 있어서 과외를 받는 느낌이라고 하며, 선생님이 곁에서 설명해주는 것 같다고 좋아한다. 특히, 시험 기간에는 인기가 아주 많다. 그리고 스마트폰의 기능이 톡이나 게임을 위한 것에서 학습도구로 활용된다는 고무적인 변화도 있다.

:: 학생-학생, 교사-교사, 학생-교사의 관계 개선

학교의 문화도 많이 바뀌었다. 퀴즈 준비를 하는 이유를 물으면 친구들에게 피해를 주면 안 되기 때문이라고 대답한다. 그래서 자연히 배려하고 소통하게 되므로 관계가 개선되었다. 그뿐만 아니라 수업을 위해 도구를 공유하고 아이디어 회의를 위해 자주 만나다 보니 교사 간 친밀도도 높아졌다. 또 학생과 교사도 상호소통을 하는 수업이므로 두말할 필요도 없이 관계가 좋아졌다.

:: 자연스러운 질문과 발표-표현력 신장

"여기 고3 교실 맞나요?"

수업을 공개한 후에 늘 듣는 소리다. 아이들이 자연스럽게 말하고, 듣고, 쓰고, 읽고, 발표하는 수업을 하니 당연하다. 특히, 발표 시간에는 여기저기서 초등학생처럼 "저요! 저요!"를 외친다.

:: 수업 시간 50분-공부시간에 공부만 한다!

거꾸로교실 수업 이전에 나는 항상 동기유발 자료에 대한 고민이 많았다. 본 강의의 원활한 진행을 위해서 동기유발 자료로 사로잡아야만 했다. 그래서 수업 외의 내용도 많이 활용했다. 그러나 이젠 그럴 시간도 필요도 없다. 오롯이 아이들이 채우기에도 50분은 짧기 때문이다. 서로 묻고 답하고, 가르쳐주고, 발표 연습도 하고 서로의 활동에 피드백까지 한다. 그리고 정말 공부시간에 공부를 위한 공부만 한다. 그리고 한 명 한 명에게 집중해야 하므로 교사 입장에서도 수업 시간 50분은 짧다고 느껴진다. 다른 것에 한눈팔 시간이 전혀 없다.

:: 모두가 즐거운 수업

올해 여름방학 때 한 학생이 거꾸로교실 수업 소감을 혼자 찍어 봤다면서 동영상을 하나 보내왔다. 그 학생은 1학년 입학 당시 국어부진아 대상이었다. 학교에서는 성취도평가가 있으니 아침 0교시까지 부활시켜 부진아 학생들을 대상으로 수업을 하는 공을 들였다. 하지만 국어는 어렵고 하기 싫은 과목일 뿐이라고, 자신은 원래 '국포자'였으니 내버려 뒀으면 좋겠다고 했다. 그런데 거꾸로교실 수업을 통해 공부의 즐거움, 성취감을 맛보았다고 한다. 정말 공부에 문리가 난 느낌이다. 이젠 곧잘 공부하는 그리고 공부를 재밌어하는 학생이 되었다. 또, 고3 2학기에 한 장기결석생이 수업 시간에 친구에게 피해를 주면 안 되니까 학교를 왔고 책도 샀다고 했다. 왜냐하면, 거꾸로교실 수업이라서. 그리고 거꾸로교실 수업이라서 할만하다고 했다. 그래서 나도 즐겁기만 하다. 그리고 무엇보다 이런 학생들을 보면서 당장 갈 대학은 성적으로 정해졌을지 모르지만, 이제부터 인생을 자신감 있게 즐길 수 있지 않을까? 싶은 마음이 들어 나도 즐겁고 앞으로가 더욱 기대될 뿐이다.

거꾸로교실을 돌아보며 (학생 소감문)

- 진짜 거꾸로 수업은 적어도 저에게는 '신의 한 수'였어요.
- 처음엔 서로 친하지 않았는데, 반년 동안 같은 모둠이 돼서 이야기도 많이 나누고, 공부도 도와주게 되었다. 우리 조는 팀워크도 잘 맞는다! 각자 맡은 역할을 열심히 해오고, 싸운 적도 없다. (단점 : 하늘 같은 조장을 잘 괴롭힌다.)
- 모둠 활동을 하면서 조원들에게 피해가 가지 않도록 공부도 더 열심히 하게 되고, 활동에 적극적으로 참여하게 되었다.
- 평소에 긴 문학 작품은 공부하기 싫었던 내가 매일 한 번씩 동영상을 시청하는 공부 습관을 갖게 되었다.
- 처음에 거꾸로 수업을 한다고 했을 때 '뭐야 그게. 초등학생도 아니고 모둠 수업이라니' 하고 생각했는데, 수업을 시작해보니 강의식 수업을 할 때보다 두 배로 집중하는 내 모습을 볼 수 있었다.
- 동갑내기 과외하기. 바보가 천재가 되는 국어 수업에 쓰임. 학업에 끌림. 오늘 중 제일 말을 많이 한 시간. 비가 오나 눈이 오나 국어!
- 비문학은 좋아하는데 항상 문학에서 다 틀리고 문학, 특히 시를 진짜 증오했어요. 선생님 얘기 들어도 당최 무슨 소린지도 모르겠고. '그냥 이과니까 버릴까?' 했는데 이건 진짜 진심으로 국어가 꽤 재밌어졌어요!
- 3학년이 되어서 고등학교에서 쳤던 시험 중 국어점수를 가장 잘 받았다. 항상 국어는 100점을 못 받고 한두 개씩 틀렸는데, 3학년 초 수업이 재밌게 느껴지면서 맨날 국어 공부만 했더니 100점을 받게 되었다.

10장

변화의 가능성을 믿게 해준 거꾸로교실

전북 군산기계공업고등학교 이인선

나의 수업 이야기

:: 수업 장악력이 미숙했던 나의 신규 첫해의 좌절

'수학 시간이 즐거울 수는 없을까?'

교직에 들어와 첫 1년 동안 끊임없이 머릿속에 맴돌았던 생각이다. 2013년, 신규 발령을 받아 부푼 꿈을 안고 학교에 들어와 설레는 마음으로 아이들을 만났다. 하지만 안타깝게도 학기 초 아이들에게 얻은 정보는 많은 아이가 오래전부터 수학을 포기했거나 싫어한다는 것이었다. 특히 잘한다는 학생들마저도 수학에 대한 감정은 좋지 않았다.

당시 열정이 넘쳤던 나는 아이들을 변화시킬 수 있을 거라고 생각했고, 매일같이 밤새 교재연구를 했다. 스스로 공부하는 방법을 알려주려고 노력했고, 수업 시간에 이해가 잘되도록 쉽고 재미있게 설명하기 위해 흥미를 끌 만한 소재를 학습에 연결시키기도 했다. 모둠 협력학습을 통해 학습의 즐거움을 느끼기 바라면서 아이들이 직접 찾아보게 하고, PPT의 애니메이션을 적극 활용하고, 브레인스토밍, 그림, 마인드맵, 발표, 퀴즈 등 여기저기 연수에서 배운 것들을 곧바로 적용해보며 수단과 방법을 가리지 않았다. 그때부터 수업 변화를 위한 과정을 블로그에 기록하며 꾸준히 시도와 성찰을 반복했다. 아이들의 동기유발을 잘해주면 자연스럽게 수업에 들어올 거라 생각했다.

하지만 설명할 땐 그럭저럭 따라오는 것 같아 보였지만, 아이들 속에 들어가 점검해보면 하나도 제대로 이해하지 못하는 상태가 지속되었다. 학생들의 수준 차이를 배려하지 못한 채 온전히 내가 주도권을 가지고 있었기에 아이들은 점점 더 내 수업에서 멀어지고 있었다.

수업 장악력이 부족했던 나는 수업 시간에 아이들과 소통하면서 수업에 들어오게 하는 방법에 서툴렀다. 집중을 못 해 잠을 청하거나 딴짓을 하는 아이들, 수업 도중에 친구들끼리 큰 소리로 대화를 나누는 아이들, 엉뚱한 말로 분위기를 흐리는 아이들 등 매시간 수업 진행(내가 가르치는 것)을 방해하고 피해를 주는 아이들을 제지하고 혼내고 소리 지르는 것이 일상이었다. 나도 애들을 혼내고 아이들도 내게 거칠게 반항하고 서로 상처를 주며 아이들과의 관계도 점차 멀어져가는 느낌이었다. 그렇게 수업 시간 아이들과의 관계 형성에 실패하면서 초임교사의 서툰 수업 방식과 미숙한 생활지도 때문이라 스스로를 탓하게 되었다. 수업 진행을 위해 늘 웃으려고 했지만, 참 많이 힘겨웠다.

아이들의 어려움을 들어주기보다는 모든 아이가 한 시간 동안의 목표에 맞는 학습을 똑같이 해야 한다고만 생각했고, 많은 학생과의 원활한 수업을 위해 아이들의 자유나 대화도 허용하지 않은 채 매번 통제하는 것이 당연하다고 생각했다. 그렇게 1년이 넘는 시간 계속된 실패에 나 또한 아이들처럼 무기력해졌다. 할 수 있는 것이 아무것도 없다고 생각했다.

:: 변화를 시도하다

이대로는 안 될 것 같았다. 나도 아이들도 모두 힘들어하는 이런 수업을 계속해야 하나 싶었다. 방법이 없을까 고민하던 중 우연히 KBS 파노라마 〈거꾸로교실의 마법〉을 접했고, 부산 동평중 아이들의 모습이 우리 아이들과 겹쳐지면서 나도 모르게 눈물이 났다. 다시 잘해보고 싶었다. 설레는 마음으로 그렇게 손꼽아 기다렸던 여름 안성캠프에서 나는 다시금 희망을 찾았다. 전국에서 이미 거꾸로교실을 하고 계시는 선생님들께 끊임없이 질문을 하고 조언을 구하면서 우리 학교도 가능할 것이라는 믿음이 생겼다.

교사가 가르친다고 아이들에게 배움이 일어나지는 않는다. 그동안 내 수업 시간은 누구를 위한 학습이었나? 그건 아이들은 아니었다. 나만 설명했고, 내가 다 제시했고, 나만 가르치려 했다. 아이들의 개별적인 학습 속도와 이해도를 고려하지 않은 채 가르치면서 다 알 것이라고 생각했다. 학생들이 스스로 사고하고 함께 협력하며 잠재력을 펼칠 수 있는 교육을 꿈꿔왔지만, 내 수업을 돌아보니 한없이 부끄러웠다. 나를 힘들게 했던 아이들의 반응은 지극히도 당연한 것이었다.

완벽하지 않았지만 더는 지체할 수 없었다. 거꾸로교실을 통해 교실을 비워보기로 했다. 캠프 이후 2학기를 시작하는 날, 거꾸로교실을 해보자는 나의 제안에 아이들은 불가능할 거라 의심했다.

"해도 안 될걸요?"

"우리 학교가 첫 실패 사례가 되면 어떡해요?"

이렇게 아이들은 자신 없어 했지만, 믿음을 주며 그래도 해보자며 시작했다. 동영상 제작에도 서툴러 목소리도 떨리고 글씨도 삐뚤삐뚤 어설픈 모습으로 영상을 찍고 학습지를 준비하는 등 매일매일 수업준비에 온 신경을 집중해야 했다. 그래도 아이들이 변화될 모습을 생각하니 준비하는 시간마저도 즐거웠다.

강의는 영상으로 제공하고 수업 시간에는 학습지를 해결하도록 했다. 시작하고 나서 일주일 정도는 새로운 수업에 대한 기대감 때문인지 열심히 하려는 모습을 보였다. 영상을 미리 보고 온 아이들도 꽤 있었고, 못 보았어도 학습지가 어렵지 않아 함께 해결하려고 했다. 신기했다. '수포자'를 자칭하던 아이도 문제를 풀고 있는 모습에 '와! 이거다' 싶었다.

느껴졌다.
선생님만 주인이었던 것이 아닌, 아이들이 살아 움직이는 수업 시간을….

꼴등이라며 매시간 잠을 청했던 아이도 깨어나 기본문제, 필수 문제까지 천천히 접근하는 모습을 보았고,
매번 100점 맞는 아이도 도전문제를 여러 번 틀리는 과정에서 이리저리 다양하게 접근하는 모습도 보았다.
나보다 친구들의 설명을 들으려고 하는 모습도,
친구들을 도와주면서 어깨가 으쓱해지는 아이들의 모습도 너무 감동적이었다.

매시간 수업 준비가 예전에 비해 쉽지 않을 것이다. 아니 훨씬 더 시간과 노력이 많이 들 것 같다.
하지만 이런 벅찬 감동을 아이들에게서 받을 수 있는데, 어찌 포기할 수 있을까^^

- 2014. 8. 25. 거꾸로교실 시작 후

:: 실패와 개선

하지만 기쁨도 잠시. 이대로 계속되면 좋겠지만, 아쉽게도 일주일 정도 지나자 아이들이 다시 수업에서 멀어지는 느낌이었다. 점차 학습지의 미해결된 문제가 늘어났고, 다른 이야기로 떠들며 수업 시간을

허비하고 있었다.

 이후 한 달간은 정말 포기하고 싶을 정도로 지쳐갔다. 자발적으로 영상을 시청해오고 학습지를 해결할 거라고 여겨 수업 시간에 아무것도 디자인하지 않았던 것이 잘못이었고, 학습지 안에 많은 것을 담으려고 욕심낸 것도 문제였다. 처음부터 어떻게 아이들이 자발적일 수가 있을까. 그렇게 한 달 동안은 동영상 볼 환경이 안 된다, 귀찮다, 하나도 모르겠다, 그냥 설명을 해달라 등등 불만을 이야기하며 핑계를 대는 아이들 때문에 수업이 제대로 되지 않았다. 나 또한 명절 연휴와 일주일간의 학교 행사에 살짝 핑계를 대며 애써 스스로를 위로했다.

 '정말 우리 학교가 실패하는 첫 학교가 되면 어떡하지?' 아이들이 한 말들이 떠오르면서 자신이 없어졌다. 또 반면에 꼭 성공하는 모습을 보여주고 싶었다. 우리 학교도 가능하다는 것을 확인하고 싶었다. 혼자였다면 아마 이때 포기했을 것이다. 함께하는 미찾샘들께 조언을 구했고. 누구나 겪는 과정이라는 말에 위로가 되었다.

 다시 수업디자인을 구체화했다. 아이들에게 객관적으로 피드백도 받은 뒤 동영상도 쉽게 볼 수 있도록 공기계를 활용하고, 학습지도 문제수를 줄여 한 시간에 충분히 해결할 수 있는 난이도로 구성했다. 동영상을 보고 미리 적어올 수 있도록 노트를 제공했고, 수업 시간에 모둠 도장과 시간제한을 넣어 수업 분위기를 개선하기 위해 노력했다. 그리고 무엇보다도 아이들을 끝까지 기다려주었다.

 모든 것을 설명해주려던 마음을 천천히 내려놓고 점차 아이들끼리 해결해볼 수 있도록 기다리며 기회를 주었다. 늘 먼저 설명해주고, 직접 눈으로 확인해야 안심이 되었지만, 수업 안에서 아이들과 직접 겪어가면서 깨달았다. 내가 더 많이 설명해줄수록 아이들에게 학습할 기회가 사라지고, 아이들끼리 의사소통할 시간마저 뺏는다는 것을. 그렇게 하나씩 내려놓기 시작했다.

난이도를 낮추고 모둠별로 협력하게 하니 아이들이 조금씩 변화되는 모습이 보였다. 한 명씩 한 명씩 스스로 움직이고 몰입하기 시작했다. 내가 기존에 알던 아이들이 맞나 싶었다. 이전까지는 늘 혼내고 다그치고 감정은 감정대로 상하게 해서 교실에 들어가기가 겁나기만 했었는데, 내 우려와는 달리 2학기 거꾸로교실 속 아이들은 모둠 안에서 혹은 도우미의 도움을 받아 한 시간 내내 문제를 해결했다. 자신의 속도에 맞게 동영상을 여러 번 반복해서 보면서 이해하고 오는 아이가 늘어났고, 한 번씩 스스로 문제를 해결하는 짜릿함을 맛본 아이들은 이젠 아무런 보상 없이도 자발적으로 수업에 참여하는 모습을 보였다. 그동안 너무나도 꿈꿔왔던 모습을 내 눈으로 보고 있었다. 너무 감격스러웠다.

너무 힘들어했던, 활력이 넘쳤던 반도 수업 안으로 들어오니 꽤 멋지게 협력하고 있다. 또 어떤 아이는 교과서에서 제시하는 풀이과정 외에 다른 방법으로 해결하는 모습을 보았다. 수업을 마무리할 때, 아이들이 우리 열심히 했다며, 오늘 좋았다며, 다 같이 박수를 치자고 하는데, 눈물이 날 뻔했다.

— 2014. 10. 28. 중간고사 이후 대폭 개선한 다음

∷ 아이들이 보이다

교실을 비우고 나니 수업 내내 아이들을 개별적으로 볼 수 있게 되었다. 교실을 돌아다니며 한 명씩 문제 해결 과정이나 오개념 등을 점검해주기도 하고 안부를 물어볼 여유도 생겼다. 가정에서 혹은 친구 사이에서의 개인적인 어려움 등 아이들 개개인의 상황을 제대로 듣고 이해해줄 수 있게 되었다. 수업일지나 학생 '관찰일지'를 쓰며 아이들의 변화과정을 기록하기 시작했다.

관계가 좋아지면서 아이들의 수업 참여도는 눈에 띄게 좋아졌다. 나와의 신뢰가 쌓이고 친구들과 함께하는 분위기 속에서 아이들이 스스로 방법을 찾게 되었고 수업으로 자연스럽게 들어왔다. 매일 기 싸움하고 혼을 냈던 아이들에게도 조금만 이렇게 다가갈 여유가 있었다면, 그렇게 서로 상처를 주면서 힘들어하지 않았을 텐데 지난날이 참 부끄럽기도 하고 안타까웠다.

지난해 한 학기의 변화로 아이들의 가능성을 보았고, 이번 해에는 신입생을 대상으로 3월부터 거꾸로교실을 꾸준히 진행해오고 있다. 학기 초부터 적응한 덕분인지 수업 시간에 친구끼리 이야기하고 서로 알려주고 협력하는 모습이 자연스러워졌다. 여전히 좌절과 극복의 과정이 반복되고 있지만, 이젠 믿는다. 아이들을 기다려주고 소통한다면, 어떤 경우에도 더 좋아질 방법을 함께 찾을 수 있을 것이다.

∷ 관점을 뒤집다

거꾸로교실을 통해 아이들보다 내가 더 많이 성장하고 있음을 느낀다. 아이들을 더 이상 통제의 대상으로 보지 않게 되었고, 교단에 서는 것과 잘 가르치는 것을 교사의 권위라 여겼던 생각을 바로잡을 수 있었다. 이전에는 아이들이 해볼 수 있는 빈틈을 주지 않았고, 자유를 소란으로 여겼다. 아이들에 대한 관점, 교육에 대한 관점을 뒤집으면서 자유로운 분위기를 허용하고 질문을 권장하고 스스로 지식을 정리할 여유를 줄 수 있었고, 아이들과의 시간 속에서 함께 웃게 되었고 즐거워졌다.

아이들에게 마음껏 표현할 시간을 주고 기회를 주니 수학 시간에 아이들의 다양한 재능을 발견할 수 있었다. 손재주가 좋은 아이들은 그림을 그리거나 작품을 만들 기회를 주었을 때, 예상보다 창의적으로 자유롭게 표현해냈다.

아이들은 이제야 조금씩 자기 의사를 표현하고, 스스로 찾아보고 질문하며 해보려고 한다. 교사가 제시하는 한 가지 방법에서 벗어나 다양한 사고와 시도를 한다. 잘해야 한다는 강박에서 벗어나 노력하는 모습을 보여준다. 그리고 수학뿐만 아니라 다른 분야에서도 자신감이 생겼다는 아이도, 수학이 처음으로 재미있다, 할 만하다고 하는 아이들도 나타났다.

나는 아이들이 수학 시간을 통해 느낀 작은 성취감으로, 앞으로 살면서 어떤 분야에서든 얼마든지 다시 도전해보고 더 성장할 수 있다는 믿음을 꼭 가졌으면 좋겠다.

그리고 그동안 의심했던 말에 이제야 확신할 수 있게 되었다.

'아이들을 믿고 기다려주면, 정말 아이들은 변한다.'

나의 거꾸로교실 수학 수업

:: 디딤영상은 간단히, 손쉽게!

다음은 기본 개념에 대한 설명이 필요한 수학 수업에서 내가 디딤영상을 활용하는 방법이다.

- 디딤영상은 최대한 간략하게 핵심 개념만 담아 대략 6~8분 정도로 정리한다.
- 매시간 제공하기보다는 핵심 개념 설명이 필요한 수업에서만 제공한다.
- 간편하게 스마트폰을 이용해 필기를 자유롭게 하며 업로드와 공유를 손쉽게 할 수 있다.
- 학생들은 디딤영상을 보고 간단하게 노트 정리를 한 뒤 수업에 참여하도록 한다.

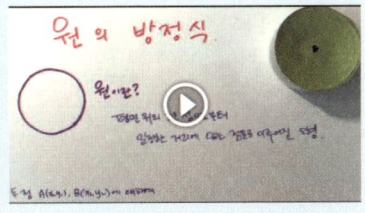

:: 고등학교 수학1의 구체적인 수업디자인

다음은 고등학교 수학1의 '이차부등식' 단원을 디자인한 수업이다. 성취기준은 '수학1242-1. 이차함수와 이차부등식의 관계를 이해하고, 이차부등식을 풀 수 있다'이고, 지난해 내 설명만으로 진행했을 때, 학생들이 꽤 어려워한 부분이라 이번에는 4차시에 걸쳐 방법을 바꾸어 보았다.

성취수준의 상수준에 제시된 것처럼 이차함수와 이차부등식의 관계를 이용하여 이차부등식을 풀고, 그 과정을 설명할 수 있도록 수업을 계획해보았다.

〈수업 전〉

디딤영상으로 '이차부등식에 필요한 기본 개념' 제공하고, 학생들은 개념을 정리해온다.

〈1차시〉

1단계 - 학생들은 첫 시간 빨강/파랑/검정 3색으로 이차함수의 해당 영역을 표시하여 이차함수를 통해 이차부등식을 나타내는 연습을 한다.

2단계 - 판별식이 '0보다 큰 경우/ 0인 경우/ 0보다 작은 경우' 중 한 종류의 예시 문제 카드를 뽑고 모둠별로 해당 예시를 적어 문제를 해결한다.

〈2차시〉

모둠별로 뽑은 카드의 해당 파트에 대해 큰 스케치북에 개념 및 예시를 포함해 다른 모둠에 설명할 자료를 제작한다.

〈3차시〉

정리해둔 스케치북(설명 자료)을 준비하고, 둘 남고 둘 가기 활동으로 다른 모둠의 설명을 듣고 잘된 모둠에게 돈 지불 & 장부 정리

〈4차시〉

활발한 전문가시장 활동 후 문제를 해결해볼 수 있도록 문제 섞어서 풀게 하기

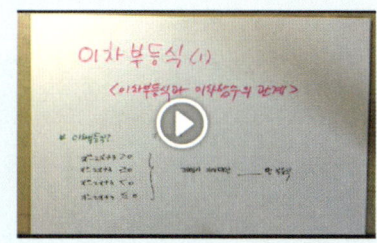

| 디딤영상 <이차부등식과 이차함수의 관계> |

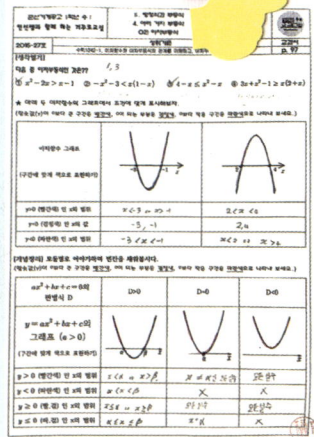

| 1차시 1단계 학습지 | | 1차시 2단계 학습지 |

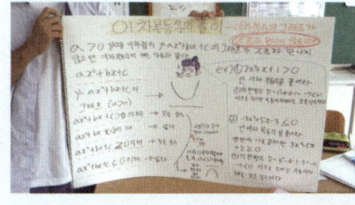

| 2차시 자료제작 |

| 3차시 전문가 활동 |

고등학교 이야기   243

:: 학생들이 주체가 되는 활동

1. 문제풀이 또는 학습 내용 영상 제작하기

모둠별로 선정된 문제 또는 학습 내용을 설명하는 영상을 제작하는 활동이다. 이때 모둠 내 구성원이 적절한 역할을 할 수 있도록 격려하면서 모두의 참여를 이끈다.

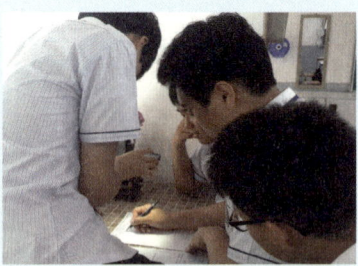

| 영상 제작하기 |

2. 예상문제 만들고 공유하기

모둠별로 출제 범위를 나눈 뒤 다양한 난이도로 출제하게 하고, 전체 모둠의 문제를 벽이나 칠판에 붙인 뒤 각자 12문제씩 자유롭게 해결해오는 활동이다.

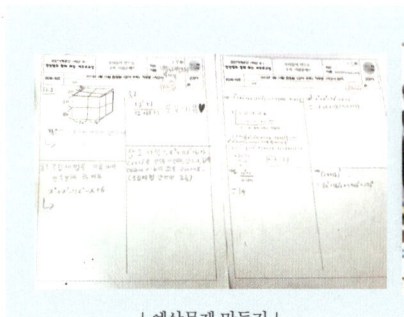

| 예상문제 만들기 | | 예상문제 공유하기 |

3. 다양한 활동으로 수학 표현하기

학습한 지식을 그림, 만화, 노래, 맵, 미니북 등으로 나타내보는 활동이다.

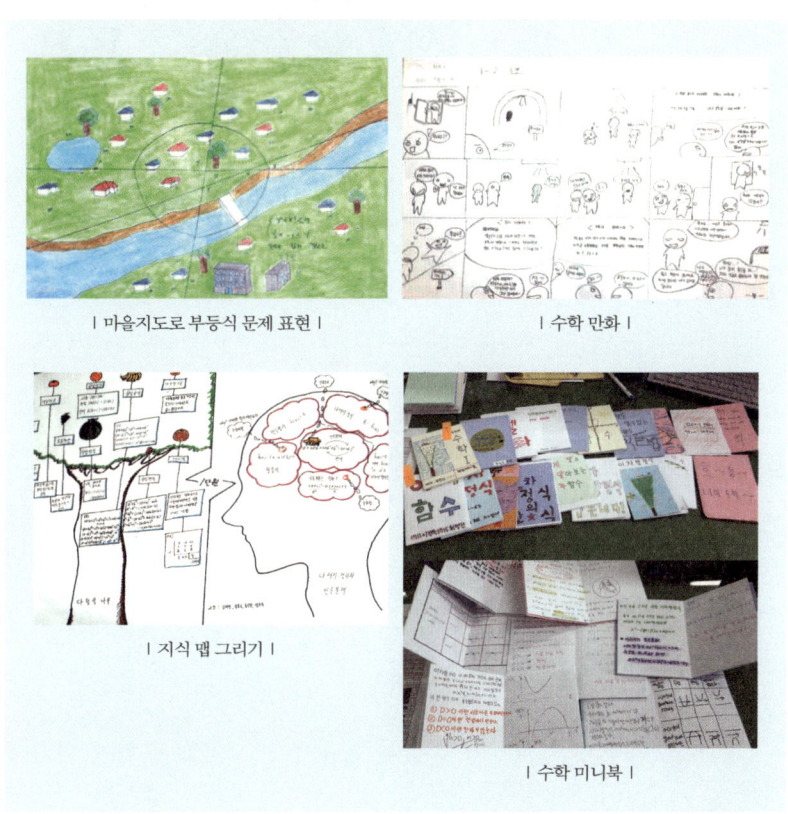

| 마을지도로 부등식 문제 표현 | | 수학 만화 |

| 지식 맵 그리기 | | 수학 미니북 |

4. 학생들이 직접 수업하기

모둠별로 간단한 개념에 대해 수업을 구상한 뒤 영상/강의, 학습지, 수업 시간 활동 등을 준비하고, 예정된 수업 시간에 전체 학생을 대상으로 수업을 진행하는 활동이다.

| 수제 학습지 제작 | | 직접 수업하기(설명) |

학생들 소감

* 1학기 때처럼 설명을 듣는 건, 모르면 머리에도 안 들어와서 잠만 잤는데 2학기 땐 자율적으로 영상을 보고 학교에서 문제를 푸니까 졸리지도 않고 집중도 되었다. 성적도 올랐다. 난 완전 문과 쪽이라 수학에 약했었기에 정말 보람차다. 그리고 수학이 재밌어져서 집에서도 문제를 많이 푼다.

* 거꾸로교실을 시작한 후부터 내가 모르는 문제의 답을 찾기 위해 나 혼자 고민하고 해결하려는 의지가 생겼다. 또한, 선생님과도 벽을 허물고 편하게 질문하는 관계가 되었다. 친구와의 관계도 더욱 좋아졌다고 생각한다. 이 수업을 통해 협동심, 의지, 노력이 비로소 나를 성장시킬 수 있다는 것을 깨달았다.

* 전과 비교하면 우선 강의하는 수업에서는 하는 애들만 하고 안 하는 애들은 하지 않는다. 그래서 전형적인 수업에 질린 애들은 그 위치에서 쭉 이어져간다고 생각한다. 거꾸로교실을 시작할 때쯤엔 아직 뭔지도 모르고 어색해서 진전이 없었지만, 같은 조 애들과 상의하며 풀면서 나도 모르는 사이에 동영상을 다시 보고 학습지를 복습해보는 활동으로 수학에 대한 친밀감이 느껴졌다. 또한, 수업 이외에도 사적으로 만나서 공부를 하게 된 것에 영향을 준 것 같다.
* 거꾸로교실은 지푸라기이다. 수학을 포기하려던 내게 잡을 수 있는 마지막 기회가 되어주었다.
* 저희가 선생님이 되어 수업을 했다는 것이 가장 인상 깊었어요. 선생님이 얼마나 힘든지 알게 되었고, 우리가 친구들을 가르치기 위해 더 열심히 이해하려고 했고 그 덕분에 제가 수업한 부분을 거의 완벽하게 이해했습니다.
* 거꾸로 수업이 없었다면 나는 수학을 포기했을지도 모른다.
* 수학은 어려운 과목인데 거꾸로교실 덕분에 수학에 대한 두려움을 극복할 수 있었다.
* 미리 동영상을 보며 수업을 해서인지 처음 보는 것도 조금이나마 이해할 수 있었고, 강의식으로 듣기만 하지 않고, 친구들과 게임 등을 하며 수업하니 즐겁고 재밌게 수업할 수 있는 것 같다.
* 처음엔 동영상을 보고 오는 것이 귀찮았지만, 지금은 동영상이 있어 공부할 때 모르면 언제든 보면 되니까 좋다.
* 한 학기 동안 해오면서 처음에는 의아하고 이게 정말 도움이 되

고 성적 향상에 문제는 없을지 걱정이 많았다. 직접 수업을 통해 배우는 것이 아니라 영상을 통해 그리고 수업 시간에 또 문제를 풀면서 스스로 이해하는 수업시스템은 누구에게 의지하지 않고 내가 스스로 할 수 있는 능력을 지니게 된 것 같아 조금 새로웠다. 이런 수업 방법은 수학을 두려워하는 사람에게 꼭 추천해주고 싶다.

11장

거꾸로교실과 나의 수업 이야기

충남 천안 북일고등학교 김광호

거꾸로교실을 만나기 전 내 수업 이야기

:: 내가 생각하는 교사의 사명

  2008년 인문계 고등학교에서 교직을 시작하면서 처음 발견한 것은 내가 학창시절 다녔던 학교와 문화나 시스템이 크게 다르지 않다는 것이었다. 그래서 수업을 하는 것에 크게 어려움을 느끼지 않았다. 게다가 남고를 졸업했던 나는 남고에서 근무하는 과정이 전혀 어렵게 느껴지지 않았다. 아이들은 생각보다 내 말을 잘 따랐고 나는 "강의를 잘한다" 또는 "수업 장악력이 있다"는 이야기를 들었다. 기분이 좋았다.

  야간 자율학습 시간에는 아이들을 절대적으로 통제해야 했다. 종종 몽둥이를 들고 위협하기도 했고, 협박하기도 했다. 그래야 한다고 생각했다. 그렇게 아이들을 자리에 앉혀 수능 공부를 하게 하는 것이 내 사명이라고 생각했다.

  수업 시간도 마찬가지였다. 아이들이 잠들지 않도록 가능한 한 재미난 이야기와 연계하여 설명하려고 노력했고, 그와 관련된 기출문제를 푸는 요령을 알려주었다. 아이들은 내 강의를 듣고 열심히 적고 문제를 풀었다. 그러나 종종 내 말을 듣지 않고 반항하는 아이도 있었다. 그런 아이들은 잘못되었다고 생각했다. 그런 아이들의 이야기를 들어주려고 노력도 했다. 그러나 지금 돌아보면 결론은 늘 '내 말을 잘 들어라'였던 것 같다. 수업 시간 강의 내용은 수능 중심이었고 내신 시험도 수능 형태로 구성하여 수능과 내신을 연계해야 한다고 생각하고 노력했다. 아이들은 수능 성적을 잘 받아야 대학에 잘 갈 수 있었고 나도 그 부분에 도움이 되기 위해 노력했다. 그것이 고등학교 교사의 사명이라고 생각했다.

:: 달라진 입시, 고민의 시작

그러나 대입 제도가 바뀌어갔다. 점점 수능만으로는 대학에 가기 어려워졌고, 수시모집으로 대학을 보낼 수 있도록 대안을 마련해야 했다. 그래서 나는 다양한 프로그램을 개발했고 학생들 스펙을 만들어주기 위해 노력했다.

우선 2012학년도부터 새로 시작하게 된 실험 과목의 운영 방안을 고민했다. 다양한 실험을 준비하고 어떻게 평가할지 고민하기 시작했다. 실험 과목은 수능 과목이 아니어서 수행평가를 90%로 늘리고 학생들의 활동 위주의 실험을 하기 시작했다. 과제가 늘어났고 아이들의 불만도 함께 늘어갔다. 그러나 대입에 도움이 될 거란 확신이 있었고 실제로 수업을 들은 학생들이 3학년이 되어 자기소개서를 쓸 때는 자신이 힘들더라도 직접 수행한 내용이 가장 중요하다는 사실을 깨닫기 시작했다.

이후 2013학년도부터는 R&E 프로그램을 개발하고 각종 연구발표대회에 참가하여 학생들의 수상 실적을 늘려주기 위해 노력했다. 그러나 조금씩 회의가 들었다. 학생들의 입시에 도움이 되는 실험연구를 해주고 상을 타기 위해서 점점 어려운 실험을 하게 되었고, 학생의 연구 과정보다는 결과가 중요하다고 생각하여 교사의 개입이 늘어나게 되었다. 내가 하는 것인지 학생이 하는 것인지 혼란이 오기 시작했다.

생명과학 I 수업에 대해서도 조금씩 고민을 하기 시작했다. 나는 아이들을 중간고사와 기말고사 두 번의 시험으로 대부분을 평가했다. 그 시험은 내 강의를 듣지 않아도 인터넷강의를 듣고 과외를 하고 학원을 가서 배워와 점수를 잘 받을 수 있는 시스템 안에 있었다. 그런 상황에서 내 수업을 잘 듣지 않는 아이들에게 딱히 할 말이 생각나지 않았다. 그때부터 평가를 진지하게 고민하기 시작했다.

때마침 국제반 외국인 선생님들을 만날 수 있었고 미국 수업의 평가에 대해 볼 수 있었다. 그 선생님들은 매일 숙제를 주고 채점했다. 그러다 보니 국제반 학생들은 중간고사와 기말고사의 비중이 작았고 평소 숙제를 하는 데 노력을 기울였다. 당연히 학생들은 사교육을 통해서 좋은 성적을 받을 수 없었다. 이 부분이 정말 매력적이라고 생각했다.

2013학년도부터 과감하게 생명과학Ⅰ 수업 시간에 수행평가를 70%로 올렸고 다양한 과제를 만들어 수행평가에 반영했다. 아이들은 역시 반발했다. 수능 공부를 해야 하는데 과제 때문에 못한다는 불만이었다. 그러나 시간이 지날수록 아이들의 발표 실력은 늘어갔고 만들어내는 성과물의 질이 높아졌다. 아이들은 수업 시간에 이루어내는 것이 많아졌고 다양한 이야기가 생겨났다. 그러나 여전히 반발이 심했고 충돌이 나는 부분이 너무 많았다. 고민은 점점 더 깊어갔다.

다행히 실험 수업은 조금씩 자리를 잡아갔다. 다양한 프로그램도 안정되어갔다. 아이들은 다양한 프로그램을 좋아했고 재미있어했다. 그러나 나는 조금씩 부족함을 느꼈다. 그건 바로 내 수업이었다. 아이들은 '수업은 수능강의와 문제풀이이고 프로그램은 프로그램일 뿐'이라고 생각했다. 두 가지가 전혀 다른 것이라고 생각했고 수업은 현실이고 프로그램은 옵션일 뿐이라고 생각했다.

교내 연수를 통해 배움 중심의 수업에 대한 연수를 들었다. 정말 새로운 세상이었다. 아이들이 참여가 높고 교사의 역할은 최소화할수록 배움이 잘 일어난다는 이야기는 정말 충격적이었다. 바로 개학하자마자 2014학년도 1학기 생명과학 I 수업을 바꾸어보았다. 물론 쉽지 않았다. 많은 고민과 준비가 필요했다. 결과는 성공적이었다. 가능한 만큼 내 수업에 최대한 적용해보려고 노력했다. 그러나 내 역량이 부족해서인지 쉽지 않았다. 조건이 까다로웠으며 그 틀에 맞추어 학습지를 제작하는 것이 생각보다 어려웠다.

거꾸로교실을 만나다

:: 혼자 시작한 거꾸로교실

그렇게 또다시 고민을 시작하던 중에 2014년 4월 우연히 방송을 통해 거꾸로교실을 알게 되었다. 방송을 보자마자 '이거다' 싶었고 좀 더 쉽게 학생들과 배움이 일어나는 수업을 할 수 있겠다는 생각이 들었다. 동영상 촬영을 쉽게 하는 방법도 직접 찾아보았다. 영상 촬영을 최대한 내가 할 수 있는 선에서 만들어내고 바로 수업을 진행했다. 기존에 겪은 수많은 시행착오를 바탕으로 진행해서 그런지 생각보다 어렵지 않게 수업을 할 수 있었다.

인문계 고등학교이기 때문에 대학 입시를 무시할 수 없어 나름의 방법을 고안하기 시작했다. 학습지는 우선 수능과 모의고사 기출문제 그림을 이용하여 만들기 시작했다. 수업 중 학습지는 모둠 활동을 통해 논술형으로 작성하도록 했고 아이들은 서로 의견을 주고받으며 문제에 대한 해답을 찾아갔다. 아이들은 수능 문제집을 수업 자료로 적극적으로 활용하기 시작했고 그동안 쳐다보지 않던 교과서를 읽기 시작했다.

그런데 새로운 문제가 발생했다. 아이들의 토론이 잘 이루어지지 않았던 것이다. 이유를 물어보니 아는 게 부족해서 질문도 답변도 어렵다고 했다. 그래서 아이들이 인터넷 검색을 할 수 있게 해주어야겠다고 생각했다. 중소기업의 저렴한 태블릿PC를 구입하고 와이파이 환경을 만들어주었다. 아이들은 모르는 것은 바로 검색했고 토론에 자신감이 붙었다. 모르는 것은 언제든지 찾을 수 있었기 때문에 누구든 참여할 수 있었다.

시간이 지나자 재미있는 현상이 벌어졌다. 아이들은 네이버 검색을 이용했지만, 자료가 부족하단 걸 깨닫고 더 많은 자료를 원했다. 그래서 구글 검색을 시작했고 더 많고 다양한 자료에 접근하기 시작했다. 어떤 경우는 영어 논문이 나오기도 했고 종종 몇 문장을 읽으려고 노력하는 아이들도 생겨났다.

태블릿PC를 구매하자 나는 새로운 시도를 하고 싶어졌다. 스마트기기를 이용한 수업에 흥미가 생기기 시작했다. 그래서 'flipped classroom'과 '스마트교육'이라는 단어로 페이스북과 네이버 카페 등에서 검색하며 자료를 찾아다녔다. 일단 고등학교에서 스마트교육을 시도하는 사례가 매우 적다는 사실을 알았다. 그래서 더 흥미가 생겨 이것저것 찾

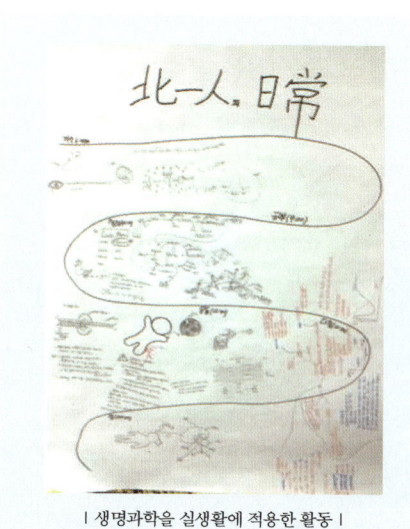
| 생명과학을 실생활에 적용한 활동 |

아보며 스마트기기를 어떻게 수업에 활용할 수 있을까 고민했다. 때마침 교생이 오면서 스마트기기에 대해 더욱 함께 고민해보기 시작했다. 소크라티브(Socrative), Pinpong 등의 프로그램부터, 니어패드(nearpad), 리플렉터(reflector)까지… 그러나 생각보다 수업을 지연시키는 일이 많았고 딱히 더 효과적이라고 느껴지지 않았다. 그래서 네이버 카페를 만들었고 카페 안에 모둠별 자료와 학급별 자료를 탑재하도록 했다. 다른 어떤 프로그램보다 훨씬 효율적이었다. 수업 영상을 올리기에도 좋았다.

:: 미래교실네트워크와 함께

그 뒤로 스마트교육에는 흥미가 없어졌고 'flipped classroom'에 대한 자료를 검색하던 중 미래교실네트워크 홈페이지를 알게 되어 가입하게 되었다. 홈페이지에는 거꾸로교실에 참여 신청을 하는 난이 있었지만, 거기까진 용기가 나지 않아 서포터즈 모집란에 그간의 이야기를 간단하게 적고 도움을 주고 싶다는 글을 남겼다. 이후에 코엑스에서 진행된 행사에서 KBS 파노라마 '거꾸로교실의 마법'을 제작한 정찬필 PD의 강연을 들었고 큰 자극을 받았다. 그 날 집에 돌아왔을 때 전화가 한 통 왔다. 정찬필 PD였다. 7월 초에 다른 선생님들과 함께 모여 재밌는 활동을 해보자고 내게 제안을 했다. 난 흔쾌히 승낙했고 그날을 손꼽아 기다렸다.

드디어 아침 일찍 기차에 몸을 싣고 대구의 한 중학교에서 진행되는 거꾸로교실 연수에 갔다. 방송에서 보았던 선생님들부터 새로운 선생님들까지 많은 분을 새로 만나볼 수 있었다. 연수가 끝나고 공감게스트하우스에서 인사도 하고 본격적으로 대화를 시작했다. 모든 것이 온통 신기하기만 했다. 카메라는 너무 어색했다. 많은 분이 한 분씩 이야기하는 것을 듣는데 너무 신기하고 재밌고 즐거웠다. 나와 같은 고민과 나와 다른 시도…. 모든 것이 유익한 정보였다. 그동안 이런 모임을 항상 꿈꿔왔었는데 드디어 현실이 되었다.

저녁이 되고 서로의 이야기 이후에 캠프에 대한 이야기를 했다. 정찬필 PD는 거꾸로교실을 널리 알리는 캠프를 준비하고 있었고 우리에게 도움을 요청했다. 나는 조금 불안했다. 내가 제대로 된 거꾸로교실을 하고 있는지 확신을 하지 못하고 있었고 다른 선생님들에게 무언가를 알려드린다는 게 조금 두려웠다. 연수 강사라는 것은 해본 적도 없었기 때문이다. 정찬필 PD는 일반적인 기존의 연수의 틀을 깨고 강사가 아닌 함께 배워가는 '주번' 선생님의 개념을 도입하자고 했다. 누군가가 마스터가 되어 다른 누군가를 가르치는 게 아니라, 각자의 수업 현장이 다른 만큼 각자 자신의 상황에 맞게 만들어가는 것이고 조금 먼저 경험해본 것을 나누는 그런 주번으로 활동하면서 캠프를 만들어보자는 것이었다. 그렇게 부담을 줄이고 함께 만들어가는 캠프를 여름방학 기간에 안성에서 두 번 진행하기로 계획을 잡았다.

그렇게 큰 기대를 품고 1학기가 지나고 새로운 시도의 생명과학 I 수업도 무사히 마칠 수 있었다.

여름방학이 되어 나는 바퀴벌레를 이용한 신경과학 방학 특강 수업을 준비했고 신청자는 적었지만, 그래서 더 효율적으로 수업을 진행할 수 있었다. 거꾸로교실처럼 수업에 대한 정보는 TED 강연과 함께 온라인으로 보고 오고 아이들은 스스로 활동하며 신경과학에 관한 실험과 토론을 하고 실생활과 연계된 이야기를 나누었다. 마지막에 스마트폰으로 바퀴벌레를 조종하는 로보로치(roboroach)를 만들고 나서 영화 〈매트릭스〉를 보고 토론을 할 때는 정말 짜릿했다. 이런 경험도 모두 거꾸로교실이라는 새로운 수업의 틀을 알게 되면서부터 가능했다.

방학 수업 도중에 기다리던 캠프를 하게 되었다. 많은 준비가 필요했다. 수업시연부터 영상 녹화 방법 강의까지… 나는 수업 채우기와 오캠(oCam) 영상 강의를 맡았다. 준비과정부터 연속 4시간 수업을 진행하다 보니 정말 체력적으로 힘들었다. 그러나 참가한 선생님들이 즐거워하시는 모습을 보면서 피로를 느끼지 못할 만큼 행복했다. 처음 준비해본 프로그램이라 이런저런 실수도 많았다. 참여하신 선생님들에게 피드백도 받고 다시 수정도 하면서 두 번째 캠프는 조금 더 나아졌다.

이때부터는 진행까지 맡았다. 장혁 선생님께 사정이 생겨서 나에게 진행을 부탁하셨다. 어깨가 무거웠다. 하지만 워낙 즐거운 캠프이다 보니 부담보다는 행복감이 더 컸다. 두 번의 캠프 이후 네이버 밴드는 불이 나기 시작했다. 캠프 참가 선생님들의 반응은 생각보다 뜨거웠다. 모두 수업에 대한 엄청난 열정을 가지고 계셨다. 지역별 밴드, 과목별 밴드 등이 생겨났다. 나는 과학교사 밴드와 고등학교 밴드를 맡게 되었다. 이렇게 새로운 시작의 설렘으로 방학을 마무리했다.

:: 달라진 아이들

2학기가 되어 생명과학Ⅱ 수업을 하다 보니 새로운 어려움이 생겼다. 이번에는 인터넷에 너무 자료가 많아서 어떤 자료가 맞고 어떤 자료가 틀린 것인지 아이들이 혼란을 겪기 시작했다. 그래서 대학 전공 서적을 주었다. 아이들은 대학 전공서적에 나온 자료가 확실한 자료라는 사실을 알게 되었고 대학 전공서적을 최고의 자료집으로 활용하기 시작했다.

이렇게 면접과 논술을 대비할 수 있었고 수능 기출문제를 바탕으로 만들었기 때문에 수능 대비가 되었다. 수업 시간은 다양한 이야기가 생겨났고 생활기록부, 자기소개서, 추천서에 작성할 이야기가 저절로 생겨났다. 그동안 강의식 수업을 할 때 내가 볼 수 있었던 것들은 그저 고개를 끄덕거리거나 질문을 하거나 질문에 답변을 잘하는 아이들뿐이었다. 그런 아이들의 개별적인 특성을 알기는 불가능했다. 그러나 거꾸로교실을 통해 아이들과 직접 소통하는 기회가 늘었으며 아이들의 다양한 재능과 생각과 표현을 관찰할 기회가 늘어났다.

특히 수업 태도가 좋지 않던 학생을 오해한 일이 있었다. 연신 집중하지 못하고 자기 이야기를 하던 H 학생이 썩 맘에 들지 않았다. 그러던 어느 날 그 학생이 속한 모둠에서 재미난 이야기를 하는 것 같아 잘 들어 보았더니 H 학생이 고등학교 생명과학Ⅱ에서 가장 재미없는 부분으로 생각하는 광합성을 왈츠 같다고 표현하는 것이었다. 너무 신기해서 그 이유를 물어보자 더 재미있는 이야기를 늘어놓았다. 그래서 그 이야기를 다른 친구들에게 설명할 수 있게 준비해달라고 부탁했고 그 단원이 끝나자 H 학생의 발표가 시작되었다. 모든 학생이 단원을 학습한 뒤라 황 군의 이야기가 더 와 닿았고 광합성과 왈츠, 세포호흡과 탱고의 절묘한 조화를 느낄 수 있었다. 발표가 끝나자 모두 큰 박수를 치고 감탄을 금치 못했다.

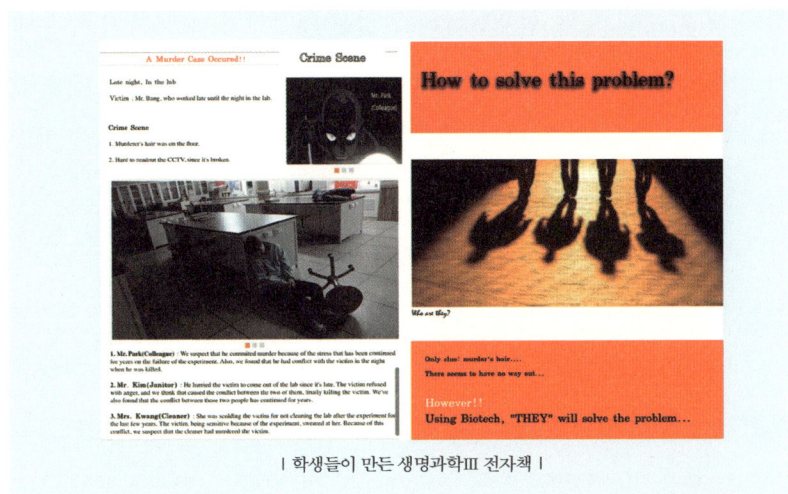

| 학생들이 만든 생명과학Ⅲ 전자책 |

그때부터 H 학생은 문제아에서 천재로 등극했다. H의 활약은 거기서 끝나지 않았다. 점점 탄력을 받은 그 아이는 모둠 활동을 진화시켰다. 모두 바닥에 종이를 오려 중심원리 메커니즘을 손으로 표현하는 애니매이션을 만들 때, 혼자서 종이를 입체로 접어 DNA를 표현하고 3차원적인 영상을 만들어냈다. 주위에서 이를 보던 다른 모둠의 아이들도 자극을 받아 더 멋진 작품을 만들기 위해 노력하기 시작했고 성과물의 질은 더욱 높아졌다. 이렇게 내 거꾸로교실에서 아이들은 생각하기 시작했다. 아이들은 고민하기 시작했다. 아이들은 새로운 시도를 하기 시작했다.

2학기 중에도 각 지역 교육청의 요청으로 캠프가 이어졌다. 그 덕에 나는 더 많은 선생님을 만날 수 있었고 캠프를 할수록 나 자신이 더 많은 것을 배워간다는 것이 느껴졌다. 그러던 중 내가 속해 있는 충남교육청에서도 캠프를 요청했고 충남 지역의 선생님들을 대상으로 캠프를 하게 되었다. 충남 선생님들의 열정은 대단했다. 캠프 3주 뒤에 내가 근무하는 학교에서 오프라인 모임을 열었다. 20명의 선생님이 참여해주셨고 모두 정말 멋진 경험을 공유해주셨다. 이렇게 하면 정말 충남도 멋진 교육을 할 수 있을 것 같다는 기대가 생겼다.

::일 년을 마무리하며

일 년의 마무리를 하는 과제를 고민하던 시점에서 아이들의 다양한 표현력을 모두 담아낼 수 있는 것을 만들고 싶었다. 때마침 전자책을 만드는 툴을 정찬필 PD를 통해 알게 되었고 교사가 만드는 것이 아니라 학생 스스로 만들어보게 하는 게 좋을 것이라는 조언을 들었다. 그래서 생명과학Ⅰ, Ⅱ를 모두 배웠으므로 아이들 스스로 팀프로젝트 활동으로 생명과학Ⅲ을 만들어보기로 했다. 물론 모든 아이가 좋아하진 않았다. 귀찮고 번거로운 작업이기 때문이다. 그러나 몇몇 모둠에서는 이번에도 깜짝 놀랄만한 작품을 만들어왔다. 나는 그 툴을 쓸 줄 몰

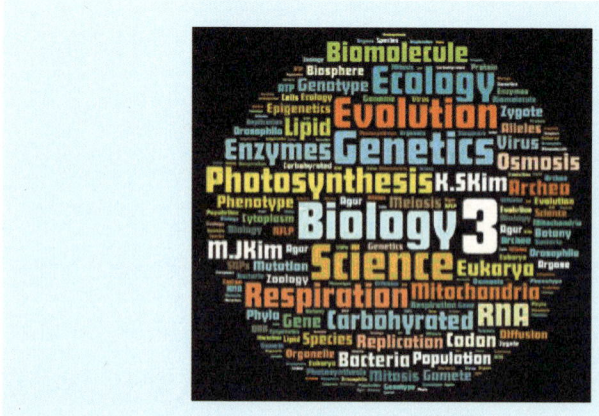

| 학생들이 만든 전자책 표지 |

랐지만, 아이들은 스스로 사용법도 익히고 내용도 만들었다. 아이들은 다양한 영상과 사진 등의 자료를 이용하여 자신들의 아이디어를 표현해냈다.

어느샌가 아이들을 통제하고 수업을 장악하려고 했던 나 자신이 너무 부끄러워졌다. 나는 그동안 아이들을 내 생각의 틀에 맞추어 길러내고 있었다. 내 의견을 강요했고 그에 따르기를 원했다. 그러나 아이들은 내 생각보다 심지어는 나 자신보다 더 멋진 생각과 표현을 하며 나를 놀라게 했다. 아이들은 정말 많은 잠재력을 지녔다.

아이들이 어디까지 할 수 있을지 궁금했다. 기말고사를 마치고 시험 후에 학생들이 집중하지 못하는 시간을 활용해서 어떤 수업을 할까 고민했다. 그동안 단원을 마치면서 정리 강의를 한두 번 정도 할 때 항상 단원의 제목과 주요 개념을 이어 생명과학 Ⅰ, Ⅱ의 개념을 통합하여 설명하곤 했다. 그런 연습이 되어 있다는 생각에 아이들에게 스스로 개념을 연결지을 수 있도록 이젤 패드에 함께 연결해보는 활동을 제안했다. 결과는 성공적이었다. 아이들은 생각보다 개념들을 잘 이어 나갔고, 실험 과목의 개념도 함께 이어가며 더 큰 이야기를 만들어냈다.

이후에 고민했던 것은 지금까지 공부한 생명과학이라는 학문이 실생활과 얼마나 닿아 있는지를 알려줄 방법이었다. 실생활과 많이 닿아 있을수록 아이들이 더욱 배우는 재미를 느낄 것 같았기 때문이다. 그래서 생각한 것이 '하루 일과를 생명과학 지식과 기출문제로 표현하기'이다. 아이들은 아침에 일어나서부터 하루 일과를 생명과학 지식으로 풀어냈다. 심지어는 이야기 전체를 기출문제 그림으로 나타내는 모둠도 있었다. 정말 깜짝 놀랐다. 이 아이들은 이미 고등학교 생명과학 지식을 생활에 적용할 수 있는 수준이라는 사실에 놀라지 않을 수 없었다.

그러던 중 한 해를 마무리하는 시점에 강원도에서 겨울 미찾샘 워크숍이 있었다. 그동안의 이야기를 돌아보며 정말 짧은 시간에 많은 일이 있었다는 생각이 들었다. 나 스스로도 많이 배우고 성장한 것 같아 기분이 좋았다. 특히 워크숍이 끝날 무렵 늦게까지 남아서 몇몇 선생님과 정찬필 PD와 대화를 나누었다. 그때 비로소 정찬필 PD가 그리던 미래교육의 전체 그림을 들을 수 있었다. '빅 아이디어(Big Idea)'가 참 마음에 들었다. 아이들의 생각을 열어주는 작업으로 빅 아이디어를 활용하자는 제안은 정말 매력적이었다. 그래서 바로 적용해보기로 했다.

학교는 1년을 마무리하는 시점이 되었다. 마지막 시간에 아이들에게 생각의 틀을 넓혀주기 위해 빅 아이디어를 기존의 독서나눔 활동과 연계하여 거부감 없이 활용해보기로 했다. 다른 것은 필요 없었다. 아이들에게 '생명과학Ⅰ, Ⅱ를 쓴 책의 저자가 너희에게 말하고 싶은 질문이 무엇일까?'라는 질문을 던졌을 뿐이다. 아이들은 놀라는 표정이었다. 짧은 시간 아이들은 모둠별로 질문을 찾기 시작했고, 여기저기서 생전 읽어보지 않던 책의 머리말을 읽고 이런저런 내용을 찾았다. 약간씩 다르지만, 맥락은 같은 질문이 나오기 시작했다. 마지막으로 그런 질문의 답을 한마디로 표현해보는 개념을 찾아보자고 했다. 아이들은 책의 제목을 유심히 들여다보기 시작했다. 과목의 내용을 멀리 크게 바라보니 인생, 삶, 우주 등 다양한 커다란 개념이 나왔고 그 개념 안에서는 다른 과목도 연계되어 있었다.

고등학교에서 배우는 모든 과목은 처음부터 필요한 내용이었지만,

어느샌가 아이들은 시험을 위해서만 공부해왔다. 이 모든 게 자신에게 필요하고 도움이 된다는 사실을 알면 남은 고등학생 기간에 아이들이 조금이라도 공부하는 데 힘을 얻을 수 있기를 바랐다. 이런 기회를 갖게 된 건 참으로 행운이며 행복한 일이었다. 2015년에는 새로운 아이들이 어떤 모습을 보여줄지 기대된다.

나의 거꾸로교실 수업 방법(생명과학 I, II)

::**동영상 촬영**

동영상을 촬영하는 데 필요한 학습 자료는 교과서 CD를 활용한다. 특히 교과서 CD에는 PPT 파일이 들어 있어 이 파일을 편집하면 좋은 자료로 활용할 수 있다.

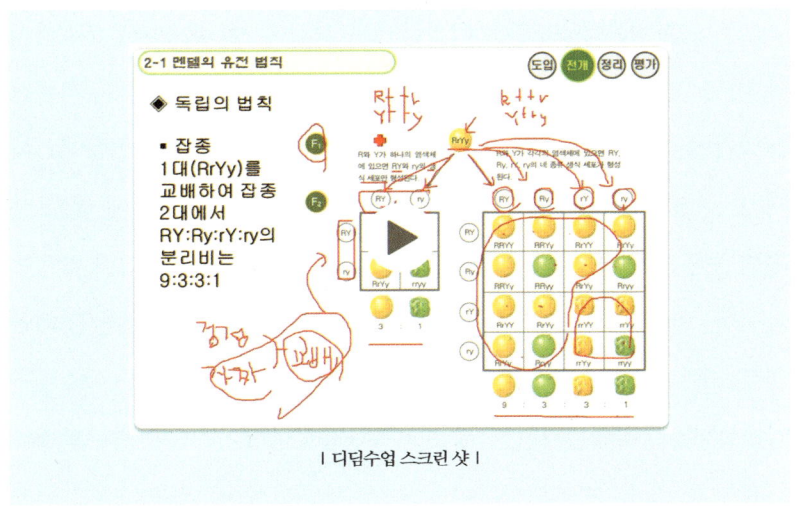

| 디딤수업 스크린 샷 |

편집한 PPT 파일을 이용하여 컴퓨터 화면에 띄우고 '오캠'이라는 스크린녹화 무료프로그램을 이용하여 녹화한다. 처음에 아무것도 모르고 10분짜리 영상을 녹화하는 데 3시간이 걸렸던 것 같다. 하지만 시간이 지나 곧 익숙해져 10분짜리 영상은 업로드까지 딱 12분이면 마무리되고 영상을 제작하는 것은 큰일이 되지 않는다.

::학습지 제작

학습지를 만드는 일은 가장 중요한 과정이다. 고등학교 상황에 맞는 학습지를 만드는 데에는 역시 수능 기출문제를 빼고 생각할 수가 없다. 고민 끝에 객관식 형태의 기출문제를 주관식 서술형으로 변형하여 만들었다. 객관식 문제는 정답을 찍고 나면 끝나버리기 때문에 학생 간의 대화도 적고 수업도 매우 단조로워진다. 서술형으로 변형하면 학생들의 대화는 필수가 되고 다양한 대화를 하며 자연스럽게 개념에 관한 깊이 있는 이야기를 나누게 된다.

오른쪽 그림은 '탐구활동'이라는 학습지이다. 이 학습지는 두 가지 유형으로 이루어져 있다. 하나는 서술형 문제이고 다른 하나는 객관식 선택지만 뺀 형태이다. 원래 생명과학은 수능 문제 스타일이 ㄱ~ㄷ에서 옳은 설명을 고르는 식이기 때문에 학생 스스로 ㄱ~ㄷ에 있는 문장의 오류를 발견하여 교정하게 하는 문제로 구성한다. 이러면 학생들은 수능 문제와 거리감 없이 오답 노트까지 한 번에 이뤄내는 형태의 공부를 할 수 있다.

고등학생들에게는 개념 정리도 매우 중요하다. 그래서 탐구활동과 더불어 노트 정리도 과제로 나간다. 그 단원에 주요 개념을 주고 학생

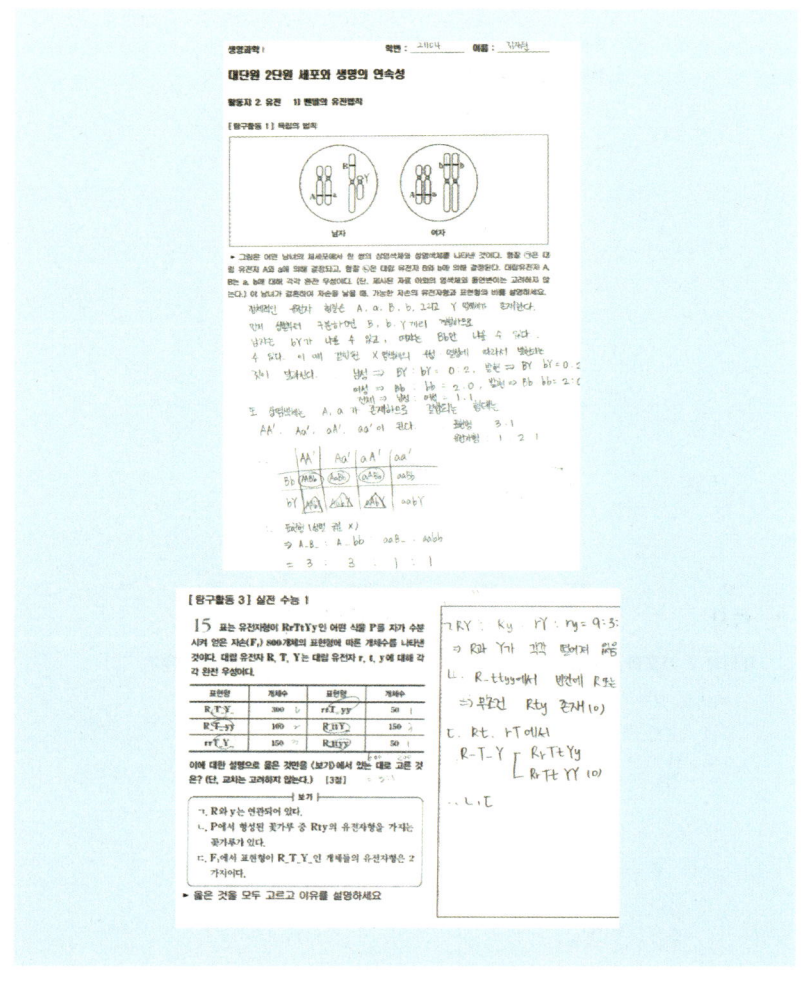

스스로 교과서를 보고 정리하게 하는 과제이다. 학생들은 주로 야간 자율학습 시간에 복습하는 과정에서 이 노트를 작성한다. 스스로 노트를 작성하며 개념을 정리하고 암기한다.

학생들은 수업 시간에 작성한 학습지를 3링 바인더에 수합하여 개인 보관한다. 대단원이 끝나면 자신이 모은 학습지를 정리하며 자신의 학습 상태를 자가 점검할 수 있도록 목차와 되짚어보기를 작성한다. 목차를 작성하며 자신의 바인더를 정리하는 동시에 어떤 내용을 학습했는지 스스로 점검한다. 그리고 되짚어 보기를 작성하며 자신의 학습 정도를 스스로 평가하며 부족한 부분을 확인하고 추가 학습 계획을 세우도록 한다.

::수업 운영

모둠구성 및 활동 운영

 수업은 6개의 모둠으로 구성하여 진행하고 있다. 모둠 구성은 번호 순으로 무작위로 구성한다. 많은 선생님이 모둠을 구성할 때 대체로 성적이 높은 학생들을 각 모둠에 한 명씩 배치하여 운영한다. 나도 그런 식으로 해보았으나 부작용을 발견할 수 있었다. 모둠을 시작할 때부터 학생들이 성적이 높은 학생에게 의지하는 것이었다. 거꾸로교실에서 내가 아이들에게 원한 모습은 교사의 도움 없이 모두가 각자의 노력으로 충분히 노력하며 협업하는 것이었다. 그러나 성적이 높은 학생들을 각 모둠에 인위적으로 배치하면 그런 현상이 일어나지 않았다. 그래서 내가 선택한 방법은 무작위로 모둠을 짜고 모둠 간 경쟁이 아닌 모둠 간 협업구조로 가는 것이다.

 구체적인 방법은 다음과 같다.

① 탐구활동 한 문제를 푸는 시간은 10분을 준다. 이때 스크린에 타이머를 띄워두는 게 중요하다.
② 10분 동안은 모둠원끼리 성공과 실패와 상관없이 가능한 만큼만 최대한 해결해본다.
③ 10분이 지나면 모둠원이 절반은 남고 절반은 시계 방향으로 이동한다. 그러면 모든 모둠이 새로 구성된다.

④ 새로 만난 모둠원끼리 10분간 알아낸 내용을 2분 동안 공유한다.

⑤ 2분이 지나면 다시 시계 방향으로 한 칸 이동한다. 그리고 또 2분간 공유한다. 이때 지속해서 타이머를 통해 학생들에게 시간을 알려준다.

⑥ 6개 모둠의 경우 3번만 이동하고 본 모둠으로 돌아와 보고 들은 것을 공유하면 모든 모둠의 내용의 공유가 가능하다. 이런 식으로 진행하면 학급 전체 학습지의 질이 높아지고 각 모둠 구성원의 수준에 따른 차이를 극복할 수 있으며 학생들의 불만을 해소할 수 있다.

이러한 수업 방식으로 한 반 전체의 협업구조를 만들 수 있고 학생들은 많이 공유할수록 자신의 학습지가 풍성해진다는 사실을 배우게 되어 더 적극적으로 공유하게 된다. 이런 활동은 자연스럽게 교사의 개입 없이 학생들의 학습지가 틀린 내용에서 벗어나 맞는 내용으로 구성될 수 있고 전체의 흐름이 잘못 흘러가는 경우에만 교사가 잠깐 개입하여 방향을 설정해주면 모든 것이 수월하게 해결된다.

활동의 활성화

대부분의 학생은 수업 시간에 말하는 것에 익숙하지 않다. 그러므로 거꾸로교실을 처음 운영할 때는 아이들이 말을 하도록 유도하는 것이 매우 어렵다. 다양한 방법으로 아이들이 떠들기 시작하면 조금 안심이 되지만 그 내용에 대해 의구심을 갖게 된다. 아이들이 수업 내용에 집중하지 못하는 여러 가지 이유가 있겠지만, 내가 발견한 가장 큰 이유는 몰라서 못하는 것이었다. 디딤수업을 보고 오지 않았거나, 봤는데 기억이 나질 않는 등의 이유가 있었다. 그런 아이들에게 가장 필요한 것은 인터넷 검색을 통해 정보 접근성을 높여주는 것이다. 물론 대부분의 학교에서 스마트폰을 쓰지 못하게 하지만, 학교의 특성에 따라 방법을 모색해보면 좋을 것 같다. 이렇게 아이들이 인터넷을 통한 자료 검색이 가능해지면 훨씬 자신감 있게 수업에 임하는 모습을 볼 수 있었다.

활동 1. 마인드맵 그리기

대단원을 마치면 반드시 대단원 정리 마인드맵을 전지에 그린다. 여기서 매우 중요한 점은 단원별로 분절된 지식을 학생 스스로 연결지어 사고하며 교과 전체의 맥락을 찾아가도록 하는 것이다. 그래서 학생들은 우선 각자 만들어가는 가지에 친구끼리 개념을 연결하며 다양한 마인드맵을 20분 동안 그린다. 그리고 15분 동안 다른 교과서의 내용과 연결짓는 활동을 한다. 이때 표면적인 연결이 아닌 학습 내용의 의미의 연결점을 찾도록 유도한다. 이렇게 마인드맵이 완성되면 10분 동안 질문을 만들게 한다. 이 질문은 각 모둠에서 만든 마인드맵이 어떤

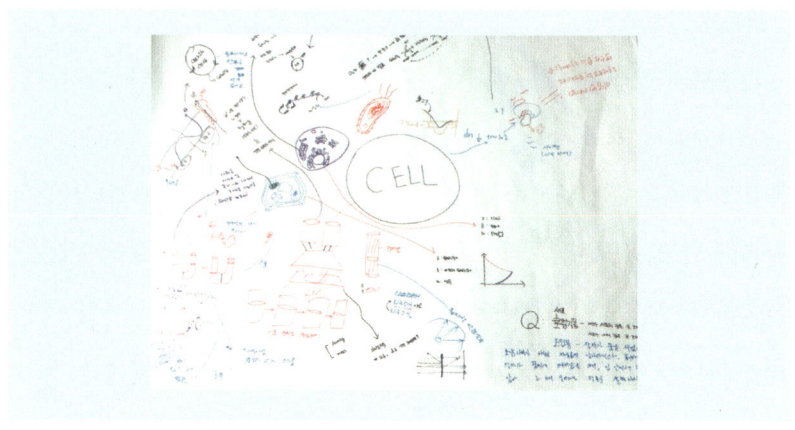

질문에 대한 답이었다면 모둠별로 생각하는 그 질문을 만들도록 하는 것이다. 이렇게 하면 학생들은 우리가 무엇을 왜 배우는지에 대한 물음을 갖기 시작하며 자신이 공부하는 내용에 대한 메타인지를 기를 수 있다. 이렇게 질문도 만들었다면 이제는 기본적인 학습활동처럼 시계 방향으로 돌아가며 2분씩 공유 활동을 하고 마친다.

활동 2. 수제 애니메이션 만들기

생명과학은 메커니즘에 대한 내용이 많다. 그리고 그 메커니즘은 대체로 교과서에서 몇 컷의 단순한 그림으로만 표현되는 경우가 대부분이다. 이러한 내용을 학생들이 모두 함께 명확하게 이해하고 표현하는 활동으로 수제 애니메이션 만들기를 한다. 방법은 간단하다. 학생들 스스로 메커니즘을 종이를 이용해 설명을 음성이나 자막으로 넣어 영상을 만드는 것이다. 이렇게 만든 영상은 함께 공유하며 서로의 장점과 오류를 공유하며 학습하는 데 활용한다.

활동 3. 릴레이 암기 게임

　시험 기간이 되면 학생들이 암기할 내용이 많아진다. 아마도 이럴 때 모든 과목에서 활용하는 것이 이 활동이라고 생각한다. 15분간 학생들에게 모둠별로 암기할 시간을 주고 순서대로 나와 2분 동안 암기한 내용을 쓰게 한다. 다 쓰면 다음 사람이 나와서 이어서 쓰고 또 2분이 지나면 교체하고…. 이렇게 3바퀴 정도 돌아가면 상당한 내용이 짧

은 시간에 암기되고 써져 학습 효과가 매우 좋다. 하지만 여기서 반드시 해야 되는 중요한 마무리가 공유 활동이다. 방법은 같다. 모둠별로 돌아가며 다른 모둠이 작성한 내용을 보며 피드백을 주는 것이다. 이렇게 공유하며 우리 모둠의 부족한 점과 장점을 파악하며 성장해나갈 수 있다.

::평가

고등학교에서 거꾸로교실을 지속해서 성공으로 이끌기 위한 가장 중요한 요인이 평가와 입시라고 생각한다. 이 부분이 해결되지 않으면 결국 의미 없는 활동으로 이어질 수 있기 때문이다. 거꾸로교실을 시작하기 전 수업에 대해 많은 고민을 하던 시절에 다양한 경험을 통해 깨달은 것이 하나 있었다. 그것은 내 수업을 듣는 학생들은 원래 내 수업을 듣지 않아도 되는 구조에 있었다는 것이다. 일반적으로 고등학교에서 내신 성적을 내는 과정에서 수능과의 연관성을 두기 위해 수능 형태의 오지선다 지필고사를 출제한다. 그리고 대부분의 평가는 중간고사와 기말고사의 점수가 좌우한다. 그러다 보니 아이들은 내 수업을 듣지 않고도 학원 강사와 인터넷 강의 그리고 과외선생님을 통해 배운 내용으로도 좋은 점수를 받을 수 있었다. 그래서 이 구조를 벗어나는 것이 매우 중요하다.

그러기 위해서는 지필의 비중을 줄이고 수행평가의 비중을 늘려야 한다. 그래서 수업 시간에 이루어내는 다양한 활동이 평가에 반영되도

2015학년도 2학기 2학년 생명과학 II   학번: _____ 이름: _____

○ 평가 기준 안내

평가 항목	평가 내용	반영 비율
다큐멘터리 보고서	다큐 관련 추가 조사 및 개인 의견 서술	10
독서 활동	독서 나눔 활동 (책 : 눈먼 시계공)	10
논술 문제	논술 문제 풀이 및 교정	10
실험 과제	실험 분석 서술 및 교정	10
노트	노트 작성 및 교정	10
탐구활동	탐구활동 작성 및 교정	10
팀 프로젝트 발표	주제 선정 팀 발표 (내용 구성, 창의성, 성과물)	10
1회 고사	지필 평가 (주관식 100점)	15
2회 고사	지필 평가 (주관식 100점)	15
합계		100

○ 바인더 점검 사항

과제	현재	교정
다큐멘터리 보고서		
독서 활동지		
논술 문제		
실험 과제		
노트 정리		
탐구활동 정리		
팀 프로젝트 활동지		

록 하는 것이 중요하다.

앞의 사진에 나타나 있듯이 나는 수행평가를 70%, 중간고사 15%, 기말고사 15%의 비율로 수업을 진행한다. 수업 첫 시간에 평가 안내지로 위의 내용을 나누어준다. 여기서 매우 중요한 요소가 있다. 우리 아이들은 한방 인생에 익숙하다. 중간고사 한방, 기말고사 한방, 수능 한방…. 그래서 대부분의 학생은 시험을 한번 망치면 세상이 다 끝났다고 생각한다. 이러한 현실은 가슴이 아플 수밖에 없다. 특히 성취도 평가라고 하는 것은 학생들의 성취도를 높여주어야 하는데 우리는 아직도 상대평가에 묶여 있다.

그래서 이런저런 고민을 하였고 이런저런 다양한 경험을 하는 과정에서 배운 것은 학생들의 성취도를 높여주기 위한 평가가 가능하다는 것이다. 그것은 지필평가는 비중을 줄이고 수행평가에 재 기회를 주는 것이었다. 첫 번째 수행평가에서 부족한 부분을 피드백으로 주고 두 번째 기회에 만회하면 더 나은 점수를 주는 것이다. 이렇게 하면 학

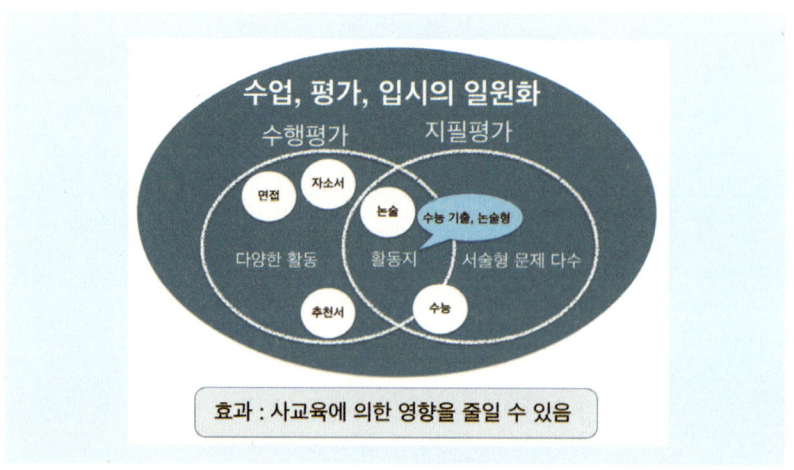

생들은 더 나은 점수를 받기 위해 성취도를 높일 수 있고 재 기회를 준 교사에게 감사함을 느낀다.

많은 수행평가 항목 중 기본활동인 탐구활동과 노트를 평가할 때 중요한 점은 맞고 틀리고를 평가에 반영하지 않고 성의껏 작성하기만 하면 점수를 주는 것이다. 그러면 학생들이 잘못된 답을 적을 가능성이 있는데 이것은 위에서 언급한 학급 전체의 공유 활동과 교사의 방향성 제시를 통해 충분히 해결할 수 있다.

이렇게 수업이 진행되면 자연스럽게 지필평가도 평소 활용하는 학습지와의 연계성을 높이기 위해 서술형이 많아진다.

이런 수업을 운영하면 수능 기출문제를 기반으로 한 탐구활동을 통해 수능 대비를 하며 자연스럽게 서술형 문제를 풀기 때문에 논술력이 늘어난다. 다양한 모둠 활동과 수행평가를 통해 나눔과 배려의 이야기가 생겨나고 소통하는 능력이 늘어 면접도 준비할 수 있다. 이러한 다양한 이야기는 자기소개서의 좋은 콘텐츠가 되고 이를 지켜보는 교사의 입장에서도 추천서를 작성할 수 있는 자료가 수집된다. 그래서 결국은 사교육에 의한 영향도 줄일 수 있다.

12장
거꾸로교실로 떠나는 여행

충북 진천고등학교 채광희

거꾸로교실에 대한 나의 생각

고등학교에서의 거꾸로교실은 어떤 형태의 수업일까? 많은 고등학교 선생님이 "화학 교과를 수업 시간에 어떻게 진행하나요?", "화학 수업 시간에 무엇을 하나요?"라는 두 가지 질문을 많이 한다. 개인적으로 "어떻게 수업하는지? 수업 시간에 무엇을 하는지?" 궁금해하는 질문도 좋다. 다만 그 전에 이런 질문을 하면 좋겠다. 이 질문으로 끊임없이 서로 소통하고 생각을 공유하면 좋겠다.

"왜 화학 수업을 거꾸로교실로 진행하시나요?"

답이 있을까? 내가 이야기하고 싶은 것이 이 부분이다. 바로 교사 자신의 교육철학을 가지고 학생을 생각하고 함께 수업을 만들어간다면 이유가 무엇이든 모든 선생님의 교육철학이 답이 될 수 있다고 생각한다. 꼭 내 생각을 말한다면, 간단하다. 그냥 화학 수업 시간이 행복하면 좋겠다. 즐거우면 좋겠다. 그리고 나와 함께한 화학 수업이 조금이나마 진짜 세상에서 배움이 일어나고 진짜 세상에 연결되어 모든 것에 적용하고 활용할 수 있도록 확장이 되면 좋겠다.

"어떻게 하면 될까?"

거꾸로교실을 시작한다면 학생들과 가장 먼저 해야 할 일이 바로 관계 형성이다. 어쩌면 사회를 살아가는 데도 관계 형성은 정말 중요하다고 생각한다. 나의 얕은 생각으로는 교사와 학생 간의 관계만 잘 형성된다면, 어떤 형태의 수업 진행도 좋을 것으로 생각한다. 다만, 거꾸로교실 수업은 다른 수업의 형태보다 학생들과의 관계 형성에 좋은 윤활유가 될 것으로 확신한다.

"과연 학교 현장에서 거꾸로교실로 화학 수업하는 것이 현실성이 있는가?" 이 글을 읽고 있는 선생님께 질문을 던지고 싶다.

"학생들과 마주하는 시간을 가장 잘 활용하는
수업 방법은 무엇인가?"■

■   존 버그만, 아론 샘즈(2015). 거꾸로교실-진짜 배움으로 가는 길. 서울: ㈜에듀니티

자신이 생각하는 나름의 답을 찾아가길 바란다. 정해진 답이 있는 것이 아니다. 정해진 답이 무엇인지 찾으려고 하지 않기를 부탁하고 싶다. 환경에 따라서, 교실의 학생에 따라서 그리고 교사에 따라서 하나의 형태로 적용하고 시행할 수 있는 수업은 없다.

고등학교에 근무하면서 수업 시간에 화학 개념을 잘 전달해서 이해시키고 그 내용을 기초로 수능에서 좋은 성적을 받게 하는 것이 목적이며, 목표로 생각했다. 그렇기에 교사의 전문성을 무엇보다도 교과의 개념을 잘 이해하고 '어떻게 하면 학생들에게 잘 전달할까? 그리고 어떻게 하면 잘 이해시킬까?'에 초점을 맞추니 나의 화학 수업은 지식 전달 형태의 설명식이었다. 수업의 효과는 좋지 않았다. 그렇다고 설명식 혹은 강의식 수업이 나쁘다는 것은 절대 아니다. 다만, 내적 동기가 없는 이끌려가는 강의식 수업은 학생들에게 전혀 도움이 되지 않는다는 것이다. 그래서 수업 시간에 학생들이 서로 가르쳐주고 배우면서 이 안에서 소통하고 서로 배려하고 협력하면서 공부를 하도록 안내하는 것이 조금이나마 도움이 될 것이라는 것이다.

"수업의 패러다임을 바꾸면 이제 무엇을 하면 되는가?"

디딤수업을 EBS의 강의처럼 교사가 화면에 나오고 자료를 빔으로 띄워서 교과 내용을 설명하는 영상을 생각할 뿐만 아니라, 디딤수업의 질을 생각해서 시간을 투자하고 편집해서 좋은 영상을 제작하려고 한다. 그러니 부정적인 생각은 당연하다. 이 부분에 크게 공감하는 이유가 있다. 내가 그런 경험을 했기 때문이다. 처음에는 디딤수업을 EBS

강의처럼 만들어야 한다고 생각했고 빠짐없이 교과 내용을 설명해야 하기에 30~40분 영상을 제작하는 데 2~3시간은 필요했다. 그나마 힘들게 만든 영상을 학생들이 잘 보고 오면 좋은데, 영상 시청률은 낮았다. 그러니 힘들 수밖에 없었다. 나의 거꾸로교실 첫 실패담이다.

디딤수업 제작하는 데 추천을 원한다면, 스마트폰으로 제작하는 것을 권장하고 싶다. 이유는 당연히 있다. 접근성이 쉽다. 제작이 쉽다. 어려운 것이 없다. 평소에 가지고 다니는 스마트폰에 거꾸로칠판이라는 앱을 설치하거나 스마트폰 카메라를 이용하면 된다.

| 비디오카메라로 제작한 디딤수업 |

| 스마트폰으로 제작한 디딤수업 |

거꾸로교실의 핵심 - 수업 활동! 무엇을 하면 될까?

:: 모둠 편성

 화학 수업은 대부분 활동지를 가지고 모둠 학생 간의 팀티칭으로 이루어진다. 핵심은 조원 간의 소통과 협업이다. 학기 초에 수업 활동하면서 학생들에게 소통과 협업이 중요하다고 자주 이야기했다. 왜냐하면, 학생들은 이제까지 교실에서 조용히 수업을 들었기에 친구들과 교과 관련해서 수업 시간에 소통하는 것이 어색하기 때문이다.

 모둠별 활동이 주를 이루다 보니 모둠편성이 중요하다. 교실의 상황과 교실을 구성하는 학생들의 여건에 따라 다르지만, 여러 형태로 조 편성을 해본 바로는 다음과 같은 방법이 좋았다. 모둠 인원은 4명 1개 조로 구성했다. 조장은 학생의 희망을 받았다. 한 반에 36명에서 40명이기에 조장은 8명에서 10명 정도의 희망을 받아 임명했다. 조장에게 조원 1명을 선택할 수 있는 권한을 주어 조장과 함께 모둠 활동이 잘 이루어지도록 배려했다. 나머지 조원 2명은 성적과 조원 간의 관계를 고려하고 학생들의 동의를 얻어 편성을 마무리했다. 모둠 편성의 포

인트는 학생들과 공감대를 형성하고 최대한 학생들의 의견을 수용하는 것이다. 그리고 중간, 기말고사가 끝나면 새로운 모둠을 구성했다. 1년 동안 여러 명의 학생과 함께 수업 활동을 하다 보면 학생들과 아주 친해지는 모습을 볼 수 있었다.

학생들은 디딤수업을 통해 기본개념을 공부하고 수업 시간에 활동지를 받아 문제를 해결해나면서 친구끼리 서로 가르쳐주고 대화하면서 문제를 해결한다. 그동안 나는 각각의 모둠에 단계별로 과제를 제시하고 개별지도를 도와준다. 이 과정에서 학생들의 학습 속도, 이해 수준, 습득 정도를 고려한 개별화와 수준별 학습이 이루어진다는 것이 굉장히 놀랍다. 이것이 자연스러운 환경에서 자연스럽게 형성된다는 것도 대단한 일이다.

:: 구체적인 수업 사례

이제는 구체적인 화학 수업 사례를 함께 살펴보자.

화학 영역별 내용 중 개성 있는 원소에서 원소의 기원이 우주의 탄생 및 진화와 밀접하게 연관되어 있음을 설명한다■라고 제시되어 있으며, 이 교육과정에 따른 성취기준과 성취수준은 오른쪽 표와 같다.

빅뱅 우주로부터 최초로 만들어진 원소가 수소이며, 수소에는 동위원소가 있음을 설명한다. 빅뱅 우주에서 양성자와 중성자가 핵융합을 통하여 헬륨이 되며, 나중에 별의 내부에서 차츰 무거운 여러 가지 원소들이 만들어졌음을 다룬다. … **(중간 생략)** …

■ 교육과학기술부 고시 제 2009-41호에 따른 고교 과학과 교육과정 해설서

교육과정 내용	성취기준	성취수준	
화1202. 원소의 기원, 핵반응 및 방사성 동위원소의 특성을 이해한다.	화1202. 원소의 기원, 핵반응 및 방사성 동위원소의 특성을 설명할 수 있다.	상	빅뱅 우주로부터 최초로 만들어진 원소가 수소이며, 핵반응을 통해 여러 가지 원소들이 만들어졌음을 설명할 수 있다. 그리고 무거운 원소들이 만들어지는 과정에서 생성된 방사성 동위원소의 특성을 설명할 수 있다.
		중	빅뱅 우주로부터 최초로 만들어진 원소가 수소이며, 핵반응을 통해 여러 가지 원소들이 만들어졌음을 설명할 수 있다.
		하	빅뱅 우주로부터 최초로 만들어진 원소가 수소라는 것을 말할 수 있다.

또한 원자핵이 먼저 만들어지고 나중에 전자가 결합하여 중성 원자를 만드는 것을 설명한다.

이를 바탕으로 원소의 기원부터 원소의 탄생까지 과정을 비주얼씽킹 활동을 통해 지식을 있는 그대로 전달받는 것이 아니라 그 지식을 그림으로 표현하여 교육과정 내용과 성취기준을 달성하도록 수업을 설계했다.

수업 제목은 "빅뱅부터 원소의 탄생까지"이며 비주얼씽킹 활동으로 모둠의 소통과 협력으로 문자인 글을 다양한 그림으로 표현하여 예술적 감각과 창의적인 생각을 하게 한다. 준비 사항은 다음과 같다.

1. 빅뱅부터 원소의 탄생까지 내용을 담은 디딤수업 제공
2. 빅뱅부터 원소의 탄생까지 내용을 설명한 교과서 및 자료
3. 비주얼씽킹으로 표현할 수 있는 큰 용지(예 : 이젤패드)
4. 예술적 취향을 나타나게 해줄 색열필과 사인펜

5. 활동을 잘할 수 있도록 격려하고 안내하기

과연 학생들이 잘 정리를 할까? 서로 역할을 나누어서 자신의 몫을 수행할까? 어떻게 그림으로 표현할까? 이렇게 진행했을 때 학습 효과가 있을까? 등등의 의문을 가지고 시작을 했다. 이와 반대로 자신들이 수업의 주인공이니 조금이라도 낫지 않을까? 하는 마음도 있었다. 학생들은 수업 활동을 하면서 행복해했으며, 그 모습을 바로 옆에서 봤다. 설명식으로 진행하면 딱딱하고 학생들의 무표정한 모습을 보면서 수업이 진행되었을 것이다. 그리고 나 스스로에게도 설명식 수업보다 좋은지를 확인하고 싶었고 그것을 확인할 수 있는 수업이었다.

다음은 교육과정 해설서의 2단원의 [탐구 활동 예시]이다.

③ 2주기와 3주기 원소의 주기성 찾아내기

2주기와 3주기에 속하는 같은 족 원소들의 주기적 성질을 조사하고, …… (이하 생략)

학생들에게 원소의 성질이 나타난 24개의 종이 카드를 제공한다. 원소의 성질이 나타난 종이 카드를 가지고 8번째마다 주기적 성질이 나타나도록 배열할 것을 안내하고 학생들 스스로 주기율표를 만들어보도록 한다.

• 수업자료, 준비물 및 방법

1. 주기율표를 완성하는 발견학습 수업설계로 특별한 디딤수업은 없으며, 이번 시간에는 24개의 종이 카드를 가지고 주기적 성질이 나타나도록 주기율표를 만들어보라고 활동 설명을 담는다.
2. 각자 해볼 수 있도록 학생 1인당 24장의 종이 카드를 제공한다.
3. 24장의 종이 카드를 나열할 수 있는 배열판을 제공한다.
4. 활동지를 제공하고 함께 서술하도록 안내한다.

1869년의 화학자가 되어 24개의 원소 나열하기!!

*주어진 원소의 성질을 활용하여 주기적 성질이 나타나도록 원소를 나열하여 주기율표를 완성하시오.

#1. 어떤 기준으로 원소를 나열하여 주기율표를 완성하셨나요?

_____

#2. 완성한 주기율표에서 가로줄과 세로줄을 보고 다음 성질(원자량, 반지름, 전기음성도, 이온화에너지, 반응성, 기타)이 어떻게 변화하는지? 혹은 어떤 비슷한 경향이 나오는지? 설명하시오.

_____
_____
_____
_____

#3. 완성한 주기율표에서 #2와 같이 주기적 성질이 나타나는 이유가 무엇 때문이지 각자의 생각을 작성해보시오.

#4. 완성된 주기율표에서 이상한 점은 없는가? 있다면 찾아보시오.

화학 단원 중 아름다운 분자의 세계의 교육과정 내용과 성취기준, 성취수준을 살펴보자.

교육과정 내용	성취기준		성취수준
화1304. 간단한 분자들의 루이스 구조를 통해 공유 결합의 성질과 쌍극자 모멘트와 관련된 결합의 극성을 설명할 수 있다.	화1304. 루이스 구조를 통해 공유 결합의 성질과 쌍극자 모멘트와 관련된 결합의 극성을 설명할 수 있다.	상	간단한 분자들의 루이스 구조를 나타내고 공유 결합의 형성 원리를 설명하며, 전기음성도를 이용하여 쌍극자 모멘트와 관련된 결합의 극성을 설명할 수 있다.
		중	간단한 분자들의 루이스 구조를 나타내고, 공유 결합의 형성 원리를 설명할 수 있다.
		하	간단한 분자들의 루이스 구조를 나타낼 수 있다.
화1305. 전자쌍 반발 이론을 통해 분자의 구조를 설명하고, 분자의 극성과 끓는점 등 물리적, 화학적 성질이 분자 구조와 관계가 있다는 사실을 이해한다.	화1305-1. 전자쌍 반발 이론을 통해 분자의 구조를 설명할 수 있다..	상	전자쌍 반발 이론을 이용하여 간단한 공유 결합 분자의 구조를 설명하고, 분자 구조를 이용하여 극성 여부를 구별할 수 있다.
		중	전자쌍 반발 이론을 이용하여 간단한 공유 결합 분자의 구조를 설명할 수 있다.
		하	전자쌍 반발 이론의 의미를 말할 수 있다.
	화1305-2. 분자의 물리적, 화학적 성질을 분자의 구조를 이용하여 설명할 수 있다.	상	분자의 물리적, 화학적 성질을 분자의 구조를 이용하여 설명할 수 있다.
		중	분자의 물리적, 화학적 성질 중 일부를 분자의 구조를 이용하여 설명할 수 있다.
		하	분자의 구조에 따라 성질이 달라짐을 말할 수 있다.

		상	다양한 탄화수소를 구조와 결합 방식에 따라 분류하고, 입체 구조나 평면 구조 등 구조적 특징을 설명할 수 있다.
화1306. 탄소화합물의 다양성과 구조적 특징을 이해한다.	화1306. 탄소화합물의 다양성과 구조적 특징을 설명할 수 있다.	중	다양한 탄화수소를 구조에 따라 사슬 모양, 고리 모양 탄화수소로 분류하고, 결합 방식에 따라 포화 탄화수소와 불포화 탄화수소로 분류할 수 있다.
		하	다양한 탄화수소를 구조에 따라 사슬 모양 탄화수소와 고리 모양 탄화수소로 분류할 수 있다.

위 교육과정을 보고 수업을 진행하다 보면 내용이 연속성이 있다는 것을 알 수 있다. 그러면서 모둠별 학습 이해속도와 활동 성취기준에 도달하는 시간이 다르기 때문에 모둠별 단계별 점검을 통한 완전학습 형태의 수업을 설계했다. 단계별 성취기준은 다음과 같다.

교육과정, 성취기준과 성취수준을 고려하여 5단계 수업을 설계했다.

1단계 - 공유결합에 대해서 공부를 하고 원자의 원자가전자를 가지고 루이스전자점식을 표현하고 옥텟규칙(octet rule)을 만족하도록 분자의 공유결합을 나타내도록 한다.

2단계 - 비공유전자쌍과 공유전자쌍을 구별하고 전자쌍반발의 원리라는 개념을 가지고 분자의 구조를 그리고 결합각을 알아본다.

3단계 - 공유결합하는 원소는 각자의 공유하는 전자쌍을 끌어당기는 정도가 다르다. 즉, 전기음성도가 다르다는 것이다. 전기음성도가 큰 원자가 전자쌍을 끌어당기므로 상대적으로 (−)전하를 띠고 반대쪽은 상대적으로 (+)전하를 나타내므로 극성을 나타나게 된다. 이 개념을 바탕으로 극성 또는 무극성 공유결합을 구별한다. 또한, 쌍극자모멘트의 값을 알아보고 극성 또는 무극성 분자를 구별한다.

4단계 – 탄소화합물 중 탄화수소를 모양에 따라 사슬 모양과 고리 모양으로 분류하고, 포화와 불포화로 탄화수소를 구별하여 각 탄화수소의 성질을 파악하고 개념도를 활용하여 내용을 정리한다. 이와 함께 학생들에게 탄화수소의 내용을 설명하는 디딤수업을 제작하게 한다.

5단계 – 수능문항을 서로 풀어보고 가르쳐주고 배우는 시간을 가진다.

| 분자의 구조에 대한 활동지를 완료한 후 점검할 내용의 문제를 받아서 해결하는 모습 |

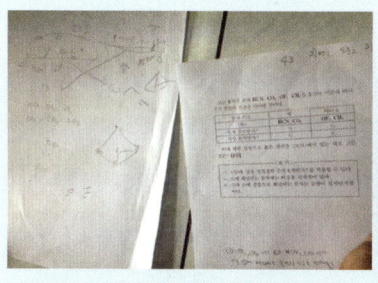

| 분자의 구조와 성질에 대한 단계별 점검 완료 후 최종점검은 서술형 수능문항 제시 |

| 분자의 성질 - 디딤수업 |

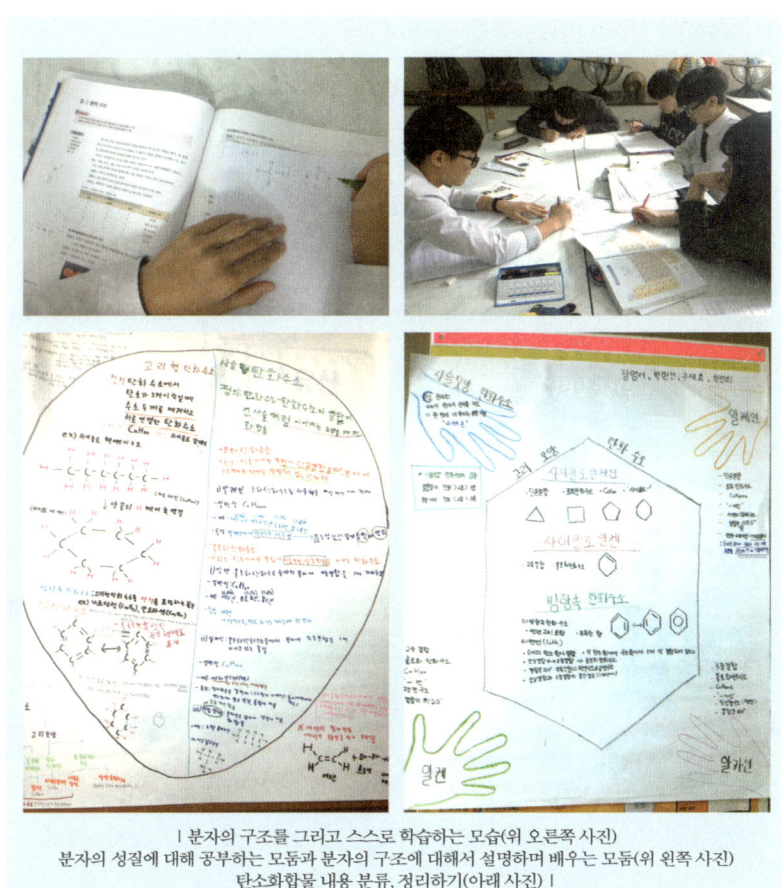

| 분자의 구조를 그리고 스스로 학습하는 모습(위 오른쪽 사진)
분자의 성질에 대해 공부하는 모둠과 분자의 구조에 대해서 설명하며 배우는 모둠(위 왼쪽 사진)
탄소화합물 내용 분류, 정리하기(아래 사진) |

 같은 수업 시간에 모든 학생의 학습 단계 즉, 성취수준이나 성취기준이 같을 필요는 없다. 그래서 학생들에게 다음과 같이 안내를 하고 격려하면 된다.

- 학습의 배움 속도가 모둠마다 다르다는 것을 인정하기
- 학습 단계가 늦어도 괜찮으며, 내용을 제대로 이해하고 배워가는

과정이 중요하다는 것을 안내하기
- 학습의 단계별 점검을 통해 완전학습이 이루어지도록 한다.
- 인문계 고등학교에서의 상황을 고려하여 수능 문항을 선택형이 아닌 서술형으로 제공하여 해결해보도록 수업 활동을 설계했다.

"수능 화학Ⅰ을 어떻게 준비해야 합니까?"라고 고등학교 3학년 학생이 선생님께 질문을 던지면 어떤 답변을 받을까? 대부분 화학Ⅰ개념 정리를 하고 기출문제를 분석해서 나만의 노트를 만들어 문제의 오답 노트를 정리해서 활용하라는 답변을 받을 것이다.

학생들도 위와 같은 답변은 잘 알고 있다. 알면서도 혼자서 하는 것이 힘들고 마음가짐을 유지하는 것이 힘들다. 그뿐만 아니라 개념에 대해서 모르는 부분이 생겼을 때 해결하지 못해 다음 내용을 공부하는 것이 어렵다. 그래서 중도에 그만하는 경우도 많다. 이 활동을 담당교사와 수업 시간에 함께한다면 어떻게 될까?

학생들과 수능 분석 및 노트 만들기 프로젝트를 했다. 친구들과 함께하니 지속적인 원동력을 가질 수 있고 문제를 풀어나가면서 팀티칭이 이루어지니 개별화 학습이 이루어진다. 정말 놀라운 것은 모둠 친구들과 문제를 해결하는 습관이 생기면서 디딤수업이 반드시 필요하지 않았으며, 교과서와 개념 정리한 노트, 참고서를 활용하면서 배움 활동이 자연스럽게 이루어졌다. 교사들이 입시에 어떻게 적용할 수 있는지에 대한 대답이 될 것 같다.

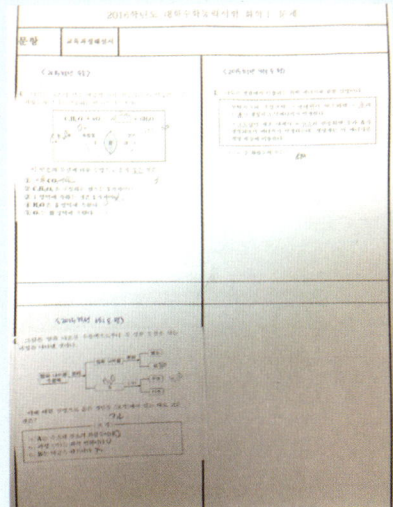
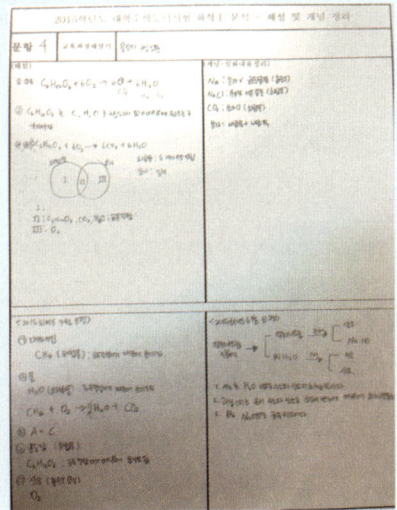

| 화학 수능 프로젝트 - 교육과정 내용 파악, 문항 분석 및 오답 노트 제작 |

두 가지를 말씀드리면서 거꾸로교실 여행의 막을 내리고자 한다.

"빨리 실패하고, 자주 실패하라. 그러면 그 실수가 너를 앞으로 나아가게 해줄 것이다. 실패는 끝이 아니라 새로운 시작이다. 실패를 배우지 않으면, 배움을 실패한다."

"우리 학생들을 믿고 기다려주자!!"
"분명히 그 기다린 만큼 변화가 일어날 것이다."

- 거꾸로교실 모든 미찾샘

화학 거꾸로교실 학생들의 인터뷰

* 디딤수업은 기록으로 남아 있으니깐 언제든지 이해 못한 부분을 다시 돌려보기를 할 수 있어서 좋아요. 수업 분위기도 다르다. 다 같이 협력해서 공부하니깐 더 공부하고 싶은 의욕과 분위기가 생긴다. _조영은
* 이해하지 못했던 개념을 조별 친구들과 질문하고 답변을 들으면서 이해할 수 있어서 좋아요. 친구들과 수업 시간에 상의하는 데 제일 신나요. _최도윤
* 정말 효과가 있는 것 같아서 다른 교과에서도 정확하게 알고 있는 부분이나 모르는 부분을 더 명확하게 알 수 있어서 모르는 것에 더 집중적으로 공부할 수 있는 것 같다. _김예빈

✱ 친구들과 모르는 것을 대화를 통해 알 수 있어 좋다. 모르는 친구들과 이야기를 하게 된다. 소극적인 성격인데 친구들과 관계가 좋아졌다. 친구들도 저도 수업의 참여도가 높아졌다._김재유

✱ 수업에 대한 태도가 변했다. 소극적 모습에서 친구들과 함께 문제를 해결하면서 적극적인 태도를 가지게 된 것 같다. 거꾸로교실 하면서 동영상 강의로 개념을 공부하고 친구들에게 내가 알고 있는 것을 가르치면서 더 이해하고 잘 알게 되어 자신감이 생겼다._강건모

✱ 처음에 거부감이 있었다. 거꾸로교실 형태의 수업을 해본 적이 없고 친구들도 모두 부정적이었다. 하지만 지금은 아이들이 더 좋아한다. 아이들끼리 소통하면서 알려주니깐 좋다. 그래서 거꾸로교실은 친구들과의 소통이라고 생각한다._조민영

✱ 기존 수업에서는 선생님과의 거리감이 있어 이해하지 못한 부분에 질문하는 것이 힘들고 친구들의 눈치도 보입니다. 거꾸로교실 수업형태는 친구들에게 질문하고 서로 가르쳐주고 선생님께 질문하고 이야기할 수 있는 여건이 되기에 좋아요. 또 조장으로서 모르는 친구들에게 가르쳐주는 것이 저의 공부에 많은 도움이 되고 이렇게 공부하는 것이 효과가 있는 것 같아요!_정원찬

✱ 교실에서 수업할 때는 집중이 잘 안되고 잠을 자는 경우가 많았다. 거꾸로교실하면서 수업에 대한 태도가 달라졌다. 화학 거꾸로교실은 모든 아이들이 하면 좋은 시스템인 것 같다._노혜성

화학 거꾸로교실의 고등학교 3학년 학생들 자소서 1

1. 고등학교 재학기간 중 학업에 기울인 노력과 학습 경험에 대해, 배우고 느낀 점을 중심으로 기술해주시기 바랍니다(1,000자 이내).

고등학교 2학년, 화학 시간은 저에게 자신감을 일깨워준 뜻깊은 시간이었습니다. 갑작스럽게 어려워진 수업 내용이 이해가 가지 않아 반 친구들에게 물어보기도 했지만, 한계가 있었습니다. 그때 화학 선생님께서 조별 멘토링 수업인 '거꾸로교실'을 진행하였습니다. 처음에는 '모른다고 비웃진 않겠지?'라는 생각 때문에 위축되어 있었는데 멘토가 잘 이끌어줘서 모르는 게 생기면 주저하지 않고 먼저 질문했습니다. 나중에는 주변 친구들에게 의지하지 않고 혼자 문제를 해결하려는 노력도 했습니다. 그러다 보니 문제를 다각도로 분석하게 되고 해결하려는 능력이 길러졌습니다. 그래서 어려운 문제라도 자신감이 생겨 도전하려는 정신이 생겼습니다. 또한, 수업에 흥미가 없던 친구를 위해 노트 정리를 도와주고 문제를 같이 풀어 주었습니다. 그러면서 저는 혼자 공부했을 때 놓칠 수 있었던 부분을 보충하게 되고 친구는 점차 수업에 적극적으로 참여하게 되었습니다. 제가 도와줬던 친구가 성적이 오른 걸 보면 내 성적이 오른 것처럼 기쁘고 뿌듯함을 느꼈습니다. 또한, 조별 미션을 할 때 산화 환원 반응 단원에서 친구들과의 토의를 통해 과제를 해결하고 번갈아가며 결과를 발표했습니다. 조별 활동을 통해 내 생각을 정확하게 표현해 말할 수 있게 되었고 다양한 사람들과 소통과정 중 갈등이 생겼을 시에 토의를 통해 해결방안을 도출해낼 수 있어 원만하게 문제를 해결하는 걸 배웠습니다. 토의하면서 해결방안을 찾다 보니 창의력이 성장하고 문제해결능력 또한 성장하였습니다. 어려웠던 수업이 재밌는 수업으로 바뀌어서 적극적으로 수업에 참여하는 계기가 되었습니다.

화학 거꾸로교실의 고등학교 3학년 학생들 자소서 2

2. 고등학교 재학기간 중 본인이 의미를 두고 노력했던 교내 활동을 배우고 느낀 점을 중심으로 3개 이내로 기술해주시기 바랍니다. 단, 교외 활동 중 학교장의 허락을 받고 참여한 활동은 포함됩니다(1,500자 이내).

선생님께서 집에서 동영상으로 수업을 듣고 학교에서는 조별로 과제를 해결하면서 화학 공부를 하는 '거꾸로교실'을 도입하셨습니다. 화학을 좋아하던 터라 조장을 맡아 팀을 이끌어 나가기 시작했습니다. 그러나 탄화수소에 대한 강의를 듣고 와야 하는 날, 저를 뺀 모든 조원이 강의를 들어오지 않았다는 사실을 알게 되었습니다. 조원들이 따라주지 않는 것 같아 속상했지만, 강의도 한 번 더 듣고 문제도 미리 풀어보았습니다. 수업 시간이 되자 함께 과제를 수행해나가기 시작했습니다. 처음에는 다들 의욕이 없었지만, 이해하기 쉽게 표와 그림을 그려 구조별로 나누어 차근차근 설명해주었습니다. 친구들도 이해가 가자 적극적으로 참여했습니다. 결국, 저희 조는 펜테인의 구조이성질체를 그리는 과제를 모두 해결하였습니다. 또한, 모르는 것이 생길 때마다 적극적으로 선생님께 질문하면서 좀 더 심화된 부분의 내용까지 알려주기도 하셨습니다. 혼자 하는 공부가 아닌 함께하는 공부를 지속해서 해볼 기회가 없어서 낯설었고 조원들이 함께하려고 하지 않을 땐 어쩔 줄 몰라 난감했습니다. 그렇지만 관심 없던 조원들에게 열정적으로 설명해주니 스스로 화학에 재미를 붙여 적극적으로 참여하였습니다. 1년 동안 함께 공부하며 조원 모두 화학 실력이 늘게 되었습니다. 이제는 제가 모르는 것이 있을 때 알려주는 모습을 보며 속으로 뿌듯함을 느꼈습니다. '거꾸로교실'은 능동적으로 가르쳐 주고 배우는 과정에서 화학의 흥미를 높여주었고 깊이 탐구할 수 있는 계기가 되었습니다.

에듀니티 | 행복한연수원원격연수 | happy.eduniety.net

30시간 2학점 원격연수

선생님의 교실에서 강의를 빼면 무엇이 남을까요?
수업의 중심에서 교사가 사라지면 누가 남을까요?

거꾸로교실을 통한 수업혁신
-미래교실을 디자인하다

거꾸로교실을 먼저 시작한 선생님들(미찾샘: 미래교실을 찾는 선생님)의 생생한 수업과 시행착오의 경험을 공유하고 아이디어를 나누며, 스마트 기기들을 이용해 간단하게 사전동영상을 제작하는 방법을 익혀 이를 통해 거꾸로교실로의 진입장벽을 낮추고자 합니다.

왜, 거꾸로교실인가?
- 01. 거꾸로교실의 시작 – 존 버그만 (1)
- 02. 거꾸로교실의 시작 – 존 버그만 (2)
- 03. 거꾸로교실에 뛰어들다 – 정찬필 PD
- 04. 세계 교육의 흐름 – 정찬필 PD
- 05. 21세기 스킬과 4C – 정찬필 PD
- 06. 왜 거꾸로교실인가 – 정찬필 PD
- 07. 거꾸로교실과 교육 패러다임의 전환 – 이민경 교수
- 08. 거꾸로교실의 가능성 – 이혁규 교수
- 09. 거꾸로교실에 대한 격려 – 이혁규 교수

거꾸로교실 도전기
- 17. 디딤수업 제작 이론
- 18. 스마트폰과 PC로 디딤수업 만들기
- 19. Explain everything으로 디딤수업 만들기
- 20. 디딤수업 제작 노하우 (고급)
- 21. 수업 디자인 나누기 (국영수)
- 22. 수업 디자인 나누기 사회과학)
- 23. 수업 디자인 나누기 (통합 교과)

거꾸로교실 들여다보기
- 10. 미찾샘 수업 사례 (1) 이해영 선생님
- 11. 미찾샘 수업 사례 (2) 박두일 선생님
- 12. 미찾샘 수업 사례 (3) 홍성일 선생님
- 13. 미찾샘 수업 사례 (4) 박한샘 선생님
- 14. 미찾샘 수업 사례 (5) 이미숙 선생님1
- 15. 미찾샘 수업 사례 (6) 이미숙 선생님2
- 16. 미찾샘들의 못다한 이야기

거꾸로교실이 궁금하다
- 24. 거꾸로교실에 첫발을 내딛다
- 25. 거꾸로교실의 마법
- 26. 시행착오, 그리고 변화
- 27. 자세히 보면 보이는 것들
- 28. 무엇이 당신을 두렵게 하는가
- 29. 자주 묻는 질문 모음 (1)
- 30. 자주 묻는 질문 모음 (2)

공동기획 미래교실네트워크 / 에듀니티
www.futureclass.net

참여 강사 존 버그만 / 정찬필PD / 이민경교수 / 이혁규 교수
미찾샘(미래교실을 찾는 선생님) 이해영 (나루고) / 박두일 (서명초) / 홍성일 (대청중) / 박한샘 (미력초)
이미숙 (용소초) / 최우석 (신용산초) / 박영민 (불갑초) / 장혁 (브니엘국제예술중) / 안영신 (동평중) / 김수애 (동평중)